广东融关律师事务所
— 破产实务丛书 —

WORKING INSTRUCTION FOR
BANKRUPTCY ADMINISTRATORS

破产管理人
操作规程

广东融关律师事务所◎编著

法律出版社
LAW PRESS · CHINA
北京

图书在版编目(CIP)数据

破产管理人操作规程 / 广东融关律师事务所编著
. -- 北京 : 法律出版社, 2022
ISBN 978-7-5197-6428-9

Ⅰ. ①破… Ⅱ. ①广… Ⅲ. ①破产法-案件-审理-中国 Ⅳ. ①D922.291.92

中国版本图书馆CIP数据核字(2022)第026549号

破产管理人操作规程
POCHAN GUANLIREN CAOZUO GUICHENG

广东融关律师事务所 编著

责任编辑 朱轶佳
装帧设计 汪奇峰

出版发行 法律出版社
编辑统筹 司法实务出版分社
责任校对 王 丰 王语童
责任印制 胡晓雅
经　　销 新华书店

开本 710毫米×1000毫米 1/16
印张 16.5 **字数** 273千
版本 2022年4月第1版
印次 2022年4月第1次印刷
印刷 固安华明印业有限公司

地址:北京市丰台区莲花池西里7号(100073)
网址:www.lawpress.com.cn
投稿邮箱:info@lawpress.com.cn
举报盗版邮箱:jbwq@lawpress.com.cn
销售电话:010-83938349
客服电话:010-83938350
咨询电话:010-63939796

书号:ISBN 978-7-5197-6428-9
定价:62.00元

编 委 会

序

英国的破产法有上千年历史，它对后世各国破产法的影响不可低估。

就学术角度而言，英国人对管理人制度理解得最深刻，从其对管理人的称谓上可见一斑。首先，英国人把破产程序分为个人破产程序与公司破产程序。在不同的破产程序中，对处理破产事务的专业人士，即我们中文所称“管理人”，有不同的称谓：在个人破产程序中，管理人被称为 trustee in bankruptcy，即破产托管人。公司破产程序又分为清算程序与非清算程序。在清算程序中，管理人被称为liquidator，即清算人。而在非清算程序的三个程序中，接管程序中的管理人被称为 receiver，即接管人；公司自愿安排计划中的管理人被称为 supervisor，即监督人；重整程序中的管理人则被称为 administrator，即管理人。其实，这些管理人定位基本都与破产财产的管理和处置相关，但基于不同的程序，破产财产管理人的选任方式、职责、法律责任等亦有所区别。这显示了英国人破产思维的复杂性、宽容性与多元性。

美国承继了英国破产法的框架，但对管理人制度的理解则与他们对英国破产法的理解一样，全源于个人破产。如破产法一词，美国用的就是 Bankruptcy Law，这在英国破产法（Insolvency Law）中特指个人破产法。美国人对不同程序中的管理人不做区分，全称为 trustee。trustee 这个词在英文中内涵丰富，一般把其译为信托人或托管人，指有信誉、值得信赖，能够托付办事的人。美国人把破产程序中管理处置各种破产事务的专业人士一律称为托管人，凸显美国人把复杂问题简明清晰化的能力，也显示了其更重视托付人声誉机制的破产思维。

管理人制度发展到今天，无论如何称谓，对其要求更为精准与严格。理想层面上，管理人除了破产法上规定的法定职责外，还应扮演三大角色：第一，他是财产信托人，首要职责是把破产债务人的“资产池”看管好，不受任何损害；第二，他是企业家，要去经营债务人财产，多数情况下，要面临经营出售转让交易重大决策的挑战；第三，他是协调者，要周旋于债权人、企业员工、战略投资者、供应商、客户、政府监管部门与各种社会利益相关者之间，理顺各种经济关系、法律关系与社会关系。

实际上，要做到以上诸点是困难的，因为破产管理人在每个破产程序的每个环节都有许多认知盲点与操作障碍。因此，一方面，要不断完善破产管理人法律制度，提升管理人对角色的认知能力与认知水平；另一方面，有必要针对管理人的实务操作给出一些规则指南。

2006 年，中国《企业破产法》的出台，为市场化、法治化的管理人制度在中国落地提供了法律依据。根据现行破产法，管理人可以由律师事务所、会计师事务所、破产清算事务所等社会中介机构及个人担任。可以说，中国破产法借鉴了英美等国破产管理人制度的经验，在制度上给予管理人管理破产事务与破产程序操盘手的核心地位。破产管理人制度的确立，取代了 1986 年《企业破产法（试行）》中被长期诟病的清算组制度。从一个侧面来看，这不仅标志着破产立法从政策性方向向市场化方向的转变，而且为破产实务构建了一个新市场，为社会中介机构带来了新的专业增长点与执业挑战。自 2007 年 6 月 1 日《企业破产法》实施以来，破产管理人行业得到蓬勃发展。目前，全国各地共成立了破产管理人协会 131 家，机构管理人 5060 家，个人管理人 703 人。

执业市场初步构建起来，需要管理人处置的破产案件也在快速增长。但管理人制度在法律实施中的问题也接踵而至：除了在管理人地位性质、选任方式、履职保障、管理人自治、法律责任等方面需进一步完善外，比较突出的问题是管理人的能力素质不适应现在形势发展的需要。实践中，一些管理人并不熟悉破产法；有的管理人履职过程中漏报、错报企业信息；有的管理人频繁更换经办人员或者将业务转包；更多的是一些管理人在破产程序的各个具体环节不知如何依法履职。

广东融关律师事务所编著的《破产管理人操作规程》（以下简称《规程》）一书出版得非常及时，也非常重要，对解决管理人在破产实务操作方面遇到的问题很有指引性。细读此书，感觉它做到了四个契合：

其一，契合破产法的立法精神。全书共十六章，基本涵盖了管理人在破产法各个制度与程序中应扮演的角色；强调管理人在破产事务处置中的中心地位；强调管理人要遵循破产法的立法宗旨，遵循法律文本，遵循司法解释，遵循司法指导性文件精神，依法履职；强调管理人在破产法实施各环节的作用，对管理人应做的工作进行了全景式描述。

其二，契合破产事务管理规律。破产事务是对偿付能力出问题的债务人采取清算或救助举措的事务，需要管理人具有精深的专业理解、精巧的顶层设计组织与精细的工作作风。《规程》尊重市场经济规律，尊重破产实践，从管理人接案阅卷、组建管理人工作团队，到接管破产财产、各种调查与合同清理，再到各种程序与结案，都有细致入微的工作指南与引导，强调法律的专业性、效率性与公平公正性，反映了破产事务管理这种特别领域事务管理的规律。

其三，契合解决现实问题的需要。《规程》中讨论的许多实务细节，从《企业破产法》实施的实际出发，丰富其适用内涵，探讨了破产实操中难点与痛点问题的解决之道，为管理人提供了办案思路和技巧。由于近年来破产实践有许多创新，管理人自然成为这些创新业务的“弄潮儿”。《规程》也注意到这种新趋势，如书中有关管理人参与预重整的工作规程，虽然我本人并不同意在预重整阶段由法院任命管理人，但并不反对管理人作为专业人士接受债务人或债权人委托，提前介入预重整程序。《规程》中有关管理人从预重整案件管理人调查职责到制定或协助制定预重整计划草案等工作的指引，我是赞成的。

其四，契合破产事务常识与重视人性。管理人不是工作机器，也不能只见法律不见人。破产管理工作是一门综合性强且工艺复杂的艺术；管理人的所有工作要尊重常识，要用心用情。基于此，《规程》强调管理人工作的基础性与人性化的一面，例如，在其第四章强调了权利登记审查制度的重要性。第五章职工安置和职工债权调查第一部分“职工情况调查”提出：保护好职工的合法权益，是《企业破产法》规定的基本原则，因此，管理人在履行过程中，应把对职工合法权益的保护作为一项重要工作，安排专人处理。管理人接案后，接管的同时调查债务人的职工情况，了解债务人是否拖欠职工的工资和医疗、伤残补助、抚恤费用、社会保险费用，以及法律、行政法规规定应当支付给职工的补偿金。管理人接管债务人时，应要求债务人相关人员向管理人提供与职工利益相关的资料。

广东融关律师事务所是一家很有特色、很有闯劲的律师事务所，在破产业务方面很有想法，也很有前瞻性。2020年11月11日，我曾受邀在该所20周年庆典上做过有关破产专题的演讲。值此《规程》出版之际，特写下以上文字予以祝贺。

是为序。

李曙光*

2021年11月11日于京蓟门法大

* 中国政法大学教授，博士生导师、中国政法大学破产法与企业重组研究中心主任、国际破产协会董事会董事、国际破产协会中国委员会联席主席。

法律文件名称简称表

1. 本书中法律名称中的“中华人民共和国”省略，其余一般不省略，如《中华人民共和国企业破产法》简称《企业破产法》。

2. 本书中下列司法解释及司法指导性文件使用简称：

发文单位	文件名称	发文字号	发文日期	简称
最高人民法院	《关于适用〈中华人民共和国企业破产法〉若干问题的规定（二）》	法释〔2020〕18 号	2020 年 12 月 29 日	《破产法解释二》
最高人民法院	《关于适用〈中华人民共和国企业破产法〉若干问题的规定（三）》	法释〔2020〕18 号	2020 年 12 月 29 日	《破产法解释三》
最高人民法院	《全国法院民商事审判工作会议纪要》	法〔2019〕254 号	2019 年 11 月 8 日	《九民纪要》
深圳市中级人民法院	《关于优化破产办理机制推进破产案件高效审理的意见》	深中法〔2020〕190 号	2020 年 9 月 25 日	《深圳中院优化破产办理意见》
深圳市中级人民法院	《关于执行移送破产案件管理人工作指引》	深中法发〔2018〕5 号	2018 年 4 月 19 日	《深圳执转破案件管理人工作指引》
深圳市中级人民法院	《关于破产程序中网络拍卖财产工作指引》	深中法〔2020〕145 号	2020 年 7 月 21 日	《深圳中院破产网拍指引》
深圳市中级人民法院	《深圳市中级人民法院审理企业重整案件的工作指引（试行）》	深中法发〔2019〕3 号	2019 年 3 月 25 日	《深圳中院审理重整案件工作指引》

目　　录

第一章

接案阅卷、组建管理人工作团队

一、申报管理人选任

已入选法院破产案件管理人名册的机构，应尽可能多渠道地获知各地破产案件信息，根据自身办案能力和竞争优势，参与破产案件的管理人选任。

我国法院现阶段破产案件管理人的指定，主要有两种方式：一种是在地区范围或全国范围内以竞争方式指定；另一种是在本地区现有的有效破产案件管理人名册内直接摇珠指定。最高人民法院于 2016 年要求直辖市应当至少明确一个中级人民法院设立清算与破产审判庭，省会城市、副省级城市所在地中级人民法院应当设立清算与破产审判庭。管理人可以关注省会城市、副省级城市中级人民法院的微信公众号和人民法院诉讼资产网①，以获取各地破产案件公开选任管理人的信息。对于在本地名册中直接摇珠指定管理人的本地案件，管理人也应及时关注本地区法院发布的选定管理人的信息，如有报名要求，及时报名参与管理人的指定。

无论是参与竞争选任管理人还是直接摇珠指定管理人，参与的管理人都应事前进行利害关系检索，防止被指定后才发现存在利害关系，不得不辞任管理人，或被投诉、处罚等。实践中，除《企业破产法》和相关司法解释规定的利害关系情形外，还会存在依照常理不适合担任案件管理人的其他情形。遇到这种非法定但依常理应认定存在利害关系的情形，管理人应在参与竞争申报或摇

① 人民法院诉讼资产网网址：www. rmfysszc. gov. cn。

珠前向法院报告，是否适合担任相应案件的管理人由法院决定。

经常性地参与公开竞争方式选任的管理人机构，可准备两种类型的材料：第一种是证明实力、资质及业绩的材料，如机构介绍、管理人团队介绍、办理破产案件的业绩、机构的资质证照等文件；第二种是就具体案件准备的具有针对性的材料，如案件管理人工作团队名单、工作方案、竞争优势、管理人报酬方案等。第一种材料可以在平时置备，根据所投标案件的具体情况稍做修订即可使用。第二种材料须在获得案件信息后，根据案件的具体情况拟定。

值得注意的是，管理人办理破产案件的业绩，通常需要案件的法律文书来证明。因此，为方便文档的调用，管理人可集中保存所有已办破产案件的法律文书的扫描件；如果文书原件有多份，可将其中一份原件集中建档管理。可供证明办案业绩的破产案件法律文书通常包括：受理裁定书、指定管理人决定书、案件受理公告、重整裁定书、和解裁定书、批准重整计划裁定书、认可和解协议裁定书、认可破产财产分配方案裁定书、破产程序终结裁定书等。

二、接案

被指定为破产案件管理人后，管理人应迅速联系法官或助理安排阅卷，了解破产案件基本情况，并根据案件的实际情况，迅速组建办案团队，确定负责人和团队名单、确定债权申报事项。法院的受理破产案件裁定书、指定管理人决定书、受理破产案件公告、刻制管理人公章函等文书出来后，应及时（最好在收到法院通知当日或第二日）安排签收。

实践中，从法院通过竞争方式或摇珠方式选定管理人，至法院下达指定管理人决定书，需要一定的时间，短则几天，长则半月、一月甚至更久。在这个时间段里，管理人应通过各种公开渠道查询了解破产案件的具体信息，为之后的工作做准备。

阅卷时，应复制破产案件的全部材料，包括破产申请书、债务人不能清偿到期债务的证据材料、债务人的资产负债材料、听证材料等当事人申请材料和法院审查材料。

组建办案团队时，应充分考虑案件的难度及复杂程度，简单案件由负责人带领两到三个人办理。复杂案件由管理人根据不同工作事项设立不同的工作组。常见的工作组如下：（1）综合工作组，主要负责行政办公类事务；（2）权利登记审核组，主要负责权利登记和债权、取回权、抵销权等权利审查，并撰写债权登记和审查报告；（3）财产调查组，主要负责债务人财产调查和追收，并撰写债务人财产状况调查报告；（4）财务审计组，主要负责对债务人的审计或委托审计，以及本案管理人费用收支的管理；（5）财产分配组，主要负责财产分配和债权清偿；（6）重整或和解事务组，主要负责重整或和解相关事务。

法院在制作受理破产案件公告时，必然先与管理人沟通确定债权申报的时限、地点、联系人和联系电话等债权申报事项，然后把债权申报事项列入公告内容。鉴于法院受理破产案件公告属于破产案件法律文书，而公告上载明的申报债权联系人可能成为该工作人员办理破产案件的业绩证明之一，应尽可能让团队成员都有机会做债权申报的联系人，年轻的工作人员或刚进入团队的工作人员从登记债权开始办理破产案件也是不错的选择。

对于报送团队名单和债权申报事项，不同地区、不同法院可能有不同的指引，在确定提交报告时，最好先查阅案件受理法院是否有相应的工作指引规定。一般情况下，可以把报送团队名单和债权申报事项合在一个报告中，报告给法院。

三、联系申请人、债务人，了解案情，协助送达文书

管理人在收到法院的受理破产案件裁定书、指定管理人决定书、受理破产案件公告（俗称“三件套”）后，已经有法律文书确认管理人的身份，管理人就要开始正式启动各项工作，可以开始联系破产案件申请人、债务人的相关人员等了解案件详细情况。管理人收到“三件套”的时候要注意法院是否要求管理人代为送达法律文书给申请人、债务人。

一般情况下，可以通过查阅破产案件受理卷宗信息了解破产案件申请人的联系方式和债务人的联系方式。联系申请人的目的，是获得更多债务人的信息，如债务人的相关人员的联系方式、债务人的经营状况、债务人的财产状况等。另外，2021 年 3 月 1 日起施行的《深圳经济特区商事登记若干规定》规定了商

事主体强制注销制度，市场监督管理局会不定期强制注销一些符合强制注销条件的商事主体。管理人要注意查询所接案件的债务人是否已经被强制注销。如已经被强制注销，管理人应申请撤销注销决定，恢复商事主体注销前的状态。

债务人未参与破产申请受理程序（针对破产申请未提出异议和未参与破产申请的听证），下落不明的，可以从工商登记档案中查找债务人联系方式；如查不到，也可以通过公安人口信息系统查询其住所地。联系债务人的主要目的，除了迅速了解债务人的生产经营状况外，还包括沟通接管的时间、地点、要求等相关事项。可以联系的债务人的相关人员包括法定代表人、董事、监事、高级管理人员、财务人员、股东等。

如果法院要求管理人代为送达受理破产案件裁定书、指定管理人决定书、受理破产案件公告、债务人通知书等法律文书，管理人应积极协助办理，最好是让收件人尤其是债务人的相关人员当面签收，以利于与债务人的相关人员见面，了解债务人的具体情况。

管理人可以通过企信宝、企查查、天眼查等企业信息平台监控债务人；债务人被监控后，平台可把债务人最新的立案、公告、开庭、判决书等司法涉诉信息提示给监控人。

第二章

前期准备工作

一、刻章

管理人应当在收到法院受理破产案件裁定书、指定管理人决定书、受理破产案件公告、刻制管理人印章函后的第一时间刻制管理人印章。各地法院对刻制管理人印章有明确规定的，应按法院规定的条件刻制管理人印章。有的法院规定只能刻制管理人公章；有的法院没有限制，管理人可以根据需要刻制管理人财务章等其他印章。

因管理人印章是被指定机构以案件管理人名义启动工作的必要条件，我们认为，最好在收到上述法律文书后第二日即按当地公安部门关于印章管理的规定刻制管理人印章。深圳市中级人民法院规定，管理人在收到指定管理人决定书之日起 10 个工作日内刻制管理人印章。深圳公安规定，破产案件刻制管理人印章须管理人负责人到公安备案印章刻制点现场办理。需要准备的材料包括：受理破产案件裁定书、指定管理人决定书、法院公告、刻制管理人印章函、管理人机构营业执照副本原件、管理人机构法定代表人身份证复印件加盖管理人机构公章、破产案件负责人执业证、破产案件负责人身份证复印件加盖管理人机构公章、刻制公函申请书加盖管理人机构公章。刻制印章一般需要 7 个工作日左右。

管理人印章刻制好后应交法院封样备案后启用，俗称“第 1 号管理人文件”。管理人印章应有专人保管并设置使用登记记录，管理人印章不得在所涉破产事务之外的任何场合使用。

二、开户

管理人在刻制好管理人印章后，应及时依照法院的要求到相应的金融机构开立管理人账户。

要注意的是，现在有的金融机构为争抢业务，得知破产案件信息后，会在没有与法院达成业务合作的情况下，就主动联系管理人开账户。因此，管理人应特别询问承办法官或书记员，受案法院对管理人账户的具体要求是怎样的。一般情况下，各地法院都指定有专门的金融机构办理破产案件管理人账户。有些地方还须有法院出具的开设管理人账户函。在深圳，深圳市破产管理人协会制定了《深圳破产管理人银行账户管理公约》，目前是在浦发银行开设管理人账户，深圳市破产管理人协会监管。深圳破产管理人开立银行账户的一般流程是：管理人预填信息—银行制作表单—管理人打印盖章—银行和破产管理人协会盖章—银行正式开户—管理人预约签约—平台签约。开立管理人账户是一项烦琐且严谨的工作，为保证开户顺利完成，工作人员需事先与开户行工作人员沟通，索取并备好所有文件。准备开户资料时，尽量按照开户行工作人员的要求填写、准备，否则，很容易因为某个细节不合要求而延缓开户。

管理人账户应专人管理，一般需要安排两位联系人，每月银行系统会对账一次。管理人应将债务人的存款划入管理人账户集中统一管理；不能自行划转的，可以申请法院扣划。办理破产案件所取得的财产变现款及其他收入款项也应当直接转入管理人账户。管理人发现债务人无财产，无开立账户必要的，可以暂不申请开立管理人账户。

三、制定工作制度和工作计划

管理人在收案后，应根据案件的具体情况和团队组建情况及时制定工作制度和工作计划，管理人工作计划俗称“第 2 号管理人文件”。管理人工作制度通常包括：管理工作规程、工作机构议事规则、文件收发归档管理制度、印章及证照管理制度、财务管理制度、处理突发事件应急预案、档案管理制度、保密制度、请示报告制度等。管理人工作计划和工作制度应由管理人团队负责综合事务的工作人员拟定，由管理人负责人召集管理人团队工作会议讨论确定。

我们认为，应在刻制好管理人印章后的3～5日内向法院报送工作制度和工作计划。受案法院有具体要求的，要依照法院的要求办理。例如，深圳市中级人民法院《破产案件管理人工作规范》规定，管理人应当在收到指定管理人决定书之日起10个工作日内制定工作计划和全面的管理人工作制度。

为了减少破产费用，我们建议管理人在收到法院指定管理人决定书后，注册一个案件专用电子邮箱，专人管理。考虑邮箱的安全性，可以注册VIP邮箱。

四、公告

管理人在收案后，应询问法官或书记员破产案件受理公告发布的具体要求。有的法院是自己直接发布公告，大多数法院交由管理人协助发布公告。公告的媒体主要有人民法院报、全国企业破产案件信息网以及当地有影响力的报纸。我们认为，管理人在收到法院的受理公告后，应于当日或第二日联系相关媒体办理公告发布。应特别注意的是，由于《企业破产法》规定受理破产案件公告必须载明申报债权的期限和第一次债权人会议召开的时间、地点等事项，而债权申报期限依法不能少于30日且不能超过3个月，因此在联系媒体时一定要确保见报时间后的申报期限符合法律规定。

由于报纸等纸质媒介的广告效应已经基本丧失，除了少数法院和法官要求在报纸上登载公告外，大多数法院都只要求在全国企业破产案件信息网登载公告。我们建议管理人除了在全国企业破产案件信息网上登载公告外，也可以在一些相关的微信公众号上登载公告。有些法院要求管理人开通管理人专门的微信公众号发布信息。

《深圳执转破案件管理人工作指引》第9条第1款规定："管理人应当自收到指定管理人决定书之日起两个工作日内，在全国企业破产重整案件信息网发布受理案件公告，并打印显示发布成功网页交法院存档。公告发布之日至债权申报期限截止日不得少于三十日。"

一般公告应当载明下列事项：(1) 申请人、被申请人的名称或者姓名；(2) 法院受理破产申请的时间；(3) 申报债权的期限、地点和注意事项；(4) 管理人名称或者姓名及其处理事务的地址；（5）债务人的债务人或者财产持有人应当向管理人清偿债务或者交付财产的要求；（6）第一次债权人会议召开的时间和地点；（7）法院认为应当通知和公告的其他事项。

第三章

接　　管

一、联系债务人及相关人员

管理人接管债务人的前提，是要与控制和保管债务人印章证照、有关文件资料和财务资料、财产的人对接上。因此，管理人应通过各种途径了解债务人的法定代表人、股东及其他管理人员的联系方式。如本书第一章第三部分所述，管理人一般可通过工商登记信息和公安人口信息系统查询了解债务人的相关人员的信息。除此之外，管理人可在裁判文书网上查询债务人的案件信息，获得该案件代理人信息，再通过该案件代理人查找债务人法定代表人及相关管理人员的信息。

控制和保管债务人印章证照、有关文件资料和财务资料、财产的人，有时并非债务人相关人员，而是债权人或第三人。例如，有些破产案件的债务人在进入破产程序之前，因债务纠纷或其他原因，印章证照已经被债权人监管控制。因此，管理人应注意了解各方面信息。

管理人在联系债务人及相关人员时，应注意以适当的方式表明身份并把法院受理破产案件裁定和指定管理人决定书发给对方。与债务人及相关人员联系时，切忌居高临下以命令的方式沟通。许多人对《企业破产法》的相关规定并不熟悉，对管理人有一个从陌生抗拒到熟悉信任的过程。管理人应耐心向债务人及相关人员解释《企业破产法》及其司法解释的相关规定。管理人取得债务人及相关人员的配合，对于顺利推进案件办理十分重要。

二、接管计划

管理人在收案后，应及时联系约谈债务人的法定代表人、财务管理人员和其他经营管理人员，了解债务人的员工、财产和营业事务情况，告知其移交债务人印章证照、财产和营业事务，配合接管的义务及不配合接管可能承担的法律责任；并根据接管事务的多少作出相应的接管安排或制定接管计划。

对于债务人已停止经营、财产少、员工已解散的简易案件，管理人可直接进行接管工作安排，不必制定专门的接管计划。

对于资产众多、情况复杂的债务人，管理人应提前对债务人经营地和主要财产保管地实地考察，并于接管前制作接管工作计划，计划内容包括接管时间、地点、人员、接管财产的范围和种类、特殊财产处理、是否分批次接管、维稳隐患和舆情风险等。对于需要法院安排法官、书记员、法警等工作人员协助接管的，应在制定接管计划之前向法院提出申请。接管债务人资产情况复杂的，管理人可申请法院立即选定评估机构、审计机构，接管和评估审计同步进行，以避免管理人对财产和财务资料的二次清点。接管要以最快的时间办理，最好在一个月内完成。

对于特殊财产的接管，需作出特别的安排。特殊财产一般包括：（1）易燃品、易爆品和化工物品等危险类财产；（2）易损、易腐、易贬值的财产；（3）涉密性资产和资料；（4）需专业管理人员或具有专业资质人员保管的财产。

三、接管笔录，调查询问

管理人接管时应当制作移交清单、接管笔录，告知债务人的相关人员的法定义务和法律责任，接管笔录和移交清单由管理人和债务人的相关人员签名确认。接管前，管理人应在债务人营业场所公告有关事项。

首次接管及单项接管时均应制作接管笔录，接管工作应由两名及以上管理人工作人员办理。首次接管时，应在笔录中明确告知和询问下列事项：（1）相关人员的法律责任；（2）对管理人及其工作人员是否申请回避；（3）债务人的营业状况；（4）债务人的资产状况；（5）债务人的债权债务情况，并向管理人提交已知债权人清单；（6）债务人的职工的安置情况，包括职工工资、经济补偿金支付情况及社会保险费用的缴纳情况；（7）债务人的出资人的出资情况；（8）债务人是否存在《企业破产法》第 31 ~ 33 条规定的行为；（9）债务人的董事、监事和高级管理人员是否存在利用职权获取非正常收入或者侵占债务人财产的行为；（10）债务人未履行完毕的合同情况；（11）有关债务人的未审结诉讼、仲裁以及未执行完毕的案件情况；（12）有关债务人的其他情况。调查笔录是一份非常重要的法律文件，询问的内容，特别是询问财产事项，必须全面细致，存在的问题，详细记载；没有问题的，也须登记在案。

接管具体财物或文件资料的，应同时制作移交清单。移交清单应列明移交财物或文件资料的名称、份数、是否原件，注明财产是否正在使用、财产瑕疵情况，并附照片、笔录及录像资料。对于不属于债务人所有但由债务人占有或管理的财产、债务人关联企业或分支机构所有的财产应当注明权属。移交清单应当一式三份，移交人、管理人各持一份，另一份交法院。

四、接管印章证照

管理人应当接管债务人印章和证照资料。

应接管的债务人印章包括：公章、财务专用章、合同专用章、发票专用章、海关报关章、职能部门章、各分支机构章、电子印章、法定代表人名章等。

接管印章应当制作印章移交清单。移交清单应现场加盖所移交的每枚印章印模，以确定移交的印章的印文；对印章的实物应拍照打印作为附件，以确定移交的印章的实物形态。移交人和管理人的工作人员应在移交清单和附件上签字确认，并由双方签字人员手写注明移交的具体时间点。管理人接管的债务人印章应放入保险柜由专人保管，用印必须登记。用印章时须由经办人提出申请，管理人负责人审查同意后方可使用印章。

应接管的债务人证照资料包括：批准设立文件、营业执照、税务登记证书及各类资质证书、权利凭证、电子文档、管理系统授权密码等。

接管证照资料应当制作证照移交清单，移交清单应当列明以下内容：证照名称、证照编号、正本、副本、有效期、份数及原件或复印件等。管理人接收的债务人证照资料须由专人保管，确保安全。有使用证照需要的须登记，并经管理人负责人同意后方可外带。

如果债务人下落不明或其他原因导致管理人未能接管债务人的企业法人营业执照正副本、公章的，应及时刊登遗失声明。

五、接管财务资料

管理人收案后，应尽早安排全面接管债务人财务资料。

1. 履行接管职责前，管理人应向债务人的有关人员了解企业目前的经营状况、财务资料的完整度、财务核算的起止时间点，管理人应根据破产企业的状况及类型拟定需要接管的财务资料清单，清单可提前送达债务人的有关人员。

2. 管理人应根据对债务人的财务资料的掌控情况，并在保障安全的情况下决定是否移交。如不具备移交条件，应告知债务人的有关人员承担妥善保管的义务。如具备移交条件，应对财务资料进行详细清点：账册按年份清点，凭证、报表按月份清点。清点完毕应制作移交清单、接管笔录，告知债务人的有关人员法律责任，接管工作完成后由管理人和债务人的有关人员在移交清单、接管笔录上签名确认。

3. 接管的财务资料主要包括各年度会计账簿及凭证（纸质及电子）、报表、纳税申报表、审计报告、相关财务资料。

4. 相关财务资料包括但不限于（在接管的证照资料、行政和业务资料、诉讼资料中已包含的资料不必重复接管）：

（1）公司章程、成立批文、营业执照；

（2）历年股权变更协议及验资报告；

（3）截至审计基准日的银行对账单或银行询证函、涉及往来的询证函；

（4）存货盘点明细清单、大额采购合同或订单；

（5）固定资产明细清单、房地产权属证明、车辆行驶证；

（6）无形资产明细清单及权利证书；

（7）在建工程报建资料、施工及采购合同、预决算书、工程款拖欠情况表；

（8）对外应收款项（应收账款、预付账款、其他应收款）明细表、发生的合同协议、催收证据资料；

（9）各应付款项（应付账款、预收账款、其他应付款）明细表、发生的合同协议；

（10）应交税费明细表、税审报告；

（11）对外投资设立子公司的相关协议书及投资的子公司的注册资本缴付证明文件、被投资公司的章程、验资报告、营业执照、各年度会计报表及审计报告；

（12）对外财产抵押或保证的清册及合同；

（13）职工名册及劳动合同、社会保险缴交记录、欠薪明细表；

（14）涉诉事项的起诉书、申请书、裁定书、判决书、裁决书、基础法律关系的合同等。

六、接管行政、业务资料

应接管的债务人行政、业务资料包括：（1）公司治理资料（章程、股东会和董事会资料、公司各类文件）；（2）劳动人事资料（劳动合同、档案）；（3）业务资料（业务合同、与客户往来文件资料）；（4）生产技术资料（生产台账、各类生产计划报表、技术图纸、材料配方等资料）；（5）仓库资料（仓库台账、原材料库存资料、库存产品资料）。

接管债务人的行政、业务资料，应把握以下几个方面：（1）以接管资料原件为原则，复印件为例外；（2）以管理人专人管理为原则，就地封存为例外；（3）应分门别类制作移交清单，由移交人与接收人分别签字确认，并注明移交日期。

对于债务人的公司治理资料（章程、股东会和董事会资料、公司各类文件），移交清单中应当列明以下内容：资料名称、编号、制作日期、效力、形成方式、备案方式、份数及原件或复印件等。

对于债务人的劳动人事资料（劳动合同、档案），移交清单中应当列明以下内容：名称，编号，涉及人员的姓名、性别、身份证号码、联系方式、入职时间、劳动合同的签订日期、劳动合同的有效期、职务、离职手续（如有）的办理日期等。

对于债务人的业务资料（业务合同、与客户往来文件资料），应按不同客户分别列表的方式进行接管，移交清单中应当列明以下内容：文件名称、编号、文件内容、签订日期、有效期、客户名称/姓名、住所、联系人、联系方式、联系地址、电子邮箱、份数及原件或复印件等。

对于债务人的生产技术资料（生产台账、各类生产计划报表、技术图纸、材料配方等资料），移交清单中应当列明以下内容：文件名称、编号、性质、内容、目的/用途、制作单位/人、制作日期、有效期、份数及原件或复印件等。

对于债务人的仓库资料（仓库台账、原材料库存资料、库存产品资料），移交清单中应当列明以下内容：名称、编号、内容、制作人、制作日期、库存数量、产品性质（部件/成品/废品）等。

七、接管诉讼资料

接管债务人诉讼资料时应对案件进行分类处理，同时着重关注以下几个方面：（1）对于已经开始尚未终结的有关债务人的民事诉讼/仲裁类案件，管理人须进行重点调查，在完成债务人财产接管前及时向承办法官申请中止诉讼/仲裁，在完成债务人财产接管后继续诉讼/仲裁；（2）对于已经受理但执行的款项尚未支付给执行申请人或被执行标的物尚未被变现处置的执行类案件，管理人应及时向承办法官申请中止执行；（3）对于有关债务人财产的保全措施，管理人应及时向承办法官申请解除；（4）移交的案件材料应制作移交清单，由移交人与接收人分别签字确认，并注明移交日期。

对于已经终结的有关债务人的民事诉讼/仲裁案件，移交清单中应当列明以下内容：案号、受理法院/仲裁委、法官/仲裁员姓名（助理、联系方式）、原告/申请人的名称/姓名（代理人、联系方式）、被告/被申请人的名称/姓名（代理人、联系方式）、案由、立案时间、结案时间、法律文书生效日期、执行情况、保全情况、保全法院（法官、助理、联系方式）等。

对于已经开始尚未终结的有关债务人的民事诉讼/仲裁案件，移交清单中应当列明以下内容：案号、受理法院/仲裁委、法官/仲裁员姓名（助理、联系方式)、原告/申请人的名称/姓名（代理人、联系方式)、被告/被申请人的名称/姓名（代理人、联系方式)、案由、立案时间、标的额/标的物、开庭日期、证据材料、备注（是否开过庭）等。

对于有关债务人财产的执行保全案件，移交清单中应当列明以下内容：案号、受理法院、法官姓名（助理、联系方式)、申请人的名称/姓名（代理人、联系方式)、查封冻结账号/标的物、立案时间、查封冻结时间、期限、轮数、执行情况等。

八、接管不动产

管理人接管债务人的不动产，一般有两种来源：一是管理人通过财产调查获得债务人名下不动产信息，进行现场核实并从相关控制占有人处接管；二是债务人或其他相关人员将控制占有的债务人所有的不动产移交给管理人。管理人接管债务人的不动产，既要接管不动产权利凭证，也要现场接管并实现对不动产的实际控制。管理人对于发现的债务人的不动产，应及时向占有控制人发送交付财产通知书；不能确定实际占有控制人的，要在不动产处张贴公告和交付财产通知。

接管不动产权利凭证，除需制作移交接收清单，还应询问不动产的相关情况并制作接管笔录。应询问了解的不动产情况主要有：(1）不动产的权利来源；(2）建设情况（除权利证书登记的面积，还包括是否有未登记的建筑物或构筑物、是否有违建等)；(3）是否有拖欠工程款；(4）是否有抵押查封；(5）实际占有控制情况；(6）是自用还是出租，出租的具体情况（包括承租人名称、租期、租金缴纳情况、租赁用途)；(7）物业管理单位名称。

管理人现场接管不动产，应做好充分的准备，必要时可申请法院或当地公安机关协助。管理人接管不动产的准备工作包括：与不动产的实际控制人沟通达成接管合意、接管后的管理措施、现场接管的公告、未使用房屋的查封、接管后管理不动产的费用支付、与现行物业管理单位协商或者聘请新的保安公司或物业公司进行管理的安排，等等。管理人现场接管不动产，须办理移交清单和移交笔录，并对不动产的移交现场和不动产的现状拍照或拍视频留存。不动产的原控制人、原物业管理单位、新的保安公司或物业管理单位应在移交清单和移交笔录上签字确认。

对于不动产的实际控制人拒不移交其控制占有的债务人的不动产的，管理人应进行详细地调查了解，对不动产的实际控制人控制占有债务人不动产的原因、合同凭证等文件资料进行审查，对相关法律关系进行充分论证，并提出处理意见报告法院。对于有合法原因占有使用债务人不动产的，管理人应查清事实，依法处理债务人不动产的管理维护。对于没有合法原因占有使用债务人不动产的，管理人应充分释法并告知占有使用人需承担的法律后果，必要时应强制接管。强制接管债务人不动产，要有周全方案，并获得法院的许可和支持。

九、接管机器设备

管理人应及时接管债务人的机器设备，并妥善保管。接管机器设备应列明清单，制作接管笔录，移交人和办理接管的管理人的工作人员应签字确认。

接管机器设备的清单中一般应列明：机器名称、品牌、型号规格、设备编号、数量、新旧程度（购买时间）及生产厂家等。对于具体信息无法明确的，管理人也应在接管笔录中询问移交人相关情况，并了解与机器设备有关的发票等购置凭证信息。管理人也可以通过债务人财务资料中记载的固定资产信息核对接管机器设备。设备的具体信息越全面，越有利于设备的评估和拍卖处置，也越有利于实现设备的价值最大化。

债务人机器设备数量特别多的，管理人除应制定接管计划外，还可以提前确定评估机构，与评估机构共同办理接管，以避免评估时管理人再和评估机构进行清点。但在不及时接管可能造成设备毁损丢失的情况下，管理人应先行接管。

管理人接管机器设备要事先考虑好设备的保管问题。一个原则就是，管理人对于接管的债务人财产，一定要安全保管。对于债务人已经停止营业，机器设备停止使用的，管理人应原地查封，必要时申请法院裁定保全查封并张贴法院封条。除了安全问题，管理人还应注意保管费用问题。场地占用及保管费用高且设备的价值可能不足以支付场地占用及保管费用的，管理人应及时申请法院提前处置。对于原场地占用费用高的，在设备方便移动的情况下，管理人应考虑将设备搬移至保管费用较低的地方。对于需要维护保养的机器设备，管理人应充分了解设备情况后提出维护保养方案，以实现设备的保值。

对于融资租赁或有抵押的机器设备，管理人接管时可以通知出租人或抵押权人到场监督。尤其对于机器设备的提前处置或搬迁保管，应征求出租人或抵押权人的意见。

十、接管其他财产

管理人接管债务人不动产和机器设备以外的其他财产，主要包括产成品、半成品和原材料、办公类用品、交通工具、财产性权利等。管理人应根据不同类别的财产分别进行接管并妥善保管。接管的其他财产均应列明清单，并制作接管笔录。移交人和办理接管的管理人的工作人员应签字确认。

产成品的清单中一般应列明：产成品名称、型号规格、数量等。半成品的清单中一般应列明：半成品名称、型号规格、数量以及未完成工序等。原材料的清单中一般应列明：材料名称、规格型号、数量、生产厂家、购置时间、供应商名称、供应商联系方式等。管理人也可以通过债务人生产台账、库存台账等文件资料核对接管产成品、半成品和原材料。产成品、半成品、原材料的具体信息越全面，越有利于设备的评估和拍卖处置，也越有利于实现设备的价值最大化。债务人的产成品、半成品、原材料数量特别多的，管理人除应制定接管计划外，同样可以提前确定评估机构，与评估机构共同办理接管，以避免评估时管理人再和评估机构进行清点。但在不及时接管可能造成设备毁损丢失的情况下，管理人应先行接管。对于易贬损或保管费用较高的产成品、半成品和原材料，管理人应收集相关的市场交易信息，提出提前处置的意见，报告法院同意后进行处置。

对于办公类用品的接管，管理人可现场实际清点或根据债务人的固定资产清单清点接管。办公类用品包括：办公家具，电脑、打印机、复印机等办公设备，办公文具，风扇、空调、电话等办公设施。对于该类财产，管理人可根据破产案件的工作需要，决定是否保留。例如，财务销售部门的电脑因储存相关资料需一直保留至破产案件工作终结前；一些老旧的办公用品因易贬损而应报告法院提前处置。

对于交通工具的接管，管理人应特别注意在合适的场所保存以保障安全，一般情况下应放置于停车场、港口、机场等停放场所。并且管理人要以书面形式特别交代停放场所管理单位以确保安全。对于需要定期启动的车辆，管理人要安排人员定期启动或交代停放场所工作人员协助定期启动，以保障车辆随时处于可启动运转的状态。查询到债务人名下但下落不明的交通工具，应公告查找，必要时可报案处理。

对于财产性权利的接管，主要是对知识产权、对外应收债权的接管，主要接管相关的权利凭证和文件资料，再清理其有效期限和时效性，并采取续期、催收等措施保证其有效性和时效性。债务人下落不明的，管理人对财产调查过程中查获的债权人名下的财产性权利，亦应注意其有效期和时效性，并想办法续期和催收。

十一、接管工作报告

管理人完成对债务人财产的接管后，应及时向破产案件合议庭提交接管工作报告。如有特殊原因导致接管期限较长，应根据情况分阶段提交阶段性接管报告。

接管工作报告中应包括以下内容：（1）管理人调查的接管时的债务人基本情况，包括统一社会信用代码、注册地址、法定代表人、企业成立时间、注册资本、股东及持股比例、经营状态等；（2）接管工作情况，包括接管的时间、接管的地点、移交人、就相关事项对债务人的相关人员的询问和责任义务告知情况；（3）接管结果，包括接管到的印章证照、财务资料、合同文书资料、债务人财产等财物的名称和数量等情况；（4）对接管到的财物保管处置的情况；（5）有关接管的下一步工作安排。

制作接管工作报告应由接管工作的主要工作人员负责；分组分类接管的，应统一汇总接管笔录、接管清单；接管工作报告不要遗漏接管事项。接管工作报告应附首次接管笔录、印章证照，以及主要财产的接管笔录和移交清单复印件。案件复杂，分批分阶段接管的，应在债务人印章证照、财务资料等事项接管完后或收案后30日内制作首次接管工作报告；后续接管完成后，再制作补充接管工作报告。

十二、营业事务接管、是否继续营业

管理人接管时债务人还在继续营业的，管理人应接管债务人的营业事务（重整程序中由债务人自行管理财产和营业事务的除外）。接管营业事务应在接管前对债务人详细了解并做好充分准备，对在职的职工和管理人员要有充分的沟通，要做到充分掌控债务人营业事务。

管理人在接管前，应对营业事务的收益和成本支出进行详尽了解，对涉及的工作人员进行全面了解并征求其意见，对可能存在的风险作出全面的评判，对是否继续营业作出合理的评估，要把握好“继续营业有利于债务人财产的保值增值、有利于职工权益和债权人权益的最大化，且风险可控”的原则，并制定接管及接管后的营业事务管理制度。管理人接管债务人的营业事务后，应及时通知相关客户单位，告知管理人接管情况并通知其配合管理人工作，对涉及的合同应分别妥善处理。

管理人接管债务人营业事务，并对债务人进行全面了解且对是否继续营业能够作出合理的评估后，应作出债务人继续营业或停止营业的决定，形成专项报告，报法院许可；在时间允许的情况下，应作为专门表决事项，经债权人会议表决通过。

管理人决定债务人继续或者停止营业，应当充分考虑的因素包括：（1）对债务人财产的影响，是否有利于债务人财产的保值增值；（2）对职工、债权人权益的影响；（3）继续营业的风险和责任承担；（4）是否有利于债务人重整或和解；（5）对社会公众利益的影响；（6）继续营业的期限。管理人决定债务人继续营业或停止营业的专项报告及向债权人会议作出的债务人继续营业或停止营业的说明，首先应全面介绍债务人的基本情况及营业事务现状，其次说明继续营业或停止营业的理由，最后介绍债务人及股东、职工、债权人对继续营业或停止营业的意见。

第四章

权利登记审查

一、债权申报要求及已知债权人通知工作

（一）债权申报要求

1. 债权申报的期限

法院在受理破产申请后，应当确定债权申报的期限，并在破产案件受理公告上直接载明债权人申报债权的截止日期。

债权申报期限一般由法院和管理人商定，也有法院不征求管理人意见而直接确定的。依据《企业破产法》第45条的规定，债权申报期限自法院发布受理破产申请公告之日起计算，最短不得少于30日，最长不得超过3个月。管理人可根据案件具体情况及自身工作安排，在该法定期间内适当确定债权申报截止日。若债权申报期最后一天为法定休假日，则顺延至该法定休假日后的第一个工作日。

此外，按照《企业破产法》第62条之规定，第一次债权人会议应当自债权申报期限届满之日起15日内召开。因此，管理人在确定了债权申报截止日后，最好同时考虑将第一次债权人会议召开的时间及方式也进行确定，在后续通知及接受债权申报时，可将债权人会议召开的时间一并通知债权人。

2. 债权申报的形式及要求

债权人向管理人进行债权申报，应当采取书面形式，向管理人提交其主体材料及债权证明文件等相关证据材料。

为向各债权人说明债权申报的具体要求，债权人所需准备的主体资格文件

和证据材料，以及需填写提交的申报书、表格，管理人通常需要制作一套完整的债权申报材料，具体包括以下内容：

（1）债权申报指南。告知债权人进行债权申报所需提交的资料及份数、债权申报的具体要求、申报地点、联系人及电话，以及其他特别提示事项。

（2）债权申报书模板。债权申报书是债权人申报债权的书面陈述材料，应包括申报人名称/姓名（自然人还需列明身份证号）、地址、法定代表人、联系方式等基本信息，以及申报债权金额（分别列明本金、利息及其他金额）和有无财产担保、申报所依据的事实和理由。另外，如果债权人需要申报利息，还需要提供详细的利息计算表作为债权申报书的附件。

（3）债权申报登记表模板。该表用于直观表明债权申报情况，其中包括回执联用以证明管理人接受申报之事实。该表须加盖申报人公章；申报人为自然人的，该表须由其本人签名。

（4）主体资格文件（债权人自行提供）。申报人为自然人的，应提交身份证复印件（原件于提交时验核并于核实后返还）；申报人为法人或其他组织的，应提交加盖公章的营业执照、组织机构代码证、法定代表人身份证复印件，以及法定代表人身份证明书原件。管理人可提供一份法定代表人身份证明书模板。

（5）授权委托书模板。申报人如委托代理人代为提交申报文件，应提交授权委托书原件，以及代理人身份证件复印件（原件于提交时验核并于核实后返还）。代理人为律师的，应同时提交律师事务所函原件；代理人为本单位员工的，应同时提交劳动合同复印件（原件于提交时验核并于核实后返还）和社会保险证明原件。

（6）材料清单及说明模板。申报人须充分提交用以证明债权发生及有效的材料，包括：合同资料、收款转款证明资料、送货单、结算单、欠款催收或确认文件、法院判决书、调解书或仲裁机构的仲裁裁决、法院强制执行文件，以及其他能够证明债权发生及有效的材料。申报时应提交证据材料的复印件，并同时提供原件给管理人核验，管理人完成核验后相关原件即返还申报人。①

---

① 上述证据材料由债权人提供，管理人可向债权人提供一份材料清单及说明的模板（与诉讼案件材料清单相似），载明债权人名称、编号、联系人及电话、材料名称、每份页数、份数、提交原件或复印件的情况、备注说明，以及提交人、签收人等信息。

(7) 债权人联系方式及银行账户信息确认书。该确认书须记载债权人名称/姓名、代理人、债权人提供的文书送达地址、电子邮箱等有效送达联系方式、债权人提供的将来可用于接收债权分配款的银行账户信息(须为债权人名下账户),还需要有债权人对上述联系方式及账户信息确认的签名或盖章。我们建议由债权人写明“管理人发送相关文件至上述电子邮箱,即视为本人(单位)收到文件”作为特别确认。

破产案件中,会涉及多次向债权人提供信息,或需要债权人进行表决的事宜;在财产分配时,还需要使用债权人银行账户信息。因此,有必要在债权申报阶段向债权人收集该确认书上的信息,为管理人后续工作减少不必要的麻烦。

(二) 债权申报通知

根据《企业破产法》第 14 条之规定,自法院裁定受理破产申请之日起 25 日内,应当通知已知债权人,并予以公告。

1. 已知债权人信息的获取

管理人在接受指定并收到案件受理文书后,应当从以下方面着手,获取已知债权人清单及信息:

(1) 联系债务人企业相关人员,获取并接管债权债务清册。

(2) 协助法院完成公告刊登工作;取得案件受理公告后,立即在全国企业破产重整案件信息网①以及法院规定的报纸(如《人民法院报》、债务人所在地或所在行业省级以上报纸)上刊登案件受理公告,让相关债权人主动与管理人取得联系。

(3) 借助网上诉讼服务平台、各地法院官网案件查询系统、中国裁判文书网、中国执行信息公开网、企查查、天眼查等网络公开信息平台,查询与债务人企业相关的诉讼及执行案件,并进一步与案件主审/执行法官、助理取得联系,获取债权人联系方式(该项工作也可为诉讼案件的接管以及执行案件的中止通知工作提供便利,所获取的信息可与诉讼组共享)。

---

① 全国企业破产重整案件信息网网址: pccz. court. gov. cn/pcajxxw/index/xxwsy。

（4）询问已取得联系的债权人是否有破产企业的相关债权人微信群。若有，在该微信群里发送案件受理公告。

2. 向已知债权人通知债权申报事宜

与已知债权人取得联系后，应当记录债权人名称/姓名、联系人、联系电话、联系地址、电子邮箱、微信等有效联络信息，以便通过电子邮件或微信等网络送达方式以及 EMS 邮政快递方式送达债权申报指南、通知及其他相关资料。

在通知已知债权人申报债权、接受相关咨询期间，必须先弄清楚需债权人申报的债权种类及范围，并非所有债权都需申报。

根据《企业破产法》的规定，需要申报的破产债权的范围如下：

（1）破产申请受理前形成的无财产担保债权，以及有财产担保债权（第 49 条）；

（2）未到期的债权、附利息的债权、附生效条件或解除条件的债权，以及诉讼、仲裁未决的债权（第 46 条、第 47 条）；

（3）债务人的保证人和其他连带债务人，因替债务人清偿债务取得的求偿权（第 51 条）；

（4）解除双方均未履行完毕的合同后形成的损害赔偿请求权（第 53 条）；

（5）因委托合同产生的债权（第 54 条）；

（6）票据追索权（第 55 条）。

3. 已知债权人信息及通知记录

在上述工作进行的同时，应当制作已知债权人信息及债权申报通知记录表，做好管理人工作“留痕”。

二、债权登记

在完成全面的已知债权人债权申报通知工作后，会陆续迎来债权人申报债权。此时，管理人需做好债权申报的登记工作。

（一）通用的债权申报登记表格式

每家管理人应当制作一个破产案件债权申报登记表通用模板，可适用于大部分的破产案件债权申报登记。在该债权申报登记表中，需要记录债权人基本信息（包括但不限于：债权申报号、债权人名称/姓名、法定代表人、代理人、联系电话、联系地址、电子邮箱），其所申报的债权相关信息（包括但不限于：债权性质、债权本金、债权利息、其他债权金额、财产担保情况），以及接受申报的日期。

通用的债权申报登记表能够全面、清晰地记录已申报的债权人相关信息；但整个表格过于冗长，使用起来不太方便。有过实践经验的管理人知道，该表格中债权人基本信息部分的内容，主要在与各债权人取得联系时使用；而债权信息部分的内容，则在管理人后续审查债权及做出债权表等工作中需要用到。

因此，我们在处理案件过程中，喜欢将该表格做一个分割，将其中债权人基本信息部分的内容，移到另一个专门用于记录债权人联络方式的表格中。由于所在管理人机构向各个破产案件债权人邮寄材料时，均使用 EMS 邮政快递方式，所以，我们习惯将债权人基本信息及联络方式的内容移到 EMS 快递单打印模板中，分案件保存。这样既能有效保存好各债权人联络方式，又能在需要向债权人邮寄资料时，快速调取债权人地址等信息，利用针式打印机批量打印出快递单，提高工作效率。

债权申报登记表上的其余信息，则会在后续债权审查、出具债权审查通知书以及制作债权表的工作中发挥其作用。在使用的时候，可以考虑将债权人基本信息及联络方式相关栏的内容进行“隐藏”，这样能更直观、更快捷地获取债权性质、种类、各项金额等内容。

（二）接受债权申报时相应的信息登记工作

管理人的工作人员每接收到一家债权申报，应当立即将申报资料装袋封存，在档案袋上贴好债权申报表或其他具有明显标识的表格，按照债权申报号的顺序，排放在指定的位置。

通常情况下，每一个主体（独立的法人、其他组织或者个人）前来申报，给予其一个债权申报号；同一个主体有两笔或多笔债权需要申报的，则给予其同一个债权申报号。

当然，有时候会遇到金融机构，如银行，作为债权人有多笔债权需要申报，并且，由于每一笔债权由不同的业务部门或者工作人员负责处理，他们会向管理人提出每笔债权分开债权申报号进行登记处理。此时，管理人应当灵活处理，并且需要向债权人解释清楚在债权人会议等表决程序中他们所占有的表决名额等问题。

此外，管理人还要管理好团队成员之间的信息共享问题，在办公处设置公告栏，记录清楚每个案件债权申报号已用到多少号；及时更新债权申报登记表；利用邮箱、钉钉、飞书等办公软件，实现信息的实时共享。

（三）接受债权申报的其他常见问题

1. 连带债权人可以由其中一个主体代表全体连带债权人前来申报，也可以共同申报。

2. 债务人的保证人或者其他连带债务人已经替债务人清偿全部或者部分债务的，可以就其对债务人已清偿部分的求偿权向管理人申报债权。

3. 债务人的保证人或者其他连带债务人尚未代替债务人清偿债务的，可以就其对债务人尚未清偿部分的将来求偿权向管理人申报债权，但是债权人已经向管理人申报全部债权的除外。

4. 债务人是连带债务人时，债权人可以向管理人申报债权。债务人和其他连带债务人都被法院裁定受理破产申请的，债权人可以分别向债务人和其他连带债务人的管理人申报其全部债权。

5. 债务人是委托合同的委托人，受托人在法院受理破产清算后不知道债务人破产事实而继续处理委托事务的，受托人可以就其继续处理事务所产生的请求权向管理人申报债权，法律另有规定的除外。在委托合同约定受托人在法院受理破产申请后仍需继续处理委托事务的情形下，即使受托人知道债务人破产事实，受托人在管理人或债务人解除合同前依据委托合同之约定继续处理委托事务的，受托人可以就其继续处理事务所产生的请求权向管理人申报债权。

6. 在停止处理委托事务将损害债务人利益的情形下，无论受托人是否知道债务人破产事实，受托人在管理人或者债务人要求其停止处理委托事务之前为债务人利益而继续处理事务所产生的请求权，管理人可以将其作为共益债务清偿。

（四）接受债权申报时的审查

1. 接受申报与形式审查

管理人指派专人在通知和公告的债权申报地点负责接受债权申报材料。

管理人在接受债权申报时，需对债权人提交的文件进行形式审查。审查内容包括：债权人的身份证明文件，申报的债务人是否为破产案件的债务人，申报的权利种类和性质，债权人提交的文件是否完整齐备、是否与材料清单上所记载的事项相一致。若文件不完整，管理人应当一次性告知债权人，要求其在期限内对申报材料进行补正。此外，管理人还需要对债权人提交的证据材料逐一核对，并在与原件核对的复印件上盖核对章确认。

经形式审查合格的债权申报，管理人应当受理并进行登记，出具债权申报受理回执。

经形式审查不合格的债权申报，管理人应当向申报人说明原因。管理人可以根据申报人的要求出具不予受理的回执。

2. 申报登记

管理人受理债权申报后应制作债权申报登记表，债权申报登记表的格式如前文所述。

管理人应注意，依据《破产法解释三》第 6 条的规定，管理人应当依照《企业破产法》第 57 条的规定对申报债权进行登记造册，详尽记载申报人的姓名、单位、代理人、申报债权额、担保情况、证据、联系方式等事项，形成债权申报登记册。因此，债权申报登记册（表）是管理人履行职务的一个重要工作文件。管理人应妥善保存债权申报登记册（表）及债权人提交的债权申报材料，供利害关系人查阅。

3. 税款及社会保险、公积金债权

管理人书面通知有关机关，告知其依法申报债务人欠缴的税款、社会保险费用或公积金。

对于税款和社会保险、公积金债权，管理人要注意当地税务机关和社会保险、公积金管理机关的公告信息。有些地方的税务机关和社会保险、公积金管理人机关已委托专门的律师事务所处理破产案件税款债权和社会保险、公积金债权。管理人可按税务机关和社会保险、公积金管理机关的公告要求，通知其委托的律师事务所经办人员。

4. 补充申报

债权人未在债权申报期限内申报债权，在破产财产最后分配前向管理人补充申报债权的，管理人应接受申报材料并进行审查；但是，此前已按法院裁定认可的财产分配方案进行分配的，不再对其补充分配。为审查认定、核查补充申报债权产生的额外支出，包括重新进行债权核查的费用（EMS 邮政快递费用）等，由补充申报人承担。管理人可以书面通知逾期申报债权人预缴有关费用，不预缴的视为未完成债权申报。

5. 重整程序中的补充申报

（1）债权人未在债权申报期限内申报债权，但其在重整计划草案提交债权人会议表决前申报债权并经法院裁定确认的，法院裁定批准重整计划后，该债权人被认可的债权可依照重整计划确定的债权受偿方案获得清偿。

（2）债权人未在债权申报期限内申报债权，在法院裁定批准重整计划后重整计划执行完毕前补充申报债权的，管理人可以接受申报并进行审查，但债权人在重整计划执行期间不得行使权利；在重整计划执行完毕后，可以按照重整计划规定的同类债权的清偿条件行使权利。

（3）债权人未在债权申报期限内申报债权，在重整计划执行完毕后补充申报债权的，管理人不接受申报，告知债权人向债务人主张权利。

6. 释明破产程序中的权利和义务

在接受债权申报时，管理人应当向债权人释明其在破产程序中的权利和义务，并要求债权人填写送达地址及送达方式确认书、认可默示表决规则的声明书。

三、债权审查原则和标准

管理人应根据案件的具体情况，制定个案债权审查原则和标准。个案债权审查原则和标准应符合法律规定，不违背受理破产案件法院制定的破产案件债权审查相关规定。深圳市中级人民法院《破产案件债权审核认定指引》（深中法发〔2017〕5号）是国内比较全面的破产案件债权审查指导性文件。

破产案件债权审查至少应遵循以下原则：

（1）尊重事实原则。在审查债权时，应以债权申报人提供的证据证明的事实和管理人接管债务人资料以及调查核实掌握的事实为基础。管理人审查债权不可以不顾债务人资料记载，而单纯以债权申报人提供的证据作为认定事实的唯一依据。在债权申报人提供的证据不够充分而管理人掌握的债务人资料能充分证明债权事实的情况下，应当确认债权事实的真实性。管理人在破产程序中，既要维护债务人合法权益，又要保护债权人合法权益，切不可隐瞒已掌握的债权事实而不予认定债权。管理人故意隐瞒债权事实真相，有违《民事诉讼法》的规定。

（2）依法原则。管理人审查债权，须符合法律规定。由于债务人的所属行业不同、具体业务有差别，管理人审查债权须熟悉各种法律规定。我们建议，针对债务人特殊的业务而发生的债权，管理人应安排有相关性质的债权纠纷诉讼经验的律师参与债权审查，同时通过互联网搜集受理法院及其上级法院直至最高人民法院的相关纠纷的判决，以备参考。

（3）个案标准统一原则。每一个破产案件中，债权所涉及的相关事实和法律认定标准必须统一。例如，房地产企业破产案件中，对于大量的迟延交房违约金、迟延办证违约金债权的审查，应依照买卖合同确定统一的迟延期间的起算日、违约金的计算标准；工程款优先权的确认标准、债权利息的计算标准都应统一；暂缓确认或不予确认的条件标准也应统一。个案中债权审查标准统一，也是公平公正保护债权人合法权益的需要。

四、债权审查

（一）债权初步审查

管理人应安排民商事法律理论基础扎实、民商事诉讼经验丰富的律师负责债权的审查。债权审查流程包含管理人审查、债务人核查、反馈、异议和复核，以及债权表的编制。

管理人结合债权人的申报材料和债务人提供的材料，对申报债权的性质、债权数额、是否超过诉讼时效、是否超过强制执行期间等情况进行实质审查。一般情况下，管理人可以根据申报债权的不同情形作出不同安排：（1）有生效判决的申报债权，在第一次债权人会议之前必须作出初步审查结论；（2）证据充分且和债务人的记载没有出入的申报债权，在第一次债权人会议之前也要作出初步审查结论；（3）需补充证据或调查核实的申报债权，可以根据案件需要作出初步不予确认或暂缓确认结论；（4）在诉未确定的申报债权，一律暂缓确认。

管理人审查时应特别注意债权有无担保，是否为连带债权、求偿债权，是否附条件或期限等事项。对于疑难复杂债权，应经管理人工作会议讨论后作出审查结论。管理人可以根据审查需要通知债权人补充材料或者说明情况。

（二）债务人核查及反馈

管理人可以将债权申报登记表、债权人的申报材料以及管理人初步认定结论移交债务人核查，并要求债务人在规定的期限内反馈意见。

管理人可以根据审查需要通知债务人的相关人员到场配合并说明情况。债务人下落不明或不发表意见的，管理人可以径行根据债权人的申报材料进行核查。

管理人根据债权审查结论制作债权审查通知书书面通知债权人，并给予债权人不少于 7 日的异议期。其中，审查结论认定债权不成立、债权性质和担保与申报不一致、债权数额与申报差异较大的，应在债权审查通知书中说明债权不成立或者产生相关差异的原因。

（三）异议债权复审

债权人在管理人指定的异议期限内对债权审查通知书的审查结果提出异议的，管理人就异议进行复审。

债权人提出异议的，管理人可将异议送交债务人核查。

管理人根据复审结论制作债权复核通知书通知债权人，并告知债权人有权在收到债权复核通知书之日起 15 日内向法院提起诉讼。逾期不起诉的，管理人将按照无异议处理。

（四）债权表的编制

管理人根据审查结果在第一次债权人会议召开之前编制债权表。债权表列明债权人的名称/姓名、申报债权金额和债权性质、审查认定的债权金额和债权性质。第一次债权人会议之后，管理人应根据债权审查的进度，分批编制债权表发送债务人和债权人核查。债权表的编制详见本章第六部分。

（五）暂缓认定的债权另行列表

管理人对于以下债权暂缓认定：

（1）重大复杂，尚未作出审查结论的债权；

（2）申报人确因客观原因无法在债权申报期内补交必要证据材料，导致暂时无法认定的债权；

（3）已作出审查结论或者复审结论后，债权人提起诉讼的债权；

（4）附条件但条件尚未成就的债权；

（5）诉讼或者仲裁未决的债权；

（6）债务人的保证人或者其他连带债务人对债务人将来求偿权申报的债权等。

管理人对以上暂缓认定的债权另行列表，并提交债权人会议。

（六）不予认定的债权另行列表

管理人对下列债权不予认定：

（1）缺乏有效证据，不能证明申报的债权合法有效的；

（2）行政、司法机关对债务人的罚款、罚金及其他有关费用；

（3）债务人欠缴款项产生的滞纳金，包括债务人未履行生效法律文书应当加倍支付的迟延利息和劳动保险金的滞纳金；

（4）债务人逾期不履行行政决定的金钱给付义务，行政机构加处的超过金钱给付义务数额一倍的滞纳金；

（5）破产案件受理日以后的债务利息；

（6）债权人参加破产程序所支出的费用；

（7）债务人的股权、股票持有人在股权、股票上的权利；

（8）超过诉讼时效的债权，超过法律规定的期限未申请强制执行的债权；

（9）管理人或债务人在破产程序内解除合同，合同相对方申报的超出实际损失的赔偿请求或者要求返还定金的加倍部分；

（10）政府无偿拨付给债务人的资金，但财政扶贫、科技管理等行政部门通过签订合同，按有偿使用、定期归还原则发放的款项除外；

（11）超过债权人申报范围的债权；

（12）其他依据相关法律法规不予认定的债权。

对于上述第2~4类申报债权，如破产财产在清偿其他全部债权后有剩余，管理人应对该三类债权进行审查确认。

管理人对以上不予认定的债权另行列表，并提交债权人会议。

管理人应妥善保存债权表，供利害关系人查阅。

五、债权审查结论通知

管理人接受债权人申报债权后，应当对债权的性质、数额，有无财产担保，用于担保的财产价值是否足以清偿担保债权等事实进行严格审查，并经法院裁定确认，使之成为破产债权。

对于经管理人实质审查过的债权，无论债权是否被确认，管理人都应当向前来申报的债权人出具债权审查结论通知，告知其债权审查结果。结合不同的审查结论，管理人将分情况作出经审查确认、经审查暂缓确认以及经审查不予确认等不同结论的债权审查通知书。

债权审查通知书主要由债权申报情况、债权审查情况、债权审查结论以及异议事项四部分内容组成。具体如下：

（一）债权申报情况

此部分主要将债权人申报的债权总额及各分项（本金、利息、诉讼费等）明细以及向管理人提交的各项证据逐一列出。

（二）债权审查情况

管理人对债权人申报债权进行审查，主要针对债权的真实性、合法性、关联性和时效性等进行全面审查。因此，在债权审查情况部分，管理人应对审查上述“四性”的情况进行简要的说明。

真实性的审查主要有赖于接受债权申报时对债权人提交的证据材料原件的核查工作。一般而言，经原件核查的证据材料，对其真实性能够予以确认，除非有相反证据证明。

合法性的审查主要是看债权人申报的债权性质及金额是否符合法律法规的规定或双方合同的约定。

关联性的审查要求管理人就债权人申报的债权是否与债务人存在合法合理的关联关系进行审查。

时效性的审查则是指管理人应当审查债权人所申报的债权是否超过诉讼时效和申请强制执行的期限。

（三）债权审查结论

审查结论部分的内容，主要是综合前一部分债权审查情况得出该债权人所申报的债权最终能否得以确认的结论，以及经审查确认的债权金额是多少，并且给出相应理由。

经审查不予确认的债权，通常都是在真实性、合法性、关联性、时效性中的某一项或多项内容上不符合规定，致使管理人对该申报的债权彻底予以否认。除了给出“不予确认”的审查结论外，管理人还需简明扼要地说明不确认的具体理由，让债权人信服。

经审查暂缓确认的债权，一般是涉及诉讼、仲裁未决或是部分证据有待进一步查证属实等情况。因此，该类债权还处在待定状态，管理人需要把此次暂缓的缘由阐述清楚；如需要债权人进一步提供证据或说明，也需要在此次债权审查通知书上列明。

经审查予以确认的债权，“确认”的含义又分为完全确认和部分确认。所谓完全确认，即申报金额与管理人审查得出的金额一致，其真实性、合法性、关联性、时效性均经审查无异议。尽管认定和申报一致，管理人也应当将“四性”审查无异议以及审查确认的金额在审查结论中载明。而部分确认，是指管理人经审查后，认为债权人申报的部分金额缺乏法律、事实等依据，不能予以认定，或者是管理人对利息计算的起始时间、计算依据、利率等与债权人提供的利息计算表存在差异而得出不同的金额。因此，对于部分确认的情况，管理人除了在审查结论中载明审查确认的金额外，还需要对与申报金额有差异的部分进行详细说明，给出管理人计算利息的公式和依据，让债权人明晰。

还有一些债权人申报多笔债权的情况。管理人在出具审查通知书时，应当更注重条理性与逻辑性。分笔将相关债权人申报的所有债权进行说明：既要有总的审查结论与金额，又要有各笔债权的详细说明，让债权人清楚总的债权审查结论及金额的由来。

（四）异议事项

管理人在出具债权审查通知书时，只是将初步的审查结论告知各债权人，因此，管理人需要在债权审查通知书上告知债权人对该审查意见提出异议的途径及期限。

根据《企业破产法》第 58 条及《破产法解释三》第 8 条的规定，若债权人对审查结果有异议，应当在债权人会议核查结束之日起 15 日内向破产案件受理法院提起诉讼；逾期未提起诉讼的，视为无异议，由此而产生的一切责任及后果由债权人自行承担。若债权人因对审查结论有异议而提起诉讼，须在提起诉讼之日起 2 个工作日内将相关诉讼材料提交管理人备案。

在债权人无异议或视为无异议的情况下，管理人将根据此次的债权审查结果编制债权表，并申请破产案件受理法院予以裁定确认。

六、债权表编制

根据《企业破产法》第57条、第58条的规定，管理人对债权人所申报的债权进行审查后，应当编制债权表，并提交第一次债权人会议核查；经核查无异议的，由法院裁定确认。

债权表的编制在破产清算、和解和重整程序中都是必不可少的；但是对于债权表编制的具体方法，法律法规中并未作出规定。管理人应当根据个案的债权申报情况以及债权表的用途来考虑将哪类债权列入债权表、是否对债权进行分组、债权编排顺序等具体编制方法。

经债权审查后编制的债权表，根据用途主要分为三种：(1) 用于汇总债权审查结果，提交债权人会议核查；(2) 管理人在债权人会议中用于计算出席债权人会议的人数及表决结果；(3) 将经债权人会议核查无异议之债权汇总，提交法院裁定确认。

（一）用于提交债权人会议核查的债权表

此债权表主要是为了向各债权人、债务人及其他参加债权人会议的利益相关方展示管理人接受债权申报的情况，以及对债权审查结果的汇总情况。因此，此种债权表又可细分为经审查予以确认债权表、经审查暂缓确认债权表、经审查不予确认债权表。在暂缓确认和不予确认的债权表中，因无法记载确认的金额，表格中只需记载以下项目：序号、申报号、债权人名称/姓名、申报金额、债权性质、审查情况。而予以确认的债权表，则还至少需要添加确认金额、确认的债权性质两项内容。如果想要更加细致，可以在予以确认的债权表中，将申报金额和确认金额分别细分出本金，利息及违约金，诉讼及执行、保全等费用，总金额各项。

（二）管理人自用债权表

管理人根据最终确认的债权表，衍生出到会情况统计表以及表决情况统计表两项电子表格，分别用于在债权人会议中统计债权人到会人数情况和债权人会议表决事项的表决情况。鉴于每家管理人使用的表格编制及计算公式设置不一，在此对自用债权表的设置不再赘述。但无论债权表设置如何，均需要注意以下几点：

（1）对债务人的特定财产享有担保权的债权人，其对于一般事项的表决只记人头，而不计算其有财产担保的债权额。

（2）有财产担保的债权中超出担保财产变现价值部分的债权，应当列入普通债权，统计在无财产担保债权的数额中；因此在担保财产变价后，应当将该部分普通债权一并编制入普通债权表。在担保财产未变现前，因为无法确定担保财产的变现价值，只能列入有财产担保债权。

（3）根据《企业破产法》第 82 条的规定，在重整程序中，若需对重整计划草案的通过进行表决，管理人应当针对对于债务人的特定财产享有担保权的债权、债务人所欠的职工债权、税款债权、普通债权以及法院认为有必要时在普通债权组中增设的小额债权进行分组表决。

（三）提请法院裁定确认的债权表

根据《企业破产法》第 58 条之规定，管理人编制的债权表应当提交第一次债权人会议核查。债务人、债权人对债权表记载的债权无异议的，由法院裁定确认。因此，管理人对经第一次债权人会议核查无异议的债权，应当重新编制一份债权表，提请法院裁定确认。

提请法院裁定确认的债权表会列入申请法院裁定确认债权表的文件中。在裁定债权表申请文件里，管理人应当写清楚债权申报情况、债权审查情况以及债权表核查情况，并在文件附件中附上最终申请裁定的债权表（只需列明序号、债权人名称/姓名、申报金额、确认金额和债权性质）以及债权人、债务人债权核查意见书复印件等相关证明债权核查的文件。

七、债权登记与审查报告

第一次债权人会议，管理人须提交债权登记与审查报告。管理人应在债权人会议召开前 5 日撰写债权登记与审查报告，与其他会议资料汇总。债权登记与审查报告主要包括两部分内容：债权申报情况和债权初步审查情况。

债权申报情况应按债权申报期内和期后两个时间段对管理人受理申报的债权总家数和总申报额、申报有财产担保的债权家数和申报额、申报税款债权家数和申报额、申报普通债权家数和申报额进行说明，有申报职工债权的也要说明，有关其他的特别情形也可以说明。

债权初步审查情况应对审查的范围和审查结果予以说明，审查结果应包括审查确认的债权总家数和总金额（同时说明对应的申报总金额），再分别说明确认的有财产担保债权、税款债权、普通债权的家数和确认金额（同时分别说明对应的申报金额）。

债权登记和审查报告通常对核查债权的注意事项进行说明，主要告知核查的要求和期限；要特别提示的是，根据《破产法解释三》第 8 条的规定，对债权审查结果有异议（包括对管理人不予处理异议，及对管理人对异议的复核结果仍不服）的，应在债权人会议核查结束后 15 日内向受理案件的法院提起债权确认异议诉讼。

债权登记与审查报告的目的是向法院和债权人会议报告债权的总体情况，报告的数据要准确。对此，要特别注意申报债权登记的申报数据要与债权申报资料相符，我们建议，审查债权的时候要核对申报资料；另外，要尽可能利用办公软件的公式计算数据。

八、债权异议处理

管理人接收债权异议材料，应当登记造册。登记时，异议材料一式两份：一份存档于债权申报档案，另一份单独存档于债权异议档案。对于债权人或债务人提出的债权异议，管理人应安排原审查债权的律师针对异议请求和理由提出处理意见，再召开管理人团队工作会议进行讨论，形成复核意见，并制作债权复核通知书；复核通知书应当明确债权异议是否成立，并说明理由。

管理人应根据不同情形及时作出复核意见：

（1）如果是将债权审查结果单独通知债权人（在债务人和债权人会议核查前）债权人提出异议，应在收到异议材料后 1 个月内作出复核意见，并将复核结论书面通知债权人，可以同时告知如不服复核结论可以在收到复核结论通知书后 15 日内向受理破产案件的法院提起债权确认的诉讼。

（2）如果是在债权人会议核查过程中提出异议的，管理人应在收到异议材料后 5 日内作出复核意见，并将复核结论书面通知异议债权人，复核结论通知中应明确告知对复核结论不服的唯一救济措施即向受理破产案件的法院提起债权确认的诉讼。

当事人之间在破产申请受理前订立有仲裁条款或仲裁协议的，应当向选定的仲裁机构申请确认债权债务关系。

管理人作出复核结论调整了原债权审查结果的，应适时将复核结论提请债权人会议及债务人核查。

九、债权确认诉讼处理

管理人应在债权审查通知书或异议复核通知书中要求债权人或债务人，若提起债权确认诉讼，需在提起诉讼之后 2 个工作日内将债权确认诉讼的相关材料提交至管理人。对于提起债权确认诉讼的，管理人应将相应申报债权调整至暂缓认定。若债权人未向管理人提起异议复核申请而直接提起债权确认诉讼，管理人应根据诉讼材料及证据先行进行异议复核。若债权人的异议主张可成立，管理人应及时作出异议复核结论，并与债权人协商沟通撤回债权确认诉讼事宜。

对于债权确认诉讼，管理人应安排负责债权审查的律师和负责诉讼的律师共同承办。管理人收到债权确认诉讼材料后，负责债权审查的律师和负责诉讼的律师应对案件进行研判，提出初步应诉方案和答辩意见。管理人应召开全体工作人员会议讨论初步应诉方案和答辩意见，形成确定的应诉方案和答辩意见。

对于诉讼标的特别巨大，债权的成立与否将明显影响财产分配和其他债权人合法权益的，管理人应及时向法院报告债权确认诉讼案件情况，并通报给债务人和其他债权人。案情特别复杂的债权确认诉讼案件，管理人可以邀请债务人的相关人员和其他债权人讨论案件并征求意见，以获得更好的应诉方案、搜集更多的有利证据材料。

十、申请裁定债权表

管理人应及时将债权表提请债权人会议及债务人进行核查，提请核查的债权表中可以备注形式列明核查异议权利、异议期限以及逾期未提异议将被视为无异议的后果。

对于核查无异议的债权，管理人应及时提请法院裁定确认。管理人应根据债权申报情况和审查、核查情况，分批次申请法院裁定确认债权表。裁定确认债权的申请，应列明债权申报情况、初步审查情况、债权异议情况、核查结论等主要内容，申请裁定的债权情况应附上债权表。所附债权表，应列明债权人名称、债权申报金额、债权确认金额、债权性质，管理人应特别注意核对数据，以及申请裁定的债权表中是否还有提出异议未处理的债权。

对于债权表裁定书，管理人应协助法院及时送达债务人和相关债权人。债权人人数较多的，可以通过电子邮件或 EMS 邮政快递方式送达裁定书的扫描件或复印件。

十一、临时表决权的确定

对于属于《企业破产法》第 59 条规定的尚未确定的债权，管理人可以根据实际情况，在债权人会议召开前提请法院临时确定其债权额。

对于程序性的表决事项，包括债务人财产管理人方案、破产财产变价方案及债权人委员会成员的选举，一般不确定临时债权额。但初步确认并有表决权的债权人人数应过半数，且其所代表的债权额应占无财产担保债权额总数的半数以上。

对于和解协议草案、重整计划草案、破产财产分配方案等重要文件的表决，如申报债权尚不能确认，管理人应视债权的具体情况和该等债权人的意愿，报告法院是否确定临时债权额。

须申请法院确定临时债权额的，管理人应向法院提出申请，并说明理由及建议的临时债权数额。管理人建议临时债权数额一般仅限于无争议的债权数额。

十二、取回权审查

对于不属于债务人所有的财产，权利人向管理人主张取回其财产的，管理人应全面调查核实债务人占有、使用该财产的合同背景和合同约定及履行情况，分别作出同意或不同意的决定。

管理人在审查取回权时，要查清取回权所涉财产的事实，包括：财产的现状、财产是何时因何种原因被债务人占有使用的、因合同约定而被债务人占有使用的应查清合同的签订履行情况、因其他法律关系而被债务人占有使用的应查清相关法律事件真实情况。事实查清后，要分析论证权利人主张取回财产是否符合合同约定或法律规定、是否存在财产所有权人应先履行的义务。在查清事实和充分讨论分析后，管理人应形成取回权成立或不成立的处理意见，制作专项审查报告提交法院，在获得法院的处理意见后，通知取回权主张人（通知其取回权不成立的，应提示可以债务人为被告向受理破产案件的法院起诉）。专项审查报告应包括如下内容：当事人的取回主张、管理人调查的事实、取回权是否成立的分析论证、结论意见及法律依据。取回权的审查，一般应在 1 个月内处理完毕。

审查取回权，最好安排有相关合同纠纷案件经验的律师办理。依照《破产法解释二》的规定，常见的占有使用他人所有的财产的合同有仓储合同、保管合同、承揽合同、代销合同、借用合同、寄存合同、租赁合同等。管理人在审查取回权时，应非常熟悉相应合同的特征。审查人除了要查清合同约定的条款外，还应熟悉《民法典》等相关法律对该类合同的特别规定。

对于权利人对债务人负有相应债务的（应支付的仓储费、加工费、保管费、运费、委托费、代销费等），在财产取回前，必须通知权利人履行完义务后才可取回财产；在申请人相应的义务未履行完毕前，管理人有权留置该财产，拒绝取回。管理人应注意《民法典》关于留置权的规定和《破产法解释二》第 28 条的规定。

对于不属于债务人的财产，因变价所得变价款的取回、被违法转让给第三人后的取回、财产毁损灭失后的保险金赔偿金代偿物的取回，应仔细研读《破产法解释二》第 29～32 条的规定。应特别注意的是，管理人对权属不清，没有足够依据确认为债务人财产的，除非是鲜活易腐等不易保管的财产或不及时变现将严重贬值的财产，均不应进行处置（并应妥善保管），以防管理人承担赔偿责任。

买卖合同中，出卖人取回运输途中的标的物，管理人应审慎审查出卖人主张取回权的主张时间和方式、主张对象。出卖人在标的物到达管理人前，已向标的物的承运人或其他实际占有保管人主张了中止运输、返还货物、变更到达地、将货物交给其他收货人的，视为取回权主张成立，即使货物最终还是到达了管理人，管理人亦应准许取回。出卖人直接向管理人主张取回的，管理人在收到主张通知后应记下收到的具体时间（最好具体到日和时），并立即核查所涉货物是否收到。如已收到，要立即安排收集证明收到货物时间的证据。

对于所有权保留买卖合同涉及的取回权，管理人要特别研读《破产法解释二》第34～38条的规定。

十三、抵销权审查

管理人收到债权人主张抵销的通知后，应全面调查债权人和债务人互负债务的详细情况；在互负债务真实合法有效的前提下，审查债权人的抵销主张是否符合《企业破产法》第40条的规定，并作出抵销权成立或不成立的审查结论。

管理人对债权人和债务人的互负债务，应调查所涉双方债务成立的背景、时间、合同依据或其他依据、关系主体、是否存在债权债务转让等详细情况；对抵销所涉的互负债务了解得越详细，出差错的概率就越小。在查清了互负债务的真实情况后，管理人要仔细研判抵销主张所涉的双方债务是否符合《企业破产法》规定的条件。抵销的债权债务必须是在破产受理前形成，这是比较好判断的；难判断的是，是否属于《企业破产法》第40条规定的不得抵销的第二、三种情形。而判断是否属于不得抵销的第二、三种情形，最难把握的就是如何认定“债权人已知债务人有不能清偿到期债务或者破产申请的事实”“债务人的债务人已知债务人有不能清偿到期债务或者破产申请的事实”。为了在这一环节不出差错，管理人要仔细调查破产申请前1年内债务人对外发布的相关通知公告，以及破产申请后债务人或法院对外发布的相关通知公告。

管理人审查抵销权，应制作审查报告，报告应包括如下内容：债权人提出抵销主张的情况、管理人调查核实互负债务的情况、抵销主张是否成立的分析论证、结论意见。管理人一般应在收到债权人的抵销主张后1个月内审查完毕。管理人审查确认抵销权成立的，应报告法院，获得法院同意后通知债权人；审查有异议的，应按《破产法解释二》第42条的规定，在约定的异议期限内或者自收到主张债务抵销的通知之日起3个月内向法院起诉。

管理人审查抵销权要仔细研究《破产法解释二》第41～46条，对债权人"主张以其对债务人特定财产享有优先受偿权的债权，与债务人对其不享有优先受偿权的债权抵销"之特别规定，可以突破《企业破产法》第40条的规定，因为这种情形有利于债务人财产增加，有利于其他债权人的权益最大化。另外，管理人对股东提出的抵销主张应特别审慎审查。

在审查抵销权时，应特别注意审查有异议的3个月起诉期规定。

第五章

职工安置和职工债权调查

一、职工情况调查

保护好职工的合法权益，是《企业破产法》规定的基本原则；因此，管理人应把对职工合法权益的保护作为一项重要工作，安排专人处理。管理人接案后，接管的同时调查债务人的职工情况，了解债务人是否拖欠职工的工资和医疗、伤残补助、抚恤费用，社会保险费用，以及法律、行政法规规定应当支付给职工的补偿金。

管理人接管债务人时，应要求债务人相关人员向管理人提供以下与职工利益相关的资料：（1）人事行政管理方面的职工名册、劳动合同、考勤记录、解除或终止劳动合同的通知、劳动仲裁裁决书等涉及职工权益的生效法律文书，死亡证明书，工伤认定书，伤残登记鉴定报告等资料；（2）财务方面的工资发放记录、社会保险费用和住房公积金缴纳记录，说明是否欠职工工资和医疗、伤残补助、抚恤费用，基本养老保险、基本医疗保险费用，以及法律、行政法规、地方性法规规定应当支付给职工的补偿金；（3）仲裁诉讼方面的案件资料、劳动争议仲裁裁决书、判决书，以及已经开始尚未终结的劳动争议案件卷宗等；（4）债务人在破产案件受理前已经自行安置职工的，应当向管理人说明职工安置情况。

债务人下落不明、债务人不提供或无法提供上述资料的，管理人可通过社会保险机构、劳动仲裁部门和住房公积金管理机构进行调查。对于职工主动申报的债权，管理人应当予以登记。对职工情况的调查应当制作笔录和工作记录，接收的资料要制作移交清单，由移交人与接收人分别签字确认，并注明移交日期。

对于债务人有未结清职工工资及其他费用情形的，以及至破产案件受理时尚未解除劳动合同的，管理人应在对债务人职工情况调查后制作职工情况调查报告和职工清单。职工情况调查报告应包括：管理人接管到的有关职工的资料情况、管理人向有关部门和债务人有关人员调查的情况、债务人职工现状（包括在岗职工情况、拖欠工资和其他费用涉及职工情况、是否发生过职工上访维稳事件、职工主要诉求情况）、管理人拟采取的工作措施和工作安排情况。职工清单应包括：姓名、性别、身份证号码、工资标准、职务、工作内容、联系方式、入职时间、劳动合同的签订日期、劳动合同的有效期、离职手续（如有）的办理日期、终止劳动合同经济补偿金支付标准及支付期限等相关信息。

二、职工留守

管理人可以根据债务人营业事务的需要或破产清算工作的需要，聘用必要的债务人的经营管理人员作为留守人员。在债务人自行管理财产和营业事务的重整案件中，职工的留任由债务人决定，管理人应监督债务人依法保护职工的合法权益。

管理人应在充分了解债务人营业事务和债务人职工情况的基础上，结合破产清算工作的需要，对是否需要聘用留守人员协助工作进行讨论和论证。在确定确有必要聘用留守人员协助工作的情况下，应制作专项报告或请示（应列明债务人的现状、说明聘用留守人员的必要性、拟聘用的人数及聘用条件和期限），经法院许可后实施。

法院同意管理人聘用留守人员的，管理人应当先解除拟留守人员与债务人签订的劳动合同，再安排留守人员与管理人另行签订聘用协议。留守人员的工资原则上不超过该职工在债务人破产受理前的工资标准（董事、监事及高级管理人员的工资以债务人破产前职工平均工资计付）；聘用期限原则上至完成相应的协助工作止，在重整案件中须明确约定聘用期至重整计划得到法院裁定批准日止，在清算案件中须明确聘用期至法院裁定宣告债务人破产日止，在和解案件中须明确至法院裁定认可和解协议日止。

聘用协议的主要内容包括：姓名、工作职责、工作范围、工资标准、聘用期限、工资支付条件、权利义务、解除聘用时间或条件，以及其他管理人认为应当列入聘用协议的内容。

聘用留守人员应当优先聘用以下人员：（1）与债务人签订较长期限的固定期限劳动合同的；（2）与债务人订立无固定期限劳动合同的；（3）家庭无其他就业人员，有需要扶养的老人或需要抚养的未成年人的。聘用工作人员的费用属于破产费用。

三、劳动合同解除

对于管理人接管时尚未解除劳动合同的职工，管理人应视情况解除职工劳动合同。被解除的劳动合同应是依法成立的有效的劳动合同，且尚未履行完毕。

管理人决定解除劳动合同应当符合劳动法律法规的相关规定。

在法院受理破产案件后，宣告债务人破产前，因债务人经营状况的变化确需解除劳动合同的，管理人应适用《劳动合同法》第41条的规定，以经济性裁员的程序办理。即债务人需要一次裁减人员20人以上或者裁减人员不足20人但占企业职工总数10%以上的，管理人应当及时报告法院，并要求债务人提前30日向工会或全体职工说明情况，听取工会或职工的意见后，向劳动行政部门报告裁减人员方案。在债务人被法院裁定宣告破产前，管理人决定解除职工劳动合同的，应特别注意不得解除劳动合同的特殊情形，包括：（1）从事接触职业病危害作业的劳动者未进行离岗前职业健康检查，或者疑似职业病病人在诊断或者医学观察期内的；（2）在本单位患职业病或者因工负伤并被确认丧失或者部分丧失劳动能力的；（3）患病或者非因工负伤，在规定的医疗期内的；（4）女职工在孕期、产期、哺乳期的；（5）在本单位连续工作满15年，且距法定退休年龄不足5年的；（6）法律、行政法规规定的其他情形。

在法院受理破产案件后，债务人有重整可能，并且重整后仍须现有职工继续工作的，管理人可以先行安排职工停岗放假，停岗放假期间按政府规定标准发放停岗津贴。管理人决定对职工停岗放假前，应征求职工意见，并报法院同意。对于职工自行要求解除劳动合同的，管理人应予办理解除劳动合同。

债务人被宣告破产的，劳动合同终止。管理人应就劳动合同的终止通知每个职工，并告知相关事项，要求办理工作移交。

管理人对于解除劳动合同和劳动合同因债务人被宣告破产而终止的职工，应当确认应付职工的经济补偿金。管理人应为相关职工办理离职证明、社会保险转移、人事档案调转等手续，充分保障职工的合法权益，以便离职的职工能够在新的工作单位顺利办理入职手续。

四、职工债权的调查公示

管理人应在调查债务人职工情况的同时，调查债务人欠职工的工资和医疗、伤残补助、抚恤费用，社会保险费用，以及法律、行政法规规定应当支付给职工的补偿金。

管理人调查职工债权应以书面材料为主要依据，如劳动合同、工资表、考勤记录、缴税证明、社会保险记录。除了从债务人处接管的相关材料外，管理人还应注意从劳动仲裁机构、法院调取相关的法律文书和卷宗材料，从社会保险基金管理局调取社会保险明细。

对于职工债权的调查认定，应当根据不同情况分别进行，具体如下：（1）经生效法律文书确认的职工债权，管理人依据生效法律文书进行认定。（2）未经生效法律文书确认的职工债权，管理人依据债务人的财务资料、人事资料、考勤记录等证据材料进行认定。（3）董事、监事及高级管理人员未支付的工资，按照法院受理债务人破产前 12 个月职工平均工资作为职工债权，超出平均工资的部分作为普通破产债权。（4）解除劳动合同经济补偿金的工资计算标准为法院受理债务人破产前该职工 12 个月的平均工资。平均工资低于当地最低工资标准的，按照当地最低工资标准计算；平均工资高于市级人民政府公布的本地区上年度职工月平均工资 3 倍的，支付经济补偿的标准按职工月平均工资 3 倍的数额支付，且不超过 12 个月。

对于职工调查工作完成前已经开始尚未终结的劳动争议案件，管理人应当及时向承办案件的工作人员申请中止仲裁或诉讼程序，对职工债权调查工作完成后，根据调查结果进行分别处理：（1）如果调查的结果高于其申请仲裁或起诉的金额，或者调查的结果与其申请仲裁或起诉的金额一致，又或虽然调查的结果低于其申请仲裁或起诉的金额但证据确实充分的，建议该职工撤回仲裁申请/诉讼；（2）调查结果无法确定职工债权金额，或者该职工坚持继续仲裁或诉讼的，管理人完成对职工债权的调查工作后，该案件的仲裁或诉讼程序继续进行；（3）对于涉及仲裁或诉讼的职工债权应当暂缓认定，待仲裁或诉讼程序终结后，再依据生效法律文书对该职工的债权进行认定。

管理人根据职工债权调查的结果制作职工债权清单并进行公示。公示的方式依据实际情况进行安排，以在债务人住所地张贴同时给职工个人发电子邮件的方式为原则。职工债权清单应当列明以下内容：姓名、工资标准、未支付工资月份、未支付工资总额、终止劳动合同前 12 个月的平均工资、补偿金标准、入职时间、终止劳动合同经济补偿金月数、终止劳动合同经济补偿金金额、未支付工资与终止劳动合同经济补偿金合计总额、管理人制作该职工债权清单的依据、职工债权公示的起止时间、职工对债权清单记载的异议权及诉权等。公示期限和提出异议的期限（通常不少于 7 日），应根据案件实际情况和法院意见合理确定。

五、职工债权异议处理

职工对管理人公示的职工债权清单记载有异议并要求管理人更正的，管理人应当进行复核并将复核结论书面通知职工。管理人复核后未予更正的，应告知职工在接到书面通知之日起 15 日内依法向法院提起诉讼。逾期不起诉的，管理人将按照无异议处理。

对于提出异议的职工债权，管理人应将职工对职工债权清单的异议情况告知债务人，并听取债务人的意见。债务人对职工债权清单提出异议的，管理人应将债务人的异议情况告知被提异议的职工，并听取该职工的意见。

管理人对职工债权清单异议的核查，应针对异议的事实和理由进行核实评析，具备条件的情况下，应安排原调查职工债权和制作职工债权清单的工作人员回避，交由其他工作人员复核。复核的工作人员认为有异议的职工债权复杂的，应报告管理人负责人组织管理人全体工作人员讨论。必要时，可征求劳动法方面的理论和实务专家的意见。复核结论通知应对异议人的异议请求及异议的事实与理由予以明确回应，并说明支持或不支持异议的理由，明确是否更正职工债权清单，且告知异议人对复核结果不服的应在收到复核通知之日起 15 日内向法院起诉。

我们认为，参照《企业破产法》第 58 条关于非职工债权债务人可以提起债权异议确认之诉的规定，债务人对职工债权清单有异议的，也应有权提起职工债权异议确认之诉。

六、职工债权异议诉讼的处理

职工对职工债权清单提出异议要求更正，管理人复核后不予更正，提出异议的职工向法院起诉的，管理人应积极应诉，维护债务人的合法权益。

依照《企业破产法》第 48 条第 2 款的规定，以及最高人民法院《民事案件案由规定》（法〔2020〕346 号）关于破产债权确认纠纷包括职工破产债权确认纠纷和普通破产债权确认纠纷的规定，职工债权的异议诉讼应直接向法院起诉，而不能再申请劳动仲裁。因此，管理人对于职工债权异议诉讼的诉权告知应予明确；如所在辖区法院有规定由债务人所在基层法院受理的，应明确告知职工相关依据和具体法院名称。对于职工没有向法院起诉而申请劳动仲裁的，管理人应提出管辖异议，要求劳动仲裁不予受理，已经受理的应要求撤销案件。

对于职工提起的职工债权清单异议诉讼，管理人应全面了解该职工的入职时间、劳动合同签订时间、岗位职责、工作时间、工资标准、劳动合同解除时间或劳动关系终止时间、有关人事管理制度和工作制度制定过程等事实情况。除了要熟悉职工工作的相关情况外，管理人应特别注意劳动法律、法规和规章，以及地方性法规和规章的相关规定。如果管理人工作人员对劳动法不是很熟悉，应向劳动法专业律师和专家请教。

诉讼过程中发现职工的诉求有事实和法律依据的，管理人可与职工协商，确认职工的劳动债权，更正职工债权清单，职工申请撤诉。职工的诉求无事实和法律依据的，管理人应代表债务人谨慎履行诉讼代表职责，指派熟悉劳动法且有实务经验的工作人员作为代理人积极抗辩。

七、职工代表的确定

《企业破产法》规定，债权人会议应有职工代表参加，管理人应在第一次债权人会议之前确定职工代表，参加债权人会议的职工代表一般为3～7人。在条件允许的情况下，管理人应指导全体职工选举产生职工代表。在选举职工代表困难的情况下，原来选举过职工代表的，可以确定原职工代表继续行使代表职责；原来也没有职工代表的，管理人可与职工协商确定职工代表。

职工代表在出席债权人会议时，管理人应提示职工代表参加会议的权利义务及注意事项。职工代表参加债权人会议有权对有关事项发表意见。基于此，管理人可以考虑在会议前将会议相关事项及会议资料告知职工代表，征求职工代表意见，并做好应对职工意见的准备。尤其是涉及职工人数众多、拖欠职工工资较多、职工生活受到影响、职工意见较大的破产案件，管理人应尽可能协调明事理、不冲动的职工代表参加会议，并应准备职工维稳预案，以防止维稳事件的发生，保障债权人会议的顺利召开。

职工代表原则上不代表职工行使表决权。如需代表职工行使表决权，职工代表应当持有所代表职工的授权委托书，授权委托书中应明确委托事项。特别要注意的是：表决权属于特别事项，必须在授权委托书中有明确表述。

第六章

财 产 调 查

一、申请"五查"

管理人对债务人财产状况进行调查时，要及时申请法院进行协助，一般情况下应在刻好管理人印章后3～5日内向受理破产案件的法院提交关于请求法院协助调查债务人资产状况的申请。申请法院调查的范围包括：工商、税务、不动产、银行账户、车辆、证券等（原俗称"五查"，不包括证券）。

由于法院和相关登记部门在逐渐完善联网查询冻结操作，法院可以通过全国法院网络执行查控系统直接查询银行账户信息、不动产登记信息、车辆登记信息、证券登记信息，并且破产案件在受理审查过程中，法院可能已经查询了债务人名下的财产信息；因此，管理人接案阅卷时应注意卷中是否有相关的财产信息查询结果。如发现卷中已有调查结果资料，可以不再提交申请，否则应及时提交申请。

二、调工商内档、查注册资本、查对外投资

管理人应在国家企业信用信息公示系统网站①申请下载债务人的《企业信用信息公示报告》，在属地工商登记机关企业登记信息网站查询债务人公开信息，也可以在启信宝、企查查、天眼查等企业信息平台查询债务人信息，管理人可根据以上报告整理出债务人注册资本、对外投资的最新情况。

---

① 国家企业信用信息公示系统网址：www. gsxt. gov. cn。

在管理人印章刻制好后的一周内，管理人应前往工商登记机关凭破产受理裁定、债权申报公告、指定管理人决定书、介绍信、授权委托书等文件原件（同时携带复印件以供对方留存）调取债务人工商内档。管理人应仔细查阅债务人工商内档资料，并特别关注册资本缴纳情况、对外投资情况、年检报告中的资产负债表、银行账户信息、股东和高级管理人员等相关人员的身份信息和联系方式。管理人应根据工商内档制成表格整理企业注册资本、对外投资情况、变更情况等，以便后期随时查阅。

管理人在接管债务人时，应向债务人的相关人员询问公司注册资本缴交情况和对外投资情况。经调查确认的对外投资，管理人应调取被投资主体的工商登记信息（如有必要可前往投资所在地详细查询），核实债务人的对外投资。

三、查不动产

调查债务人名下是否有不动产，是管理人对债权人财产调查的核心工作事项。管理人应在接管债务人的同时开始调查债务人名下不动产情况。调查不动产情况包括：到不动产登记部门查询、在接管的相关文件资料中查询、在工商内档中查询、通过其他可能的途径查询等。

管理人可携带破产受理裁定、债权申报公告、指定管理人决定书、介绍信、授权委托书等文件原件（同时携带复印件以供对方留存）前往不动产登记部门查询债务人名下所有不动产信息。如查询到债务人名下有不动产，应打印出不动产基本登记信息、抵押登记信息、查封冻结信息，必要时应查询复印不动产的原始档案。如查询到债务人名下没有不动产登记信息，应打印“系统查询无房产”的证明。

管理人应留意要接管的债务人文件资料中相关债务人不动产的信息，实践中存在债务人所有的或出资的但登记在第三人名下的不动产，以及历史遗留原因造成相关不动产未办理过不动产产权登记的情况，而上述情况下的不动产权利可以通过查阅债务人的相关文件资料获得。

债务人的工商内档也是获取债务人不动产信息的渠道之一，管理人调取工商内档后应仔细查阅。对一些设立时间比较久的企业，如 20 世纪八九十年代设立的企业，要特别注意设立时的土地房产信息。在原来规定企业必须年检的时候，债务人年检报告中的资产负债表也是应重点关注的资料；资产负债表中记载的固定资产及在建工程数额，往往是获得债务人不动产线索的重要来源。

其他资料如法院调取的诉讼卷宗、执行卷宗，管理人现场调查获取的材料中，都可能发现债务人的不动产信息，管理人都应关注。

四、查银行账户

调查债务人名下的银行账户存款，管理人应查询债务人名下银行账户余额并打印查询结果，必要时应调取银行账户的交易明细。

管理人在做债务人财产接管工作时，应当向其法定代表人、财务负责人详细询问，记录并接管相关银行卡、U-key 等。如无法详尽，可从财务账册中整理，或前往企业基本户开户行查询企业所有银行账户。如接管到 U-key 及其账户密码，管理人可先行使用网银进行查询，但大部分银行对于网银的查询范围都作了限制，如广发银行仅允许企业网银用户查询其一年内的流水信息，若需更详尽的信息还须前往银行查询，网银仅能查到余额、账户状态和部分年份流水。

管理人前往银行开户行对公柜台查询，可提前致电预约以免耽误进度；查询时需携带破产受理裁定、债权申报公告、指定管理人决定书、介绍信、授权委托书等文件原件（同时携带复印件以供对方留存），查询内容包括账户状态、账户余额、开户至今流水、冻结信息等。同时询问银行该一般户账户是否存在相应的保证金账户；如存在，亦需做以上详细查询。明确账户冻结明细以便致函法院解除保全措施，明确开户至今流水以便查询企业注册资本实缴状态、股东是否存在违法行为等，明确账户余额以便管理人能及时将余额转至管理人账户。

由于目前银行尚未形成针对破产案件管理人的统一的查询机制，不同地方、不同银行对管理人查询债务人账户信息有不同的做法。管理人调查债务人银行账户信息时，若遇不配合管理人查询的银行，建议以债务人工作人员身份，持开户预留印鉴办理，必要时可要求债务人财务工作人员一同前往银行查询。

另外，债务人可能存在利用他人账户的情形。如债务人财务资料中有明确记载为他人的账户存在于债务人的银行账户列表，则应核实该账户与债务人的关系及账户的实际控制人及账户资金的归属；必要时可要求开户人协助调查，或申请法院协助调取该类账户的交易明细。

五、查车辆

管理人应调查债务人名下是否有车辆。管理人可到车辆登记管理部门查询，同时应注意是否有债务人购买而登记在员工名下或其他第三人名下的车辆。

管理人可携带破产受理裁定、债权申报公告、指定管理人决定书、介绍信、授权委托书等文件原件（同时携带复印件以供对方留存）前往车辆管理部门查询债务人名下所有车辆。管理人查询债务人名下车辆登记信息，应要求车辆管理部门打印查询结果；债务人名下没有车辆登记信息的，也应打印“无登记信息”的查询结果。

调查债务人的车辆财产，除了查询车辆管理部门信息外，管理人应注意查阅债务人的财务资料，尤其是固定资产清单。一般情况下，只要不是刻意隐匿财产，债务人的固定资产清单会记载属于债务人所有的车辆；即使登记在员工名下或其他第三人名下，也会入账记载。对于债务人有专门司机的，管理人应询问司机债务人的车辆情况。

另外，管理人在做债务人财产接管工作时，应当向其法定代表人、相关负责人详细询问债务人有无车辆及车辆的现状，做好记录，并及时接管债务人控制范围内的车辆。对于不能接管到的车辆，应当将原因做详细记录。

六、查知识产权

管理人应调查债务人是否拥有知识产权。除通过公开渠道查询外，还应向债务人的相关人员调查了解，同时留意债务人相关证照及业务合同中的知识产权信息。

管理人应登录国家知识产权局网站[①]，通过公众查询的方式查询债务人名下登记的商标权、专利权、地理标志、集成电路布图设计专有权等知识产权信息。管理人应登录中国版权保护中心全国作品登记信息数据库管理平台[②]等网站查询债务人名下登记的软件著作、作品等版权信息。对于查询结果应予打印，打印结果应显示网址；管理人操作查询的工作人员应在打印件上签字确认，并注明查询的时间地点。

除通过政府网站查询债务人知识产权信息外，管理人还应注意接管查阅债务人的生产研发技术资料文件，并询问债务人的相关生产技术研发人员，以获取全面的知识产权信息资料。

七、查证券

管理人对债务人的财产调查应包括查询债务人名下是否持有公开上市交易的股票、债券、投资基金份额等有价证券。

管理人应携带破产受理裁定、债权申报公告、指定管理人决定书、介绍信、授权委托书等文件原件（同时携带复印件以供对方留存）前往中国证券登记结算有限责任公司深圳分公司或上海分公司查询债务人名下证券信息，并要求打印查询结果。查询范围包括：证券账户和资金账户、证券交收账户和资金交收账户，以及证券账户内持有证券信息（包括证券代码、名称、数量）和资金账户内的余额。

除了查询上述证券信息外，对于有质押或查封冻结的证券，应查询打印质押和查封冻结的详细情况。

八、查对外应收债权

管理人对债务人的财产进行调查时，针对债务人的对外应收债权，应对债务人提交的对外应收债权信息、审计报告明确的应收账款和其他应收款情况、财务资料和业务资料记载的应收债权情况、诉讼案件确认的应收债权情况进行

① 国家知识产权局网址：www. cnipa. gov. cn。

② 中国版权保护中心全国作品登记信息数据库管理平台网址：qgzpdj. ccopyright. com. cn。

全面调查分析；并根据调查结果，分类提出处理意见，对证据充分的应收债权提出追收方案。

对于债务人申请破产的案件，在《企业破产法》规定提交的财产清单中，一般应有应收款的记载；没有记载的，管理人应调查询问债务人法定代表人、财务负责人、业务负责人等相关人员。债务人相关人员提供的信息越具体，越有利于管理人调查追收。

在对债务人进行破产审计时，管理人应要求审计人员特别关注债务人的应收债权，尤其是关联主体之间往来产生的债权，对可疑的要在审计报告中特别提示。对于形成时间长、笔数多的往来款形成的应收债权，可视需要进行专项审计。对于债务人在受理破产前一年至两年时间内计提坏账核销的应收款，管理人要提醒审计人员关注并审查债务人计提坏账是否合规。

在清查债务人应收款时，管理人可以要求审计人员协助或自行安排，把应收款涉及的收付款凭证清理出来；对涉及的业务合同等资料要重点查找，在接管债务人文书资料时，要专门询问相关合同情况。

有诉讼的应收债权，管理人须要求债务人专门清理诉讼材料并移交管理人。如债务人诉讼材料丢失或故意不移交，管理人要及时到相关法院查档获取相关裁判文件和证据材料。

凡是有相关线索的应收债权，在管理人经过一轮全面调查后，要及时向债务人的债务人发出偿债通知书或询查函。管理人对应收债权进行调查清理后，向法院提交专项报告。管理人可以按照证据充分、证据不足、已过诉讼时效、债务人的债务人的现状、追收成本等情况，分类提出处理意见。对于证据充分、收回财产可能性大且收回财产高于追收成本的应收债权，应形成专门的追收方案，并就追收方案报告法院并征求债权人意见，必要时让债权人进行表决。

九、存货和其他固定资产调查

除上述财产调查之外，管理人还应调查债务人的存货和其他固定资产，包括但不限于：

（1）存货，包括原材料、半成品、成品。对于存货的存放地点、数量、状态、性质及相关凭证均应进行核实。管理人可调查、收集、查阅债务人的生产台账、仓库台账、财务账册以核查存货。

（2）机器设备，包括生产、包装、运输等的设备。管理人应对设备的名称、规格、型号、数量、现状等情况进行调查登记。对于设备所涉的相关合同、发票、合格凭证应予收集整理。管理人还应注意调查机器设备是否存在抵押和融资租赁。

（3）办公设备和用品，包括各类电脑、打印机、复印机、办公家具、空调、风扇等。管理人应根据债务人财务账册记载的固定资产清单和债务人的移交清单办理接管。对于租用他人房屋办公的债务人的办公设备和用品，如办公设备和用品处置所得不足以支付房屋租金的，管理人应提前处置。

（4）债务人的其他固定资产。管理人在接管时应询问债务人的相关人员，债务人是否有其他固定资产。

十、互联网支付结算平台查询

管理人接管调查时应询问债务人的相关人员，债务人名下是否有支付宝、微信等第三方支付结算平台账户，以及保险、理财类资产。管理人掌握相关线索后，应联系相关平台查询确认具体信息。管理人非因自身原因无法接管时，可以申请法院出具调查令查询债务人银行账户信息，保险、理财信息，以及支付宝、微信等第三方支付结算平台账户信息，并将账户内余额划转至管理人账户。

十一、财产追查（可撤销、个别清偿、无效、利用职权获得非正常收入和侵占企业财产）

管理人在接管债务人时要特别询问债务人的相关人员，债务人是否存在《企业破产法》第 31 ~ 33 条、第 36 条规定的情形，并详细记录债务人的相关人员的回答和解释。调查债务人财产状况、清理合同资料、清理诉讼案件时，管理人要有注意意识，特别留意相关的交易、款项支付、财产处理、诉讼案件是否有《企业破产法》第 31 ~ 33 条、第 36 条规定的情形。如发现有上述法条规定情形，管理人应及时安排专人搜集整理证据，报告法院（必要时通报债权人），并按照《破产法解释二》的相关规定提起相应的诉讼。

对于管理人发现的《企业破产法》第 31 条、第 32 条规定的可撤销行为和个别清偿，管理人要在最短的时间内搜集证据，起诉并申请保全财产，最好不要超过一周时间。情况紧急的，要先申请财产保全。管理人及时行使撤销权与管理人的履职赔偿责任息息相关，《破产法解释二》第 9 条第 2 款明确规定，"管理人因过错未依法行使撤销权导致债务人财产不当减损，债权人提起诉讼主张管理人对其损失承担相应赔偿责任的，人民法院应予支持。"这是司法解释针对管理人特定工作事项规定的赔偿责任条款，管理人要特别重视。

管理人发现债务人有无偿转让财产、放弃债权、以明显不合理的价格转让财产三类行为的，因相关行为发生在破产案件受理一年以前导致管理人依照《企业破产法》规定行使撤销权的条件不具备的情况下，管理人应将债务人上述三类行为通报给债权人，引导债权人依照《民法典》合同编的规定行使债权人撤销权。债权人撤销权诉讼追回的债务人财产依法应当归入债务人财产，不能用以清偿个别债权人，所以，因该诉讼产生的相关费用应列为共益债务。

对于《企业破产法》第 33 条规定的无效行为，管理人要全面考虑，根据案件具体情况，决定是由管理人起诉还是通过其他方式处理。我们认为，如果动产已被相对人实际占有或依法应登记产权的不动产已登记至相对人名下，应及时起诉主张相应的行为无效和财产的实际占有人返还财产。如果依法应登记产权的不动产虽由相对人占有但尚未过户登记，管理人应拒绝办理过户登记并通知相对人腾退；相对人拒不腾退的，管理人可以起诉其非法占有并支付财产使用费。管理人发现债务人的无效行为已经通过虚假诉讼确认的，应向法院专门报告后，以债务人和相对人涉嫌虚假诉讼刑事犯罪向公安机关报案。

追查债务人董事、监事、高级管理人员从公司获得的非正常收入和侵占的财产，除了《破产法解释二》第 24 条明确规定的非正常收入的情形外（调查确认职工债权时要特别注意董事、监事、高级管理人员的工资奖金情况），管理人应通过债务人银行账户流水以及财务账册的相关往来账目发现线索，必要时管理人可以向公司员工及相关客户调查了解情况。

十二、取回担保物

破产案件中涉及债务人提供担保的质押物、留置物有取回必要的，管理人要及时向法院提交取回担保物的请示（已成立债权人委员会的，报告债权人委员会）；获得法院的许可或债权人委员会未提出异议的，办理取回质押物、留置物。

管理人取回质押物、留置物，首先，要全面调查核实质押担保、留置担保的背景和担保事实，审查质押合同关系是否合法有效、留置的合同依据和法律依据是否充分。其次，要现场查看质押物和留置物的现状，并对质押物和留置物的市场价值进行了解。必要时，可以委托评估机构进行评估。如评估遇到障碍（如法院或债权人反对评估、占有人不配合评估查验等），管理人可以进行市场询价。

管理人在确认质押或留置均合法有效，并且已经掌握质押物或留置物的市场价值的情况下，应核实质押或留置所担保或对应的债务是多少，仔细核算担保的范围和金额。管理人必须严格把控一个原则：不能以清偿高于质押物或留置物价值的债权或替代担保取回质押物、留置物。通常情况下，不要等值取回；除非质押物或留置物是特定产品，取回后能使用收益，或者必须取回加以保养才能保值（当质押权人或留置权人既无义务也没有对质押物或留置物进行保养时）。

质押物或留置物的取回，免不了要和质押权人或留置权人协商沟通，而协商沟通对于能否取回质押物或留置物十分重要。管理人在与质押权人或留置权人协商沟通时，应安排沟通协调能力强的工作人员办理，充分说明取回质押物或留置物对质押权人或留置权人的好处（如能迅速地收回债权、避免承担质押物或留置物的保管风险等），争取质押权人或留置权人的理解和支持，最终形成公平合理的债权清偿方案或替代担保方案。

管理人查清了相关事实，也已确认取回质押物或留置物明显有利于债务人财产增值保值，且已经与质押权人或留置权人沟通确认好债权清偿方案或替代担保方案的，应撰写专项请示或报告，提交法院或债权人委员会。专项请示或报告的内容应包括：质押或留置的具体事实及依据、质押物或留置物的市场价值和担保的债权情况、取回与不取回对债务人财产的影响、与质押权人或留置权人沟通取得一致意见的债权清偿方案或替代担保方案（取回方案）、管理人的意见。

管理人拟取回质押物或留置物的请示得到法院的许可（已成立债权人委员会的，报告债权人委员会，债权人委员会未提出异议），可以着手实施取回质押物或留置物。我们认为，取回质押物或留置物应根据法院许可的取回方案或债权人委员会未提出异议的方案与质押权人或留置权人签订协议或确认书，也可以会议笔录的形式确认；再按双方确认的方案履行，取回质押物或留置物。

十三、财产状况调查报告

在债务人财产接管和财产调查完成后或第一次债权人会议之前，管理人应汇总债务人的财产状况，制作债务人财产状况的报告。

债务人财产状况报告应当简明扼要。报告应包括如下内容：（1）管理人对债务人财产调查的范围和调查措施（通常包括前述第二部分至第八部分所列工商内档、不动产、银行账户、车辆等交通工具、知识产权、证券、对外应收债权等）；（2）调查结果（按财产类型分别说明财产的权利依据、名称、数量或面积、财产的位置、占有控制情况等）；（3）存在疑问或不明的事项（如接管的财产与管理人调查的结果不符等）；（4）管理人对财产调查核实的后续安排。

债务人财产状况报告明确是债务人名下财产的，必须有明确的书面依据确认：不动产有不动产登记部门的产权登记信息查询结果单、车辆等交通工具有车管所等登记部门的查询结果单、商标专利等知识产权有国家知识产权局网站查询结果打印单、证券有中国证券登记结算有限公司的查询结果单、对外投资有被投资企业的工商登记信息单或被投资企业的书面确认结果、应收债权有相应的合同或相对方确认的书面凭据。对于有相关的证据证明可能为债务人的财产，但尚不能最终确定的，要详细说明相应的情况，以及后续如何进一步查证事实。

管理人制作债务人财产状况报告，是对债务人财产状况的综合确认，尤其要注意核对管理人调查结果和债务人所提交的财产清单中已移交的财产情况。有疑问和矛盾的要找债务人的相关人员询问并要求其说明原因（一定要制作询问笔录）。管理人对有疑问和矛盾的财产情况要有自己的处理意见；一般情况下可作为权属有争议的财产，再做进一步的调查核实。

第七章

委托审计评估

一、申请确定审计机构、审计委托合同签订

管理人团队在了解债务人基本情况后，应当及时了解债务人财产和经营的基本情况，研究判断聘请审计机构的必要性、可行性。

必要性方面，应本着提高工作效率、厉行节约的原则进行讨论分析；可行性方面，应考虑审计机构服务费用的来源、审计工作实施的现实条件是否具备等事宜。进行必要性和可行性分析的同时，应当事先明确需委托进行审计的一般内容、重要审计事项以及需要审计机构提供的其他专项服务，如管理人任职期间债务人的会计核算服务、税务服务、相关数据计算服务等。

审计机构的选聘方式，一般分为公开招标、司法系统预选供应商摇珠，以及管理人根据其内部采购管理办法选聘审计机构等，管理人团队应根据案件管辖法院的有关文件要求进行审计机构的选聘，明确审计机构的选聘方案是否需要法院确认或债权人会议表决等程序。

采用公开招标确定审计机构的除招标一般事项外，应当明确评标、定标小组成员是否恰当地包含了各利益相关方代表，管理人团队应提前关注案件所在地的相关文件是否有组成人员的要求；管理人自主选聘审计机构的，应重点关注审计机构的资质条件、团队力量、业务经验等方面的信息，以保障其服务质量。

审计机构服务合同中应逐项列明审计及其他中介服务的内容；应明确约定服务提供的方式、完成相关服务的节点和期限；除了一般性的权利义务责任外，

应明确要求审计机构在合同中承诺其不存在影响其具备担任审计机构资格的情况，审计机构及承担审计项目的注册会计师不应与本案存在利害关系；应明确审计服务过程中的相关工作文档、审计报告及其他成果文件的所有权。

二、审计资料准备、审计机构沟通

审计资料提供前应要求审计机构书面提供审计所需资料清单，管理人团队应仔细检查资料清单所列资料是否超出审计范围并与审计机构及时沟通。

审计资料的准备应以管理人接管到的能实际控制或占有的相关资料为限，由债务人直接移交给审计机构的，应当要求审计机构登记造册并以书面形式报告管理人，管理人应当重点关注并分析私自移交审计资料的情况，以防范风险。

管理人团队应书面确认审计所需资料的提供情况，按照规范的文档制作资料交接清单，注明原件、复印件以及份数，明确双方责任。分次移交资料的，应注明移交的次数。

提交审计机构的电子财务数据设置有密码的，应在合同中明确约定审计中介机构的行为。要求其不得删除相关用户，不得修改相关用户的权限，不得随意修改密码，不得在未经管理人同意的情况下拷贝、备份电子档财务数据，不得在既定的设备上卸载财务软件，不得在既定的设备上新增版本、品牌不兼容的系统，财务软件系统升级应经管理人同意。一般情况下，要求审计机构使用新增的用户并恰当授权其查询电子账套。

管理人团队应当与审计机构、债务人等相关方保持实时沟通，明确要求相关方配合审计调查，债务人等相关方拒绝配合审计调查的，应当书面报告法院，以便及时解决问题，确保工作进度。审计机构无法开展工作时，应要求审计机构书面报告相关情况，以及导致工作无法开展的原因、状况、问题解决途径等。

作为管理人外聘的工作机构，管理人团队应明确要求审计机构及时向管理人报告审计过程中发现的一系列重大情况，并指定对接人负责与审计机构的日常沟通交流。这些重大情况包括但不限于审计过程中发现的易流失、易损、易腐败、不适合保管或保管费用较高的财产，盘点清查发现的账外资产，重要的文书资料，以及《企业破产法》第 31 条、第 32 条规定的相关情况等。

三、审计报告初稿的审查

管理人团队在接到审计报告初稿后，首先应通读审计报告，全面检查审计报告的内容，查看审计意见和结论是否清晰明了，资产负债情况和经营损益情况是否完整披露。应对照合同协议逐项检查所有约定的审计内容是否完整地反映在报告中。

1. 逐项对以下资产、负债以及资本金到位情况进行检查，具体包括：

（1）货币资金情况。检查审计报告是否明确披露账面现金余额、盘点核实后的现金余额、盘盈盘亏的原因；银行存款的开户行、账号、账面余额、查询核实后余额，差异金额的原因；其他货币资金的类型、账面余额、查询核实后余额、现实状况，差异金额的原因。

（2）应收款项情况。检查审计报告是否明确披露各类应收款项的债务人名称、款项性质、发生日期、款项金额；三年以内的应收款户数及金额、三年以上的户数及金额；入账依据不充分的应收款事项及金额等。

（3）存货情况。检查审计报告是否明确披露各类存货的账载品名、数量、金额，盘点核实后的品名、数量、金额，盘盈盘亏的原因；是否存在低价转让、关联方交易价格转移、寄存于外单位的存货、外单位暂存的存货；发出商品按对方单位列明细。

（4）固定资产情况。检查审计报告是否明确披露各类固定资产的品名、型号、购置日期、账面原值、累计折旧、净值、盘点核实情况、盘盈盘亏的原因；设定担保的财产情况、他人财产项目情况；有无以物抵值、低价转让、不正常报废处置情况。

（5）对外投资情况。检查审计报告是否明确披露被投资公司的名称、注册资金、实际投资金额及比例、投资日期、投资收益；被投资企业资债状况、工商登记状态；被投资企业的股权质押、冻结情况。

（6）无形资产情况。检查审计报告是否明确披露各类无形资产的购置或研发资产化日期、原始金额、累计摊销、摊余净值，权利证书，盘亏核实情况。

（7）长短期银行借款情况。检查审计报告是否明确披露各项银行借款的银行名称、借款期限、借款金额、利率、已还本息、未还本息；有无设定财产担保或第三人提供担保、有无提起诉讼或判决。

（8）应付款项情况。检查审计报告是否明确披露各类应付款项的债权人名称、款项性质、发生日期、账面余额；入账依据不充分的应付款事项及金额；账外负债、预计负债的金额、债权人及原因。

（9）欠付职工工资及劳动保险情况。检查审计报告是否明确披露欠付职工工资及保险的人数、月份、金额，其中，董事、监事和高级管理人员的工资按职工平均工资计算。

（10）欠付税款情况。检查审计报告是否明确披露企业欠缴的各项税金的发生时间、欠缴金额、欠缴依据、应退未退金额。

（11）注册资本到位情况。检查审计报告是否明确披露章程规定的注册资金、投资人及认缴出资及比例、出资期限、各股东实际出资额及比例、各股东欠缴出资额情况；要披露利润转投资，债权转股权，以无形资产、实物资产等非货币资产出资的价值公允性及合法性。

2. 逐项对以下特别关注事项进行检查，具体包括：

（1）受理破产申请前一年内的可撤销事项，无偿转让财产事项；以明显不合理的价格进行交易事项；对没有财产担保的债务提供财产担保事项；对未到期的债务提前清偿事项；放弃债权事项。

（2）法院受理破产申请前 6 个月内，债务人对个别债权人进行清偿的事项。

（3）债务人为逃避债务而隐匿及转移财产事项；虚构债务或者承认不真实的债务事项。

（4）债务人的出资人尚未完全履行出资义务的金额；债务人的出资人抽逃出资的金额。

（5）债务人的董事、监事和高级管理人员利用职权从企业获取的非正常收入和侵占的企业财产事项。

（6）债务人为债权人的债权设定担保的特定财产，包括房产、土地、车辆、机器设备、股权及其他财产权利等财产的披露。

（7）债务人占有的不属于债务人的财产清单；债务人采购货物尚未收到且未付清全部价款的财产。

（8）债务人与某一债权人的债权债务，在审计中不得合并抵销，将款项性质、发生日期、款项金额分别列示披露（管理人团队应谨慎关注该事项，防范因会计师的专业盲区而导致的风险）。

审计报告检查完成后，管理人团队应将审核意见初稿及时反馈给审计机构，以便审计机构进行修订、完善；并对审计报告中发现的相关问题进行沟通讨论，对于需要采取下一步行动的事项，应当要求审计机构协助管理人复印整理相关原始资料，以支持管理人团队的款项催收、诉讼等行动。

审计机构根据审核意见初稿补充完善审计报告后，管理人团队应再次对其工作完成情况进行审核；审核意见初稿检查复核的过程中，对于相关重要事项，管理人应当及时报告案件经办法院，必要时可要求审计机构向法院解释相关事项。经充分沟通，直至审计报告达到管理人和相关方对报告信息的要求时，结束对审计报告的审核。

四、接收审计报告，提交法院，通知关系人

审计报告出具前，应按照经办法院的要求，提交其最终审核确定。

管理人团队应一次性明确审计报告所需的份数，部分会计师事务所由于内控程序严谨，多次额外制作审计报告的审批流程较长，且需另外支付费用。

管理人团队应按照统一规范的文档文书格式制作审计报告接收、内部传递、移交清单。文档文书要求内容完整、记录清晰、结论明确。管理人团队在接收到审计报告后，应检查审计报告备案情况，相关备案信息在审计报告封面应有明确记载。现在有部分省市要求审计机构出具的审计报告需在当地注册会计师协会进行网上备案并生成二维码，该二维码可供网络查询以验证报告真伪。

审计报告定稿后，就报告中反映的相关重大问题，管理人应在债权人会议召开前与相关方进行事前沟通。

五、申请确定评估机构、评估委托合同签订

管理人在完成财产状况调查的基础上，根据案件的进展情况，须对债务人

的部分财产聘请专业机构进行专业评估。

所谓“在完成财产状况调查的基础上”，是指评估对象是债务人的现有财产，而且评估的是其中需要经由专业机构的工作才能确定其公允价格的财产，对于流动性强，享有市场公允价格的财产，例如上市公司的股票等，一般无须进行专业评估；又如，债务人现有财产中明显不具有变现价值的财产，也无须纳入专业评估，以节约破产费用。对于执行程序中已有的评估报告，可以继续沿用；对于市场交易非常多的种类物财产（如房产、土地、车辆等），可以通过网络询价平台或政府相关系统（如深圳有“房地产评估价格查询系统”）查询价格。

所谓“根据案件的进展情况”，是指若专业评估的用途是为破产重整服务，则当案件进展到有重整需要时，因为涉及重整投资人的出价和清偿率的比较，需确定参与重整的债务人财产的公允价值；若专业评估的用途是为破产清算服务的，则当案件进展到变现和分配前，须提供一个公允的财产价值，在此基础之上确定变现的底价。

管理人选聘专业机构进行评估前，应当制作《关于提请人民法院许可聘请有资质的专业机构对债务人财产进行专项评估的报告》，请求法院许可。管理人应根据各地法院的要求，选择通过摇珠、招标、协商等方式择优选择聘用有资质的专业机构。

确定评估机构后，管理人应及时与评估机构签订评估委托合同。评估合同的内容主要包括：评估范围、评估基准日、评估报告出具时间和评估费用等。管理人应根据破产企业的具体情况与评估机构确定评估的范围。

一般来说，评估的范围应包括：（1）原材料、在制品、库存商品等流动资产；（2）房产、汽车等固定资产；（3）股票、股权、对外债权、知识产权等无形资产；（4）其他。

参照国家国有资产管理局《在若干城市试行国有企业破产有关资产评估问题的暂行规定》（国资办发〔1997〕58 号）的规定，评估基准日一般“以法院宣判企业破产并发布公告之日为准”。但在实践中，应根据破产案件的实际情况，由管理人和评估机构协商确定具体的评估基准日：（1）管理人接管前已停止经营且接管后不再恢复营业或主要资产价格变动不大的破产企业，应选择法院裁定受理破产案件之日为基准日；（2）申请受理日后确因某种特殊原因仍需要继续营业但时间较短的破产企业，可以选择营业终止日为评估基准日，这样更加符合破产清算评估的内在要求；（3）在重整程序中，如债务人继续经营，且时间相对较长，债务人的资产、负债势必会发生很大变化，应选择与提交重整计划草案日期相近的时间为评估基准日；（4）如破产企业的主要资产为股票、股权等变动幅度较大的资产，应选择较近的时点作为基准日。

六、评估资料准备，评估机构沟通

在对债务人财产进行评估的评估机构确定之后，管理人需要与评估机构沟通联系评估相关事宜，同时将与评估对象有关的所有资料准备好，以备评估机构所需。

与评估机构沟通主要是为签订评估委托协议。评估委托协议的内容主要涉及以下几方面：评估对象、评估范围、评估基准日期、评估报告的出具时间、评估费用、评估费用的支付条件、评估报告的数量等。所有问题均与评估公司沟通好并报经法院批准之后，及时与评估机构签订书面评估协议，并按评估机构的要求，向其提供与评估对象有关的尽可能全面的资料，同时安排评估机构的工作人员一起现场查看评估对象。

评估资料因评估对象的不同而不同，主要分为以下几种情形：（1）不动产，主要资料包括评估对象明细表、房地产证、红线图、平面图、不动产权资料电脑查询结果表、现场图片等；（2）无形资产，主要资料包括明细表、无形资产的权利证书、无形资产网络查询结果、图片（如有）、债务人的审计结果（如有）等；（3）股权，主要资料包括明细表、债务人审计结果（如有）、目标公司主体资格材料、目标公司的财务资料等；（4）办公设备，主要资料包括办公设备明细表、图片等；（5）车辆，主要资料包括自公安局交通警察支队车辆管理所查询的车辆结果、行驶证、保险购买记录、车辆图片等。

七、评估报告初稿的审查

管理人收到评估报告的初稿后，应重点查看以下内容：（1）评估目的；（2）评估对象和评估范围；（3）价值类型和定义；（4）评估基准日；（5）评估依据；（6）评估方法；（7）评估程序实施过程和情况；（8）评估假设；（9）评估结论；（10）特别事项说明。

审查中须明确：（1）评估目的是否与破产重整或清算的需要相吻合；（2）评估的对象和评估范围是否是管理人委托评估所需要的，是否存在遗漏或超限；（3）价值类型和定义是否能够客观反映财产的价值；（4）评估的基准日是否合理；（5）评估的依据和方法是否符合规范；（6）评估程序实施过程和情况中对现场的深入程度如何；（7）评估假设是否合理；（8）评估结论是否符合常理常情，对集合性的财产是否分项下结论；（9）特别事项说明如何等。

管理人审查完成后，可以与评估机构沟通想法，向其提出建议，但禁止破坏评估机构的独立、公正评估工作。

财产评估工作中，管理人可考虑从程序正义的角度出发，通知担保权利人参与到评估程序中，就评估报告的初稿向其通报，并允许其提出异议，由评估机构对相关异议进行处理，合理合法的予以接纳，不合理不合法的予以说明。这么做有利于公平公正办理案件，也有利于将涉及财产价值的矛盾从初始阶段消化，保证案件顺利进行。

八、接收评估报告，提交法院，通知关系人

收到评估报告后，管理人应及时将评估结果报告法院，通报相关担保物权人。在办理案件过程中，债务人财产的多寡及其价值与债务人的利益关系密切，也是其最关心的事项。管理人无须向债权人主动公开评估报告，但是如果债权人提出要求查阅评估报告，在不涉及债务人的商业秘密或其他涉密事项的情况下，管理人一般情况下可允许，同时要求其予以保密。案件在重整中或筹划重整中，重整意向人经申请可以查阅评估报告，但需向管理人承诺保密。

九、对审计评估发现的异常事项的处理

审计评估报告形成后，发现或出现异常事项的，管理人可以要求审计评估机构对报告进行修改、更正。审计评估机构拒绝修改更正的，管理人应要求审

计评估机构出具书面的说明。管理人可以根据案件需要，要求审计评估人员列席债权人会议，对审计评估相关事项进行说明，回答债权人和债务人的相关疑问。对于重大复杂案件，管理人可以事先在委托审计评估合同中约定审计评估人员须按管理人要求列席债务人会议，回答提问。

第八章

未结案件清理

一、申请中止审理、中止执行

管理人接受指定后，应组建管理人工作团队，并视案件具体情况设立诉讼事务工作组（以下简称诉讼组）或安排专人负责诉讼事务处理。管理人处理诉讼事务，首先要查明债务人的未结诉讼、仲裁案件及未结执行案件，申请相关法院中止审理或中止执行。

未结诉讼和仲裁较多（一般在10宗以上）时，管理人应设立诉讼组处理诉讼事务。诉讼组应由诉讼经验丰富的执业律师负责，并根据破产程序中诉讼业务工作量的大小，组织数量与工作量相匹配的执业律师统筹处理诉讼法律事务。诉讼组还可以配备律师助理或秘书一名，负责处理诉讼案件的日常跟进和综合协调。管理人应建立重大衍生诉讼案件的会商研讨机制，以保障诉讼案件办理质量。另外，管理人还须建立完善畅通的内部工作沟通协调机制（例如，诉讼组在清理债务人未结诉讼过程中，发现管理人名下的查封、冻结、扣押财产，应及时向管理人资产组提供相关财产线索），确保诉讼组与管理人工作团队中其他小组之间各项工作的顺利对接沟通。

诉讼组成立后，应根据管理人负责人的安排，第一时间与债务人法务部门负责人对接，梳理债务人所涉未完结诉讼、仲裁、执行案件清单，并立即通过EMS邮政快递的方式逐一向各案件主审法官、仲裁庭或执行法官寄送中止审理和中止执行材料，要求依法中止该案的诉讼、仲裁或执行程序。

寄送的中止审理和中止执行材料具体应包含如下材料：（1）债务人被裁定

受理破产的民事裁定书复印件；（2）法院指定破产管理人的决定书复印件；（3）法院受理破产申请后通知已知债权人的公告复印件；（4）中止审理申请书或中止强制执行申请书；（5）管理人委托诉讼小组成员代理未结诉讼的授权委托书和受托人身份证复印件；（6）管理人出具的送达地址确认书；（7）管理人负责人身份证复印件。

若诉讼组在与债务人法务部门对接未完结诉讼、仲裁案件的过程中，发现存在立即需要开庭的案件，或强制执行案件所涉债务人财产已经走完法定程序，即将在互联网平台司法拍卖端口开始拍卖等紧急情况，但此时管理人印章未刻制完成，无法寄送中止审理或中止执行的申请材料，或通过EMS邮政快递的方式寄送中止审理和中止执行材料时间上来不及，则可尝试电话与该紧急案件的主审法官、仲裁庭秘书或执行法官联系，告知债务人破产案件已被依法受理的事实，并具体沟通中止审理和中止执行相关事宜的对接处理（需要特别注意的是，申请中止审理和中止执行是管理人接受法院指定后所面临的最紧迫的工作）。

中止审理和中止执行申请材料寄送完毕后，诉讼组应立即梳理债务人全部未完结诉讼、仲裁案件，并将全部未结诉讼、仲裁案件妥善分配至不同的成员名下，由诉讼组成员分别负责所分配的案件，使每一宗未结案件均有具体的负责人员跟踪处理，并由本小组律师助理或秘书统一登记，建立统一的案件跟踪管理台账，确保不遗漏任何一宗案件。

二、申请解除保全措施

管理人在对债务人所涉未结诉讼、仲裁案件梳理、分配完毕后，要集中整理出存在债务人财产被采取查封、冻结等保全措施的案件。管理人应当逐一向采取保全措施的法院或其他机关提出解除保全措施的申请，若债务人某一财产被多次采取保全措施，如被多次轮候查封、冻结，则诉讼组成员除应向首次采取保全措施的法院或其他机关申请解除保全措施外，还应向其他采取保全措施的法院或其他机关逐一提出解除保全措施申请。

管理人逐一向采取保全措施的法院或其他机关提出解除保全措施的申请时，应提交的材料具体如下：（1）债务人被裁定受理破产的民事裁定书复印件；

（2）法院指定破产管理人的决定书复印件；（3）法院受理破产申请后通知已知债权人的公告复印件；（4）解除保全措施申请书；（5）管理人委托诉讼小组成员代理未结诉讼的授权委托书和受托人身份证复印件；（6）管理人出具的送达地址确认书；（7）管理人负责人身份证复印件。

对于有些部门收到管理人关于解除保全的请求后不予办理或拖延办理的，管理人可申请受理破产案件法院作出解除查封通知书，通知相关单位办理。对于受理破产案件法院辖区内的下级法院采取的保全措施，管理人可以申请受理破产案件法院直接裁定解除保全。

管理人接管债务人后，应安排专人持续跟进办理申请解除债务人财产的保全措施。由于有些执行案件终本了，有些执行案件原来的执行法官调离了，就会出现管理人联系不上具体的承办人而导致无人去办理保全措施解除手续的情况，有些甚至拖到最后保全期限届满而自动解除。债务人财产保全措施的解除直接影响破产财产的处置及重整工作的推进，一直以来都是管理人履职过程中的“老大难”问题。因此，管理人应特别重视并安排专人办理。

值得高兴的是，2021 年 2 月 25 日，国家发展和改革委员会、最高人民法院、财政部、人力资源和社会保障部、自然资源部、住房和城乡建设部、中国人民银行、国务院国有资产管理委员会、海关总署、税务总局、国家市场监督管理总局、中国银行保险监督管理委员会、证券监督管理委员会联合发布《关于推动和保障管理人在破产程序中依法履职进一步优化营商环境的意见》（发改财金规〔2021〕274 号），规定“人民法院裁定受理企业破产案件后，管理人持受理破产申请裁定书和指定管理人决定书，依法向有关部门、金融机构申请解除对破产企业财产的查封、扣押、冻结等保全措施的，相关部门和单位应当根据企业破产法规定予以支持配合。保全措施解除后，管理人应当及时通知原采取保全措施的相关部门和单位。”如果此项规定落实到位，将大大减轻管理人申请办理债务人财产保全措施的工作，有效缩短破产案件办理期限。

三、案件查询、阅卷、调查案情

管理人诉讼组在第一时间处理完紧急未结诉讼、仲裁案件的中止审理和中止执行后，应根据管理人负责人的安排，尽快接管债务人的全部电子和纸质诉讼材料。

诉讼组在接管债务人全部电子和纸质诉讼材料时应当注意以下几点：(1) 在接管前应当拟好接管问话笔录的相关问题，在接管问话笔录中应首先向被问话人声明作虚假陈述，以及故意隐匿、遗漏或毁坏债务人诉讼、仲裁案件案卷材料及相关信息所面临的不利后果；在现场接管时，对债务人法务部门负责人或其他诉讼、仲裁案件材料负责人进行书面问话，并让其签署接管问话笔录。(2) 接管时应特别注意做好电子资料的备份和保管工作。(3) 全部电子和纸质案件材料接管完成后，应当制作接管材料清单，与债务人法务部门负责人或其他诉讼、仲裁案件材料负责人办理签收交接。

除从债务人处接管的案件外，诉讼组成员还应当每周登录人民法院公告网、启信宝、企查查、天眼查等平台，查询是否存在债务人法务部门或其他诉讼、仲裁案件材料负责人所未掌握案件信息的公告送达案件，若存在也应一并纳入诉讼组案件管理台账，并且及时查询并补全案件主审法官、法官助理及其联系方式等重要信息。

诉讼组完成对债务人的全部诉讼、仲裁案件案卷材料接管后，应当及时对案件的案卷材料进行逐一梳理，并对如下两类重要案件开展阅卷工作：(1) 对于在债务人破产申请受理前已正常开完庭（债务人已派员或委托代理人参加庭审），但债务人破产申请受理后法院尚未宣判、仲裁庭尚未裁决的案件，诉讼组应联系案件主审法官或仲裁庭秘书查阅全部案件材料（含庭审笔录）；(2) 对于在债务人破产申请受理前未正常开庭（债务人未派员也未委托代理人参加庭审，法庭缺席审理的案件），且债务人破产申请受理后法院尚未宣判、仲裁庭尚未裁决的案件，诉讼组应联系案件主审法官或仲裁庭秘书查阅全部案件材料（含庭审笔录）。

诉讼组成员在完成诉讼、仲裁案件接管及阅卷工作后，应针对个案逐一进行案情调查，案情调查可参照如下方式进行：(1) 书面审查。即诉讼组成员首先应根据个案的全部书面案卷材料对案情进行系统梳理分析，整理出案件焦点问题及需要向债务人查明或核实的事实，并列出清单。(2) 现场核查。诉讼组成员在书面审查结束后，可将需要查明或核实的事实清单向债务人法务部门负责人或其他诉讼、仲裁案件材料负责人提交核实，债务人方查明或核实完后，诉讼组成员应赴债务人办公地点办理相关证据材料交接，并对无证据支持但需要明确的事实进行书面确认；若存在案件所涉事实具体经办人员已离职的情况，则需要获取其联系方式，以便向该经办人员进一步了解相关事实。（3）审计核实。对于与案件相关的财务数据证据资料，若无直接银行流水可供核对，或债务人所提交的相关材料所反映的事实存在不确定性，或经过分析核对后对债务人所提供的相关材料存在疑问，诉讼组成员可就该部分事实与管理人审计组对接，进行核实，以确保最大限度地查明案件事实。

四、应诉

诉讼组完成对债务人的全部诉讼、仲裁案件案卷材料的接管，案件情况的调查和案件材料的分析后，可重点就审判程序未完结的诉讼、仲裁案件按如下方式分类处理应诉事宜：

（1）对于在债务人破产申请受理前受理的诉讼、仲裁案件，法院或仲裁委尚未开始送达案件对方当事人证据材料的案件，可在向相关案件主审法官或仲裁庭秘书寄送完中止审理申请材料后，待法院或仲裁委依法送达案件相关材料后积极应诉。

（2）对于在债务人破产申请受理前已正常开完庭（债务人已派员或委托代理人参加庭审），但债务人破产申请受理后法院尚未宣判、仲裁庭尚未裁决的案件，诉讼组应联系案件主审法官或仲裁庭秘书查阅全部案件材料（含庭审笔录），然后以管理人名义出具书面代理意见，向法庭或仲裁庭提交。

（3）对于在债务人破产申请受理前未正常开庭（债务人未派员也未委托代理人参加庭审，法庭缺席审理），且债务人破产申请受理后法院尚未宣判、仲裁庭尚未裁决的案件，诉讼组应联系案件主审法官或仲裁庭秘书查阅全部案件材料（含庭审笔录），并与主审法官沟通申请该案第二次开庭。

（4）对于在债务人破产申请受理后已经受理的诉讼案件（债务人破产申请受理法院之外的其他法院因无法第一时间获知债务人破产申请受理的事实，会存在债务人破产申请受理后依然受理债务人作为相对方的诉讼案件的情况)，若该诉讼案件的受理日期在2019年11月8日之前，诉讼组成员应当及时依法就该案申请管辖权异议，并申请将该案移送至破产申请受理法院管辖；若该诉讼案件的受理日期在2019年11月8日之后，依据《九民纪要》的最新精神，诉讼组应积极与诉讼案件的主审法官沟通，确认此类案件是按裁定驳回起诉处理，还是需要管理人申请管辖权异议，然后移送至破产申请受理法院管辖。

在管理人资产组工作人员完成对债务人财产的接管后，诉讼组应当逐一向申请中止审理诉讼、仲裁案件的法院和仲裁委提交恢复审理申请书，申请恢复已中止的诉讼或仲裁，并积极准备应诉。

诉讼组成员在积极应诉过程中，对于全面接管债务人诉讼、仲裁案件后新出的一审案件判决，经集体研究后认为确有上诉必要的，应坚持上诉，上诉所应预交的诉讼费可向法院申请缓交。对于全面接管债务人诉讼、仲裁案件前债务人已申请上诉，但尚未预缴诉讼费的案件，诉讼组在全面接管后收到案件上诉缴费通知时，应首先评估该案件上诉的必要性和可行性，若诉讼组集体评估认为该案件不具有上诉的必要性和可行性，诉讼组应在获得管理人负责人认可后，不予预缴该案上诉诉讼费，并就该案不予预缴上诉诉讼费即该案无上诉必要性和可行性的意见出具书面报告，供债权人查阅；若诉讼组集体评估认为该案有上诉必要性和可行性，应当积极应诉，上诉所应预缴的诉讼费可向法院申请缓交。

五、起诉

破产程序中，管理人主动提起诉讼应把握好合法性、必要性、胜诉及追回财产的可能性及诉讼成本和收益大小，重大案件可以征求债权人意见。管理人决定起诉的案件，最好事先报告法院，法院未提出异议后再起诉。

（一）破产程序中涉及管理人主动起诉的情形

1. 追收财产和对外债权

对于债务人对外享有的债权，若债务人的债务人拒绝依法清偿或持有债务人财产应当交付而拒绝交付的，管理人应当根据债务人财产管理方案和破产财产变价方案的规定，决定是否代表债务人起诉追收。

2. 债务人无效财产处分行为和可撤销行为

对于《企业破产法》第31条规定的“无偿转让财产”“以明显不合理的价格进行交易”“对没有财产担保的债务提供财产担保”“对未到期的债务提前清偿”“放弃债权”之情形；第32条规定的“个别清偿”之情形；第33条规定的“为逃避债务而隐匿、转移财产”“虚构债务或者承认不真实的债务”之情形，管理人应当根据案件的具体情况，决定是否以管理人名义起诉。

3. 抵销异议诉讼

管理人对债权人提出的债务抵销主张有异议的，应在约定的异议期限内或者自收到主张债务抵销的通知之日起3个月内，向受理破产申请的法院提起诉讼。

依据《破产法解释二》第44条规定的情形，管理人应在破产申请受理之日起3个月内，向受理破产申请的法院提起诉讼，主张该抵销无效。

4. 与债务人股东和高级管理人员相关的诉讼

（1）因债务人的可撤销行为或无效行为损害债权人利益的，管理人有权代表债务人起诉，要求债务人的法定代表人和其他直接责任人承担赔偿责任。

（2）债务人的出资人尚未完全履行出资义务时、债务人的出资人出资后又抽逃出资时，管理人有权代表债务人起诉追缴出资。

（3）公司的发起人和负有监督股东履行出资义务的董事、高级管理人员，或者协助抽逃出资的其他股东、董事、高级管理人员、实际控制人等，对股东违反出资义务或者抽逃出资应当承担相应责任的，管理人有权代表债务人起诉。

（4）《破产法解释二》第24条规定，债务人的董事、监事和高级管理人员拒不返还利用职权从债务人处获取的非正常收入的，管理人有权起诉要求返还。

（5）对于《九民纪要》第118条提出的“债务人的有关人员不配合清算的行为导致债务人财产状况不明，或者依法负有清算责任的人未依照《企业破产法》第7条第3款的规定及时履行破产申请义务，导致债务人主要财产、账册、重要文件等灭失，致使管理人无法执行清算职务，给债权人利益造成损害”。管理人有权起诉债务人的有关人员或依法负有清算责任的人承担相应的民事责任。

（二）管理人起诉或代表债务人起诉时的注意事项

（1）管理人起诉前，要充分研判起诉的合法性。破产程序中，管理人主动起诉的案件，一定要有直接的法律依据。无论从程序上还是实体上，管理人都要充分地论证和研判。

（2）管理人起诉前，要充分论证起诉的必要性。对于上述列明的管理人可以起诉的各种情形，管理人首先应尽可能通过非诉讼的办法解决。通常，管理人首先应书面通知、告知相关的相对方，把具体的事实和法律规定说清楚、说明白，尽可能让相对方主动履行义务，交付财物、返还财产或赔偿损失等。

（3）管理人起诉前，要充分研判胜诉的可能性及追回财产或减少损失的可能性。我们认为，应把握的一个原则就是管理人能胜诉才起诉。如果对胜诉尚没有把握的，尽量不要起诉。对于是否可以追回财产，要充分了解对方的执行能力，如果对方已经负债累累，能否追回财产完全是未知数，起诉的结果可能只是浪费诉讼费，那就不要起诉。

（4）管理人起诉前，要拟定诉讼方案并充分讨论。诉讼方案包括诉讼主体的确定、诉讼请求的确定、诉讼成本的测算、事实理由和法律依据的确定、是否申请财产保全、代理人的选定、征求债权人意见的结果等内容。管理人的起诉方案应报告法院，必要时可通报债权人。

（5）管理人决定起诉的重大案件，应征求债权人意见。对于诉讼风险大或诉讼成本高的案件，未获得债权人人数过半数且其所代表的普通债权额过半数同意的情况下，管理人不要提起诉讼。对于债权人争议较大的案件，管理人应详细报告法院。

（6）管理人诉讼组在办理起诉案件时，应当与权利审核组、资产组和审计组保持及时的信息沟通和材料对接。从上述管理人应起诉的案件来看，很多都是资产组和审计组在清理债务人财产和对债务人财产进行审计的过程中发现或出现的情况，也有在接受债权申报材料并进行债权审核过程中发现的情况。很多情况下，诉讼组接受管理人的指派或委托起诉是有严格时限要求的，因此，诉讼组在接到其他小组的反馈信息时，要特别注意时效性，避免管理人履职过程中出现重大过失。尤其是在破产受理法院同时指定两家不同机构担任同一破产案件的管理人时，更应注意机构之间的沟通与协调。

（7）诉讼组成员接受管理人的指派或委托参加诉讼时，需要特别注意的是，当前司法实践过程中，诉前联调程序十分普遍，但管理人本身对诉讼案件的处理是没有法定调解权限的，因此，在立案时应及时向立案庭阐明，尽可能跳过诉前联调程序直接立案，或在默认进入诉前联调程序后，第一时间转入正式立案程序，确保起诉工作的顺利进行。

（8）诉讼组应当对提起的全部诉讼案件进行统一登记管理，及时更新每一个诉讼案件的进度，具体登记信息可包含：原告，被告，第三人，案件受理日期，诉讼请求，案件保全情况（是否采取保全措施、查封冻结财产清单），诉讼费缴纳情况，主审法官及联系方式，法官助理及联系方式，一审情况（案号、开庭日期、判决书签收日期、判决结果），二审情况（案号、开庭日期、判决书签收日期、判决结果），案件生效日期，是否申请再审等。

（9）诉讼组发现与债务人财产相关的已生效诉讼、仲裁案件的判决或仲裁结果可能导致债务人财产重大损失，且该相关案件未过申请再审或申请撤销仲裁裁决期限的，应及时评估申请再审或申请撤销仲裁裁决的可行性，并根据管理人的指派或委托，申请再审或申请撤销仲裁裁决，最大限度地维护债权人的合法权益。

六、管辖异议、申请移送

在法院受理破产申请后提起的与债务人有关的民事诉讼，被法院受理的，若该与债务人有关的民事诉讼的受理日期在2019年11月8日之前，则诉讼组成员应当及时依法就该案申请管辖权异议，并申请将该案移送至破产申请受理法院管辖。若该与债务人有关的民事诉讼的受理日期在2019年11月8日之后，依据《九民纪要》的最新精神，对于此类案件是按裁定驳回起诉处理，还是仍需管理人申请管辖权异议后申请移送至破产申请受理法院管辖，诉讼组应积极与诉讼案件的主审法官联系沟通。一方面，在司法审判实践中，《九民纪要》对于各级法院而言是有极强指导意义的指导性文件；另一方面，最高人民法院《关于印发〈全国法院民商事审判工作会议纪要〉的通知》中已明确指出："纪要不是司法解释，不能作为裁判依据进行援引。《会议纪要》发布后，人民法院尚未审结的一审、二审案件，在裁判文书'本院认为'部分具体分析法律适用的理由时，可以根据《会议纪要》的相关规定进行说理。"因此，此种情况下是否参照《九民纪要》的相关规定执行，诉讼组最终应以案件主审法官的意见为准，以确保将管理人工作职责履行到位。

七、申请执行

诉讼组成员应当对所提起诉讼案件中，诉讼请求已获法院生效判决支持的案件，集中建册跟踪生效判决的履行情况，若被告方未在判决确定的期限内自觉履行，诉讼组成员应当根据管理人的指派或委托，代表债务人或以管理人的名义，向受理破产申请的法院申请强制执行。

诉讼组成员在登记已申请强制执行案件的跟踪信息时，具体可包含如下内容：申请人，被申请人，申请事项，案件受理日期，保全情况（是否采取保全措施、查封冻结财产清单），执行法官及联系方式，执行法官助理及联系方式，已采取的强制执行措施（查封、冻结情况，列为失信被执行人，限制高消费，限制出入境）等。

诉讼组成员在根据管理人的指派或委托，代表债务人或以管理人的名义，向受理破产申请的法院申请强制执行过程中，对于执行法院执行回来的财产信息，应及时与管理人工作团队中的资产组和审计组沟通和对接。

破产申请受理后，对于可能因利益相关人的行为或者其他原因，影响破产程序依法进行的，诉讼组成员可以根据管理人的指派或委托，向受理破产申请的法院申请对债务人的全部或者部分财产采取保全措施。

第九章

合同清理

一、分类清理合同

管理人接受法院指定，接管破产企业后，应该及时对债务人在破产申请受理前成立的合同予以清理，分类处置。

（一）债务人履行完毕而合同相对人未履行完毕的合同

管理人对于接管或调查到的债务人履行完毕而合同相对人未履行完毕的合同，应全面核实合同签订履行情况。经确认，合同相对方确实未履行或未全面履行的，原则上应当作为债务人的对外应收债权，由负责财产调查的管理人的工作人员处理。负责财产调查的工作人员应全面研究合同，提出要求相对方继续履行合同或解除合同的处理意见，管理人应开会讨论并形成最终的意见，并在报告法院后实施。无论是要求相对方继续履行合同还是解除合同，管理人应及时形成处理意见发函给合同相对方。管理人要求合同相对人继续履行合同，而相对人不愿履行的，管理人可以解除合同并要求合同相对方返还财产或赔偿损失，合同相对方不予返还财产或赔偿损失的，管理人应当及时提起诉讼或者申请仲裁，以实现债权。

（二）债务人未履行完毕而相对人履行完毕的合同

债务人未履行完毕而合同相对人已经履行完毕的合同，应当作为破产债权，通知合同相对人按照《企业破产法》的规定，及时申报债权。

对于非金钱支付义务，管理人应酌情确定是否继续履行合同，对于可以继续履行且既不损害其他债权人利益也不损害债务人利益的，应予继续履行，如房地产企业破产案中涉及的交房和办证；对于无法继续履行，或继续履行明显损害其他债权人、债务人利益或可能涉嫌个别清偿的，应告知合同相对人不予继续履行，合同相对人可就损失申报债权。

（三）双方均未履行完毕的合同

债务人和对方当事人均未履行完毕的合同，管理人应当对合同的签订履行情况全面了解，及时决定解除或者继续履行。对于根据债务人利益需要继续履行的合同，应该及时作出继续履行决定，并预留足够的审批、通知时间。是否继续履行双方均未履行完毕的合同，管理人应从继续履行是否有利于债务人财产的增加、是否有利于债权人权益最大化，以及继续履行的风险等方面考虑。

（四）双方均履行完毕的合同

管理人对于接管到的双方均履行完毕的合同，首先要询问债务人相关人员，调查是否存在《企业破产法》第31～33条规定的情形。对于存在上述条款规定情形的，管理人应全面调查所涉合同的签订和履行的详细情况，并及时形成专项报告，提出处理意见。经法院同意后，采取相关措施向合同相对人追索其取得的债务人财产。

二、决定继续履行双方均未履行完毕的合同

管理人对双方均未履行完毕的合同的签订和履行情况全面了解后，经讨论决定继续履行合同的，应制作继续履行合同的情况报告（包括继续履行实施方案），提前10日提交法院。法院无异议后，制作继续履行合同通知书，送达合同相对方。

管理人决定继续履行的合同，应充分讨论分析继续履行合同的利弊和风险，并且充分了解合同相对方的履约能力并征求相对方的意见，只有在合同确实具有继续履行的必要且继续履行风险可控的情况下，才可实施。继续履行的实施

方案应包括债务人履行合同义务的安排、合同相对方履行义务的安排及风险防控措施、债务人或合同相对方的担保安排等内容。提交法院的继续履行合同的情况报告，应包括合同的签订和已经履行情况、继续履行的利弊分析、继续履行的风险、管理人的意见及理由、继续履行的实施方案等内容。

对于可能在自破产申请受理之日起 2 个月内召开债权人会议并设立债权人委员会，且不影响管理人根据《企业破产法》第 18 条的规定及时处理双方均未履行完毕的合同的，管理人如决定继续履行双方均未履行完毕的合同，应当提前 10 日书面报告债权人委员会，债权人委员会提出异议的，应该与合同相对人及债权人委员会沟通，不能达成统一处理意见的，应当报告法院。重大合同可以让债权人书面表决。

三、同意相对人继续履行要求

对破产申请受理前成立且债务人和对方当事人均未履行完毕的合同，合同相对方要求继续履行的，管理人应对合同相对人的履行要求进行审查，并全面核实合同的签订履行情况，在一个月之内作出同意或不同意的处理意见。

管理人同意相对人继续履行合同要求的，应要求相对人提供履行合同的具体方案和安排，对于需要债务人先履行的或对债务人有较大风险的，应要求合同相对人提供担保。管理人作出同意相对人继续履行合同的决定前，应充分讨论分析继续履行合同的利弊和风险，并且充分了解合同相对方的履约能力，只有在合同确实具有继续履行的必要且继续履行风险可控的情况下，才可同意。

管理人同意相对人继续履行合同要求的，应制作同意相对人继续履行合同的情况报告（包括继续履行实施方案），提前 10 日提交法院，法院无异议后，制作同意继续履行合同通知书，送达合同相对方。

四、继续履行的担保

对破产申请前成立且债务人和对方当事人均未履行完毕的合同，管理人认为应该继续履行的，应该提前与合同相对人进行协商，就相关双方可能需要的担保事宜达成合意，一般应当在继续履行实施方案中予以统筹安排，并按照本章第二部分之程序履行报批手续。

如因客观原因未能在报批的继续履行实施方案中予以统筹安排，而对方当事人又要求提供担保的，应和对方进行协商，妥善确定担保方案，并按照本章第二部分之程序履行报批手续。在给予对方担保的同时，可以为了保障债务人利益酌情要求对方也提供适当担保。

如双方不能就补充担保方案达成一致，管理人应及时作出解除合同决定，拟定妥善解除方案，通知合同相对人并予以实施。

五、请示法院，解除合同

对破产申请前成立且债务人和对方当事人均未履行完毕的合同，管理人认为不应当继续履行的，应当及时作出解除决定，拟定善后事宜处理方案，并通知对方当事人。管理人决定解除的，应先报告法院，说明合同的签订履行情况及解除的理由、解除后权利义务的处理，法院无异议后，再通知对方当事人。

第十章

第一次债权人会议

一、债权人会议工作方案

管理人应提前 15 日拟定债权人会议工作方案，对债权人会议的各项工作作出具体的安排。债权人会议工作方案应包括对会议时间、地点、会议形式、会议主持、参会人员和列席人员、会议议程、会议资料的定稿印制、会场布置、会议签到、会议秩序维护、会议安保、表决票的发放与收回、计票、监票等事项的具体安排，明确责任人及完成的时限。

第一次债权人会议由法院召集，自债权申报期限届满之日起 15 日内召开。依法申报债权的债权人为债权人会议的成员，有权参加债权人会议。关于债权人会议的召开时间，管理人还应注意受理破产案件法院的相关规定。如《深圳中院优化破产办理意见》第 13 条规定，“第一次债权人会议应当按照受理破产申请公告和通知中载明的时间召开。公告和通知中未载明会议时间的，第一次债权人会议应当在债权申报期限届满之日起十日内召开”。《深圳执转破案件管理人工作指引》第 37 条规定，“适用简易程序审理的执行移送破产案件，管理人应当在债权申报期限届满之日起七个工作日内以书面方式召开第一次债权人会议。管理人需于会议召开两个工作日前将会议资料送达债权人、债务人，并报法院备案”。广东省高级人民法院《关于“僵尸企业”司法处置工作指引》（粤高法发〔2019〕5 号）第 27 条规定，“第一次债权人会议应在债权申报期届满之日起 10 日内召开”。管理人应尽可能在属地法院的规定期限内协助法院召开第一次债权人会议。

管理人应当在债权人会议召开前3日申请法院指定债权人会议主席。管理人可以根据债权数额、债权性质等因素向法院推荐债权人会议主席的人选。如不需要的，经法院允许后可以不指定债权人会议主席。

需要设立债权人委员会的，管理人应当在第一次债权人会议召开前3日将候选成员名单报法院初审。债权人会议通过的债权人委员会成员，管理人应提请法院决定认可。

债权人会议一般采用现场、书面、网络三种方式召开，管理人应当根据债权人会议召开的方式制定会议工作方案。《深圳中院优化破产办理意见》第13条规定，“仅一名债权人申报债权的，管理人可以以任何该名债权人确认的方式直接向该名债权人报告有关事项，无需另行召开债权人会议”。参照该规定，只有一名债权人的，债权人会议程序可以简化，但应充分保护债权人权益。

债权人会议以现场方式召开的，会议工作方案应当包含召开时间、地点、会前准备工作、会议内容、会议流程、会后工作安排等内容。

债权人会议以书面方式召开的，管理人应当制定债权人会议筹备预案，预案应当包含会议召开方式和时间、会议内容和流程、会后工作安排等内容。

债权人会议以网络方式召开的，除制定会议工作方案外，管理人应当在报请法院同意后，选定召开网络会议的系统，并提前向债权人发送参会操作指引。

二、会议通知

召开债权人会议，管理人应当提前15日通知已知的债权人。通知可以采用函件、传真、电话、短信、微信消息、电子邮件、现场送达等一种或多种方式，管理人应当保留会议通知记录。

管理人在通知已知债权人申报债权时，可以同时将第一次债权人会议召开的时间等相关事宜告知已知债权人，并将案件受理公告以电子邮件的方式向已知债权人送达。

债权人会议以网络形式召开的，除提前15日通知以外，管理人应当根据工作安排以手机短信形式向债权人发送会议系统的账号和密码，并电话通知债权人提前测试会议系统，告知债权人按时登录系统参会。

三、会议资料准备

管理人应当在第一次债权人会议召开前 3 日之前将会议文件报送法院，需要报送的文件包括：会议议程，管理人阶段性工作报告，财产状况调查报告，债权申报和审查报告（含债权表、暂缓认定情况表、不予认定情况表），债务人财产管理方案，破产财产变价方案，管理人报酬方案，及法院认为应当说明的其他内容。

债权人会议以现场或书面方式召开的，管理人应当根据债权人人数提前打印、装订好会议资料，准备好表决票、债权核查意见表、问题提问单、表决情况统计表和报告单等，并进行装袋。管理人可以额外准备适当数量的会议资料备用。其中，债权人会议以书面方式召开的，管理人应当根据会议时间合理安排工作，以确保债权人在会议当天或之前收到会议资料。

债权人会议以网络方式召开的，管理人应当提前将会议材料上传至会议系统供债权人下载、阅读。

四、推荐债权人会议主席人选

债权人会议主席是债权人会议的一个重要组成部分。除了第一次债权人会议由法院召集并主持外，之后的债权人会议一般都应由债权人会议主席主持。管理人应在第一次债权人会议召开之前向法院推荐债权人会议主席人选，供法院选择指定债权人会议主席。

推荐债权人会议主席人选应把握以下事项：

（1）推荐人选应是在申报期内申报债权并经管理人初步确认债权额的债权人。应注意的是，推荐人选的债权最好是事实清楚、依据充分的债权，例如，有生效判决确认的债权，且判决结果不存在争议。以避免出现债权有争议而最终不能得到确认的情形。

（2）推荐人选对债务人的债权中应包括无财产担保债权。主要是考虑债权人仅有财产担保债权、税款债权的话，对于财产分配方案、和解协议草案是没有表决权的。如果债权人会议主席在表决该事项的债权人会议上没有表决权，其他债权人可能提出异议。因此，我们认为，债权人会议主席应在整个破产程序中拥有完全的表决权，而无财产担保债权人的表决权才最全面的。

（3）推荐人选应有热心。债权人会议主席的职责是主持债权人会议，要主持会议，必然要额外花费时间和精力去熟悉会议的资料和议程。因此，推荐人选应有热心、有公益心。

（4）推荐人选应有良好的表达能力和控场能力。债权人会议主席要主持债权人会议，普通话水平应较好，口语表达能力要好。考虑会议现场也可能出现各种突发情况，债权人会议主席应有一定的主持大型会议的经验和控场能力，遇到突发情况能冷静从容地应对。

（5）推荐人选一般应考虑三位或以上，给法院更多选择。

管理人推荐的债权人会议主席人选应是债权人本人，但债权人可以授权代表人行使债权人会议主席职责。管理人推荐人选应事先征求被推荐人的意见，在获得被推荐人同意的情况下才向法院推荐。

管理人推荐债权人会议主席人选应在提交法院的指定债权人会议主席的报告中列明，并且要说明其申报债权额和初步确认债权额、是否为无财产担保债权，并附上被推荐人选的身份证件。被推荐人是法人或其他组织的，法人或其他组织须指定行使债权人会议主席职责的代理人，对代理人的把握同样应注意本部分所列（1～5）事项。法院选定法人或其他组织为债权人会议主席的，管理人应通知债权人出具授权代理人行使债权人会议主席职责的授权书，并提交法院。

五、表决事项的提前告知

第一次债权人会议需要对债务人财产管理方案、破产财产变价方案进行表决。为使表决程序顺利进行，管理人可以提前告知债权人表决事项。

债权人会议以现场方式召开的，管理人可以提前以电子邮件或微信消息的方式将待表决方案发送给债权人。

债权人会议以书面方式召开的，管理人在向债权人送达书面的会议材料时，应当以函件的形式告知表决事项，并依法设定合理的表决期限。

债权人会议以网络方式召开的，管理人应当提前将待表决的方案上传至会议系统，并告知表决事项。必要时，经法院批准，可以适当延长表决期限。

六、会议现场秩序维护

债权人会议以现场方式召开的，管理人应当提前做好会议现场的工作安排，维护现场秩序。

管理人应当与法院沟通，并提前到达会议现场，设置会议签到处，安排工作人员负责债权人会议签到工作，验证参会人员身份，并分发已装袋的会议资料和出席证。

管理人应当制作指引牌，必要时安排工作人员引导债权人入场。会议开始后，管理人应当协助法院维护会场秩序。

管理人应当提前安排工作人员负责收集表决票、提问单、债权核查意见表等，保证会议各环节有序进行。

会议结束后，管理人负责清理会议现场，并向各债权人收回出席证。

七、工作报告

管理人应向法院和债权人会议做阶段性工作报告，报告一般包括债务人基本情况及进入破产程序概况、管理人破产清算工作情况、下一步工作计划三个部分。其中，管理人破产清算工作情况应当包含清算准备工作、接管工作、调查财产状况、调查职工债权、调查社会保险债权、调查住房公积金债权、调查税款债权、接受债权申报并审查债权、调查未完结诉讼及执行案件、筹备第一次债权人会议等内容。

在制作管理人工作报告时，需注意避免与债权登记和审查报告、债务人财产调查报告的内容大篇幅重复。我们认为，在管理人工作报告中对债权登记和审查工作做概况说明即可，应对债权申报总额和初步确认结果予以说明。对于债务人财产调查工作，把调查所采取的方式和措施及调查结果简要介绍即可。

对于管理人的接管工作，因管理人接管完成后的接管工作报告一般是在债权人会议前向法院提交，债权人并不知晓，在管理人工作报告中可以相对具体地介绍，但也不必全盘照搬接管工作报告内容。对于分次接管，数次提交过接管工作报告的，管理人工作报告中应综合全部接管工作报告的内容。

需要特别注意的是，管理人工作报告统合了债务人财产调查报告、债权登记和审查报告、债务人财产管理方案、破产财产变价方案，相关数据须保持准确一致。因债权人会议前的工作事项多，尤其是债权的数据随时会出现变化调整，管理人在债权人会议文件定稿印刷前，应仔细校稿，全面核对文件中的数据，避免出现不同报告中对同一事项的数据不一致的情况。

八、债务人财产调查报告

管理人应向法院和债权人会议做债务人财产调查报告，报告主要包括债务人注册资本缴纳情况、银行账户信息及余额情况、证券开户情况、车辆登记情况、不动产登记情况、对外股权投资情况、对外应收款情况、分支机构情况、知识产权等无形财产情况、管理人有权追回的债务人财产情况等内容。

如案件涉及法院对债务人进行的财产调查，管理人应当将法院的调查结果写进债务人财产调查报告。

九、债权登记和审查报告

管理人应当在第一次债权人会议召开之前完成债权审查和债权表的编制，因特殊情况未完成债权审查和债权表编制的，应当向债权人会议作出书面说明。管理人应将债权申报登记及审查情况制作债权登记和审查报告，提交债权人会议审议及核查。

债权登记和审查报告应包括如下内容：（1）申报债权通知情况；（2）申报债权的家数和总数（且分别说明有财产担保债权的家数和金额、税款债权的家数和金额、普通债权的家数和金额）；（3）债权初步审查情况（包括初步审查确认的财产担保债权的家数和金额、税款债权的家数和金额、普通债权的家数和金额）；（4）提请债权人会议核查的注意事项。

十、核查债权表

管理人将债权表提交债权人会议核查，同时送交债务人核查。管理人应告知债权人、债务人，对债权表记载的债权有异议的，应当说明理由和法律依据。经管理人解释或调整后，异议人仍然不服的，或者管理人不予解释或调整的，异议人应当在债权人会议核查结束后15日内向法院提起债权确认的诉讼。当事人之间在破产申请受理前订立有仲裁条款或仲裁协议的，应当向选定的仲裁机构申请确认债权债务关系。

债权人在债权人会议核查债权表之前通知管理人债权转让的，管理人应将受让方列入债权表并提交债权人会议核查；债权人在债权人会议核查债权表之后通知的，管理人可以在向债权人会议通报债权转让事项后，申请法院重新裁定确认。

十一、债务人财产管理方案和破产财产变价方案

按照《企业破产法》的规定，管理人在第一次债权人会议上应提交债务人财产管理方案、破产财产变价方案供债权人表决。

债务人财产管理方案应包括如下内容：（1）管理人管理债务人的财产范围；（2）管理目标和原则；（3）财产分类管理：（4）管理措施及纠纷处理；（5）方案的调整；（6）方案的生效。《破产财产变价方案》应包括如下内容：（1）破产财产变价目的及原则；（2）破产财产变价具体方案；（3）方案的调整；（4）方案的生效。除了以上基本部分之外，管理人可以根据案件具体情况适当对内容和结构进行调整。

管理人制作债务人财产管理方案、破产财产变价方案时，要避免不同案件套用一个固定模板。案件不同，财产情况千差万别，管理人要特别注意根据每个破产案件财产的具体情况，制作合法合规、科学合理、有针对性的债务人财产管理方案、破产财产变价方案。

管理人制作债务人财产管理方案时，要与财产调查的结果及管理人对债务人财产已经采取的措施协调一致。避免出现已经采取的措施与债务人财产管理方案规定的措施不一致的情况。债权人往往对债务人的主要财产特别关注，管理人须对债务人主要财产的管理涉及的法律法规及相关规定有充分了解。一些特别的财产，如危险化工产品、枪爆物品、精密器械等，应有符合规定的管理

措施；对外的借贷债权，要保障债权的诉讼时效不过期。

管理人制作破产财产变价方案，一定要注意法院对破产财产处置的相关规定和要求。各地法院陆续发布了一些有关破产财产网络拍卖的规定或指引（如《深圳中院破产网拍指引》），管理人工作人员一定要认真阅读理解，遵照执行，避免出现破产财产变价方案与法院规定不一致的情况。除对主要财产的变价处置有具体的方法和措施外，对于破产案件中比较棘手的对外应收款、对外股权投资，破产财产变价方案最好也有具体的处置办法。破产财产变价方案应全面具体，避免就具体财产的变价处置再征求债权人意见或再次表决，管理人变价处置破产财产也会更顺利。

债权人会议表决未通过债务人财产管理方案、破产财产变价方案的，管理人应查清未通过的原因，债权人的主要异议是哪些，然后分析是否有必要进行调整。无论有无必要进行调整，都应报告法院，听取法官意见。法官同意进行调整再表决的，管理人应与主要债权人沟通调整事项，调整后组织债权人会议再次表决。再次表决可以书面方式或网络会议方式进行。法官认为无须对方案进行调整再表决的，管理人应申请法院裁定确认债务人财产管理方案、破产财产变价方案。

十二、表决结果统计

债权人会议的表决结果须安排有经验的法律人员或财务人员办理，并且要现场询问是否有债权人愿意主动做监票人，最少要确定两名监票人监票。

表决结果须统计的数据包括：（1）实际到场参加会议的有表决权的债权人数；（2）实际到场参加会议的有表决权的债权人数代表的债权额；（3）无财产担保债权总额；（4）出席会议的债权人代表的债权额占债权总额的比例；（5）表决同意的债权人人数；（6）表决同意的债权人人数占出席会议的债权人人数的比例；（7）表决同意的债权人代表的普通债权额；（8）表决同意的债权人代表的普通债权额占普通债权总额的比例；（9）表决不同意的债权人人数；（10）表决不同意的债权人人数占出席会议的债权人人数的比例；（11）表决不同意的债权人代表的普通债权额；（12）表决不同意的债权人代表的普通债权额

占普通债权总额的比例。

要注意的是，在和解程序中表决和解协议时，有表决权的仅为无财产担保的普通债权。在重整程序中表决重整计划草案时，则要按有财产担保债权、职工债权、税款债权、普通债权分组表决和统计。

以书面方式召开债权人会议的，管理人应事先将相关决议事项告知债权人，由债权人填写表决票寄回管理人。管理人收回表决票后统计表决结果时，应通知至少两家债权人代表监票。管理人应当在债权人会议召开后的3日内，以信函、电子邮件、公告等方式将表决结果告知参与表决的债权人。

以网络方式召开债权人会议的，应在网络会议平台上在线表决，在线投票。开会前，管理人应进行投票测试，确保在线投票统计结果符合法律规定。在线表决的结果应在会议现场打印，并由现场参会的债权人会议主席、职工代表、债务人代表签字确认。

十三、管理人报酬方案

按照《企业破产法》的规定，管理人在第一次债权人会议上应提交管理人报酬方案供债权人表决，管理人报酬方案应当包括如下内容：（1）管理人报酬的法律依据，目前除了最高人民法院《关于审理企业破产案件确定管理人报酬的规定》（法释〔2007〕9号），《九民纪要》中也有关于管理人报酬的规定；（2）管理人报酬的计算标准；（3）管理人报酬的收取主体；（4）管理人报酬的收取时间；（5）管理人报酬的调整；（6）管理人报酬方案的确定。

十四、接受询问

依据《企业破产法》第23条的规定，管理人应当列席债权人会议，向债权人会议报告职务执行情况，并回答询问。

实际操作中，管理人可以提前准备债权人会议问题提问单，将提问单作为现场会议资料的一部分，向参会的债权人发放，并告知债权人若向管理人提问，应将问题填写在提问单上，在提问环节交给现场工作人员。事前为询问环节准备提问单，有助于管理人正确理解债权人提出的问题，更好地回答债权人的询问，并记录债权人提问的具体内容。管理人可以对同一类问题统一回答。

根据过往经验，债权人对债务人的财产状况、是否已经转移资产等问题较为关注，管理人在会前应当通过与债权人沟通的方式，事先了解债权人会询问哪些方面的问题，提前做好回答询问的准备。对于部分在现场确实难以回答的问题，管理人应当做好记录，在会后对债权人的提问进行回答。为节省时间，对于债权人在会中关于债权异议等债权方面的提问，管理人可以在会议现场不做具体回复，请债权人按照债权核查的程序书面提出异议。

十五、会后报告

债权人会议结束后，管理人应当将债权人会议的到会情况、表决情况及决议书面报告法院。各地法院对于管理人提交会后报告的时限规定有所不同，管理人应当按照当地法院的要求，及时提交报告。

十六、资料归档

管理人应当在债权人会议后及时将本次会议的资料进行整理、归档，便于日后查阅。应当归档的文件包括：会议议程及会议材料（应当留存盖章版）、债权人会议签到表、领取文件材料签名表、到会情况表、问题提问单、表决票、表决情况表、债权人会议后的报告，以及债权人及其他参会人员在会议现场提交的授权材料。

管理人应特别注意债权人及其他参会人员在会议现场提交授权材料的归档工作，并根据债权人最新提交的授权文件，及时在债权申报登记表中对代理人的信息进行变更，避免日后寄件或通知债权人时出现错误。

第十一章

财产管理和处置

一、债务人财产管理方案和破产财产变价方案的执行

债务人财产管理方案经债权人会议表决通过后或法院裁定后，由管理人执行。管理人自接管债务人财产之日起，至财产被依法变价处置并移交给受让人或财产被移交债务人（法院裁定批准重整计划并终止重整程序，或法院裁定认可和解协议并终止和解程序）之前，应依照债务人财产管理方案妥善管理好债务人财产。

破产财产变价方案经债权人会议表决通过后或法院裁定后，管理人应依照破产财产变价方案处置破产财产。

若出现客观情况导致需调整债务人财产管理方案或破产财产变价方案，管理人应及时制作调整方案，另行提请债权人会议表决。

管理人应适时以报告形式向全体债权人通报债务人财产管理方案或破产财产变价方案的执行内容和结果。

二、债务人财产的保护性保全措施

破产申请受理后，对于可能因有关利益相关人的行为或者其他原因，影响破产程序依法进行的，管理人应申请受理破产案件的法院对债务人的相应财产采取保全措施。

管理人申请受理破产案件的法院对债务人财产采取保护性保全措施，应详细说明原因和情况的紧急性，如不及时采取保全措施，将会给破产程序带来障

碍或损害债权人或债务人利益。

三、不动产管理

管理人接管债务人的不动产后，应视不动产的管理人现状决定管理措施。

对于单独的物业，没有专门看管可能出现财产毁损或安全事故的，应聘请专业安保人员进行看管；对于区分所有的不动产，已有物业管理企业提供物业服务的，应由原物业管理企业继续提供物业服务，但管理人应及时通知物业管理企业，告知债务人已进入破产程序之事实，并尽可能协商降低物业管理费标准。

为实现债务人财产价值的最大化，管理人可以出租不动产收取租金，但出租不动产要以不影响将来财产处置或案件重整为原则。管理人决定出租债务人不动产的，出租不动产的方案应经过债权人会议表决同意。

不动产的管理措施应列入债务人财产管理方案，所产生的费用应作为债务人财产管理费用，以破产费用列支。

四、动产管理

对于债务人所有的办公设备、原材料、库存产品、机器设备、交通工具等动产，原则上应集中封存，由专人看守。

对于机器设备，有养护需求的，管理人应定期委托专业人员进行养护；交通工具要定期启动运转，保障能正常使用。

对于原材料、库存产品或其他动产，存放时间越长越容易贬值的，以及存放保管费用高甚至可能财产价值尚不足以支付保管费用的，管理人应及时处置。

对于法律法规有特别管理要求的枪支弹药、警用装备、爆炸物品、危险化学品等财产，管理人要注意特别了解相关规定，确保管理措施符合规定。

动产的管理措施也应列入债务人财产管理方案，所产生的费用应作为债务人财产管理费用，以破产费用列支。

五、专利、商标等财产性权利的管理

对于已查证属于债务人所有的专利权、商标权、著作权，管理人应依照相关法律法规规定，及时安排续期缴费，保障权利的有效性。

对于债务人的对外应收债权，管理人应及时主张权利，保障债权的时效性。

六、财产网络拍卖

管理人应依据债权人会议通过的破产财产变价方案对债务人财产进行处置。处置破产财产应遵循以下原则：合法原则、公平公开公正原则、财产价值最大化原则、网络拍卖优先原则。处置方式以公开拍卖为原则，以债权人会议决议为例外。

最高人民法院于2016年11月25日公布了首批五家入库的网络司法拍卖平台，分别为淘宝网、京东网、人民法院诉讼资产网、公拍网、中国拍卖行业协会网。2019年6月1日，最高人民法院公布新增北京产权交易所、工商银行融e购为入库的网络司法拍卖平台。破产案件财产的网络拍卖，原则上参照最高人民法院《关于人民法院网络司法拍卖若干问题的规定》（法释〔2016〕18号）执行，目前使用淘宝网和京东网的较多。

管理人网络拍卖破产案件财产，应在破产财产变价方案中明确一家或数家网络拍卖平台作为本案财产的网络拍卖平台。管理人应按“一机构一账户”或“一案一账户”在平台上注册网络拍卖账户，关于公告期、起拍价、加价幅度、流拍后再次拍卖起拍价等事项，管理人和破产案件所属地区法院、破产事务行政管理机关、破产管理人协会对破产案件财产网络拍卖有专门规定的，应按照专门规定办理。

网络拍卖破产案件财产的一般流程如下：注册账户—填写拍卖标的信息并上传资料（包括标的物信息表、标的物照片、拍卖公告、竞买须知、评估报告等）—接受咨询和集中看样—竞买人出价竞买—付清款项—签订成交确认书—拍卖标的财产移交—办理过户登记。

各平台注册账户入驻的手续大致相同，以淘宝网为例，入驻平台所需资料包括：破产案件受理裁定书、指定管理人决定书、受理破产案件公告、管理人开户许可证、管理人负责人身份证、管理人企业营业执照、新注册的邮箱（必须是未注册过支付宝的邮箱，不限于任何网站邮箱）。

网络拍卖破产案件财产，管理人须特别注意拍卖标的物信息表、拍卖公告、竞买须知的信息介绍披露要准确完整，风险提示要明确；对于原材料、成品半成品、机器设备等财产，管理人要特别注意接管的数量、评估的数量、拍卖公告的数量、成交后移交的数量要保持一致；对于拍卖税费的承担、房地产是否清场、标的物瑕疵的不担保等事项要特别明确提示。

七、辅拍机构的聘请

破产案件财产网络拍卖，管理人可聘请第三方专业机构（俗称辅拍机构）处理辅助事务。依照《企业破产法》《拍卖法》等法律的规定，破产案件公开拍卖财产在网络拍卖出现以前，都是委托拍卖公司拍卖或变卖。管理人委托了拍卖公司后，具体的拍卖事务都由拍卖公司处理，拍卖公司依法收取拍卖佣金。网络拍卖出现之后，传统的拍卖已无法适应破产财产变价价值最大化的需求。但管理人完全自行操办拍卖事务，缺少专业经验，客观上也增加了管理人的工作量。因此，随着网络拍卖的广泛应用，办理网络拍卖辅助工作的辅拍机构也出现了。在法院执行网络拍卖和破产财产网络拍卖时，可聘请辅拍机构提供服务。

对于是否聘请辅拍机构，管理人应按法院的相关规定和要求，在破产财产变价方案中明确。需要聘请辅拍机构的，管理人在制定破产财产变价方案时，应明确聘请辅拍机构的条件、辅拍机构的服务费用等事项。尤其需要注意的是，有些法院对管理人聘请辅拍机构的服务费用有明确具体的限制，管理人聘请辅拍机构的服务费用不应超过法院规定的限额标准。

有的法院把辅拍事务分为常规辅拍和增值辅拍。例如，《深圳中院破产网拍指引》规定，常规辅拍包括办理拍卖财产的清点登记、状态说明、拍摄照片、拍摄视频、实物展示、接受咨询、引领看样等工作，以及协助办理财产移交、产权过户等手续。可以提升财产价值的完善财产状态等特定事项则属于增值辅拍。

八、首次流拍后继续拍卖或变卖

破产案件财产首次拍卖流拍后，管理人应依照破产财产变价方案的规定，继续拍卖直至成交为止，或公开变卖。

公开变卖的，管理人应在全国企业破产重整信息网发布变卖公告，管理人有微信公众号的也应在微信公众号上发布变卖公告。管理人应确保变卖程序公开公平公正。变卖程序的注意事项应参照网络拍卖办理。管理人变卖破产财产，可以向债权人通报相关变卖信息，充分发动债权人对拟变卖财产进行宣传，尽可能使变卖财产信息得到最广泛地传播，让更多有购买需求和意向的人知晓，以使变卖财产获得最大的价值变现。管理人也可以在拟变卖财产存放地周边张贴公告，以吸引更多人关注。

我们建议，管理人在公开变卖破产财产时，尽可能安排债务人和债权人代表监督。例如，要求意向购买人在查看了财产后，缴纳保证金，然后邀请债务人、债权人代表及缴纳保证金的意向购买人集中在某个时间在管理人办公场所或财产存放地现场竞价，价高者得。竞价现场制作笔录，让参与人和监督人签字确认。

管理人可以自行办理变卖，也可以委托相关的其他中介机构办理。拟安排委托其他中介机构变卖的，管理人应在破产财产变价方案中予以明确，包括变卖服务费用的标准。

九、特殊财产处置

对于破产案件中涉及的枪支弹药、警用装备、爆炸物品、危险化学品等特殊财产的处置，应按相关法律法规的特别规定办理。

我国法律对多数具有公共危险性的物品实施严格管制。生产制造、保管运输、购买使用都需要许可。管理人在办理此类企业破产案件时，要特别注意学习行业产品管制的法律规定和基础专业知识，确保办案不出问题。

十、易损易腐物品处置

对于易快速贬值、难以保存、无重整价值的债务人财产，管理人可向债权人会议提请审议表决提前处置财产的工作方案。工作方案应包括提前处置财产必要性、处置价值、处置方式等内容。获表决通过的工作方案由管理人执行。

对于债务人的鲜活易腐等不易保管的财产或不及时变更价值将严重贬损的财产，管理人应报经法院许可后及时进行变价处理。

十一、债权人会议决议特殊方式变价

破产财产原则上以公开拍卖方式变价。公开拍卖不成的，一般再以公开变卖处置。

若以特殊方式变价，应经债权人会议表决同意。管理人应向债权人会议提交特殊变价方案，方案内容包括特殊变价必要性、变价流程、变价价格、变价方式等。

第十二章

财 产 分 配

一、破产财产分配方案的制定

破产财产分配方案，是载明破产财产如何用于破产分配和各破产债权人如何获得破产分配的书面文件，是全体破产债权人的利益所在。管理人应当依法、谨慎制定破产财产分配方案。

法院宣告债务人破产后，债务人称为破产人，债务人财产称为破产财产，法院受理破产申请时对债务人享有的债权称为破产债权。管理人应当及时拟订破产财产分配方案，提交债权人会议讨论。根据《企业破产法》的规定，破产财产分配方案应当载明下列事项：（1）参加破产财产分配的债权人名称或者姓名、住所；（2）参加破产财产分配的债权额；（3）可供分配的破产财产数额；（4）破产财产分配的顺序、比例及数额；（5）实施破产财产分配的方法。债权人会议通过破产财产分配方案后，由管理人将该方案提请法院裁定认可。

另外，最高人民法院《关于审理企业破产案件若干问题的规定》（法释〔2002〕23号）对破产财产分配方案的内容有以下具体要求：（1）对于可供破产分配的财产，要说明其种类、总值、已变现的财产和未变现的财产；（2）对于债权清偿顺序，要说明各顺序的种类与数额，包括破产人所欠职工工资、劳动保险费用和所欠税款等的数额和计算依据；（3）纳入国家计划调整的企业破产，还应当说明职工安置费的数额和计算依据；（4）对于破产分配方法，要说明分配的方式和时间；（5）有将来能够追回的财产的，应就追加分配加以说明。

管理人制定分配方案时，要注意按规定对未决债权预留提存分配款项。

管理人在制定破产财产分配方案时，除了担保抵押债权与破产费用等优先权外，一般来说，破产财产的分配按下列顺序进行：

（1）职工债权。是指因破产案件受理前职工与企业形成的劳动关系而发生的债权。按照《企业破产法》的规定，包括债务人所欠的职工工资和医疗、伤残补助、抚恤费用，所欠的应当划入职工个人账户的基本养老保险、基本医疗保险费用，以及法律、行政法规规定应当支付给职工的补偿金。

（2）税收债权。专指破产财产分配中的税收债权，是指平时由于各种原因没有及时收取，而在破产程序中作为破产债权参与破产财产分配的那部分税收。

（3）普通破产债权。又称无财产担保债权，是指破产宣告前成立的无财产担保的债权和放弃优先受偿权利的有财产担保的债权。普通破产债权往往没有任何优先权，破产财产分配时排在清偿顺位的末位。

在进行破产财产的分配时，应先清偿居前顺位的破产债权。在将居前顺位的破产债权清偿完毕后，还有剩余的破产财产的，才能对下一顺位的破产债权进行清偿。在对同一顺位的破产债权进行清偿时，如果破产财产足够清偿，应予以足额清偿；如果破产财产不足以清偿，应按照债权比例进行平均分配。

二、分配方案的表决

管理人拟订破产财产分配方案后，应当及时提交债权人会议进行表决。实践中，管理人制定的破产财产分配方案往往于第二次债权人会议或第三次债权人会议上提请全体债权人进行表决。管理人在召开第二次或第三次债权人会议前，应当依法向债权人会议主席提请召开，并依法提前 15 日通知全体债权人。第二次或第三次债权人会议可以以现场方式召开，也可以以书面方式召开。破产财产分配方案决议的通过，须满足由出席会议的有表决权的债权人过半数通过，并且其所代表的债权额占无财产担保债权总额的半数以上的条件。

三、申请裁定分配方案

债权人会议表决通过破产财产分配方案的，管理人应撰写申请报告，将债权人会议通过的破产财产分配方案提请法院裁定认可。申请报告可以简要介绍管理人拟定的破产财产分配方案的主要内容和债权人会议的表决情况。申请报告应列明提请裁定认可的法律依据（《企业破产法》第115条）和裁定认可的明确请求。

债权人会议表决未能通过破产财产方案，经管理人二次提交债权人会议表决仍不能通过的，管理人应将该方案提请法院裁定认可。

四、分配支付

破产财产分配方案经法院裁定认可后，由管理人执行。分配应尽可能采用现金分配，无法变现的实物资产及能够实现的债权也可以作为分配对象。依照《企业破产法》的规定，破产财产的分配应当以货币分配方式进行，债权人会议另有决议的除外。

实践中，破产财产分配绝大多数采用现金分配。管理人进行现金分配的，债权人应当向管理人提供接受破产财产的银行账户信息资料。管理人根据法院裁定认可的破产财产分配方案中每家债权人分配的债权额，通过网银转账办理分配清偿。不具备网银转账条件的，须填写转账支票到柜台办理转账（本地转账的，填写转账支票；外地转账的，填写电汇单），管理人在填写支票或电汇单时应当十分认真，因支票转账或电汇单转账对严谨性要求较高，填写稍有不清晰则无法完成转账，增加了管理人的工作量。有条件的管理人，可以购买专门的打印机，用于打印填写支票或电汇单。管理人填写完支票或电汇单后，加盖管理人公章和主办法官的私章后即可预约银行，进行转账。债权人领取分配财产的费用应当由其自行负担，包括汇款费用、差旅费等。

对于附生效条件或者解除条件的债权，管理人应当将其分配额提存。管理人依照前款规定提存的分配额，在最后分配公告日，生效条件未成就或者解除条件成就的，应当分配给其他债权人；在最后分配公告日，生效条件成就或者解除条件未成就的，应当交付给债权人。债权人未受领的破产财产分配额，管理人应当提存。债权人自最后分配公告之日起满两个月仍不领取的，视为放弃受领分配的权利，管理人或者法院应当将提存的分配额分配给其他债权人。破产财产分配时，对于诉讼或者仲裁未决的债权，管理人应当将其分配额提存。

自破产程序终结之日起满两年仍不能受领分配的，法院应当将提存的分配额分配给其他债权人。

五、分配公告

破产财产分配方案经法院裁定认可后，由管理人执行。破产分配可以一次分配，也可以多次分配。管理人按照破产财产分配方案实施分配的，应当公告本次分配的财产额和债权额。管理人实施最后分配的，应当在公告中指明，并载明对于附条件债权的提存额的分配事项。

实践中，管理人按照破产财产分配方案实施分配的，应当在管理人全国企业破产案件重整信息网上进行公告。

六、分配报告

破产人有财产可供分配的，管理人一般应当在破产财产最后分配完结后 10 日内向法院提交破产财产分配报告，并提请裁定终结破产程序。

分配报告应包括债权人人数和债权额、破产财产总额、已经分配的破产财产、提存的分配额及拟处置意见、特定财产清偿处置情况等内容，并在文后附上×××（破产人名称）破产财产分配表和×××（破产人）破产财产提存分配额情况表。

需要特别注意的是，破产财产分配报告应当根据破产财产清偿对象的不同，分别列明分配总额及支付情况。设定担保权的特定财产分配情况应当单独列明；《企业破产法》第 113 条规定的三类债权，应当分别列明。债权分配总额为零的，亦应当予以注明。例如，破产费用分配总额为×元，实际支付×元；普通债权分配总额为×元，实际支付×元。

七、补充分配

补充分配，又称追加分配，是指破产程序终结之日起两年内，破产企业法人资格消灭后，在法定期间内发现破产企业还有可供分配财产时，经债权人请求，由法院按照破产财产分配方案进行的分配。

补充分配的期间为破产程序终结后两年。该期间为除斥期间，不能中断也不能延长。

根据《企业破产法》第123条之规定，补充分配包括以下情形："（一）发现有依照本法第三十一条、第三十二条、第三十三条、第三十六条规定应当追回的财产的；（二）发现破产人有应当供分配的其他财产的。"此外，因纠正破产程序中错误支出的款项或错误认可的债务而追回的款项，也属于补充分配的情形。

补充分配的破产财产必须是达到一定数额的、可以实现的财产。如果财产较少，不足以支付分配费用的，不再进行补充分配，由法院将其上交国库。

如果新发现的财产属于无法收回的财产，也不列为破产财产进行补充分配。

补充分配应当按照《企业破产法》规定的顺序进行清偿。已经获得全额清偿的债权人，不得参加补充分配。尚未获得完全清偿的债权人中，属于不同顺位的，应先清偿在先顺位的债权；属于同一顺位的，按比例清偿。实践中，可以根据最后分配的方案，确定应追加分配的债权人名单。

第十三章

重　　整

一、预重整

（一）接受指定为预重整管理人

法院决定的预重整案件，通常会指定预重整管理人。各地法院指定预重整管理人的方式大致有三种：（1）在属地法院的名册内按正式受理案件的条件轮候摇珠确定；（2）决定预重整案件法院自行决定采用竞争方式，经评审或评审加摇珠方式确定；（3）债务人和债权人及投资人共同推荐方式确定。接受法院指定为预重整案件管理人的，应在最短时间内与决定预重整案件法院对接，组建工作团队，明确法院对预重整案件管理人职责的要求。

（二）预重整案件管理人职责

由于预重整并非《企业破产法》规定的正式重整程序，有关预重整案件管理人的职责，主要参照《企业破产法》关于管理人调查、债权登记审查、制定重整计划草案、组织债权人会议之相关规定。决定预重整案件法院也会有一些特别的要求，也有一些地方政府直接作出相关的规定。预重整案件临时管理人的职责一般包括：

（1）调查债务人基本情况；

（2）调查债务人财产状况，制作财产状况报告；

（3）登记债权，预审查债权，编制债权表；

（4）调查债务人是否具有重整价值和重整可能；

（5）制定或协助债务人制定预重整计划草案；

（6）协调债务人及其出资人、债权人、意向投资人等利害关系人，引导各方就重整方案达成共识；

（7）组织债权人会议对预重整计划草案进行表决；

（8）监督债务人披露有关预重整信息；

（9）监督债务人管理处分财产和营业行为；

（10）法院认为临时管理人应当履行的其他职责。

管理人在推动预重整过程中的工作重点应放在对债务人的生产经营情况、资产及负债情况的调查和梳理上，充分发掘和提升企业重整价值。如无特别情况，法院正式受理破产案件时一般指定预重整案件管理人为破产案件管理人。

（三）监督债务人履行信息披露义务

在预重整程序中，管理人应监督债务人及时全面准备披露相关信息。在与债权人、意向出资人或其他利害关系人就重整方案进行沟通时，管理人应监督债务人按照下列标准进行信息披露：

（1）及时披露。从法院决定对债务人进行预重整时起，债务人对预重整相关信息均应在最短时间内进行披露，一般应在3日内予以披露。

（2）全面披露。预重整披露内容应当包括预重整涉及的全部信息，如破产申请的原因、经营状况、资产负债情况、重大诉讼情况、资产处理情况、投资人情况、预重整主要条件或预重整计划草案内容、职工情况等。

（3）准确披露。债务人为上市公司或相关法律对债务人信息披露有具体规定的，债务人披露信息的内容、程序和方式应当符合法律规定的要求。债务人披露的信息应准确无误，不得弄虚作假。

（四）调查债务人财产状况

预重整案件管理人可直接参照《企业破产法》的规定，对债务人财产状况进行调查，并制作财产状况调查报告。在调查债务人财产过程中，管理人应要求债务人的相关人员予以配合。必要时，管理人可以向决定预重整案件的法院申请调查令办理调查事项。

（五）登记、审查债权

管理人在预重整案件中的一个重要职责是清理债务人的负债情况。一般情况下，管理人须按照法院的要求，公告预重整相关信息及通知债权人申报债权。申报债权期限可根据案件实际情况确定，一般不超过 2 个月。预重整案件管理人预审查债权，一般以法院决定预重整的时间为利息计算截止日。法院正式受理重整申请后，增加计算利息至重整受理前一日。管理人可在与法院沟通后，将审查确认的债权发送给债权人和债务人核查。

（六）制定或协助制定预重整计划草案

预重整案件通常有两种情形：一种是债务人已经谈妥投资人；另一种是尚未确定投资人。在已经谈妥投资人的情况下，管理人应指导债务人和投资人制定预重整计划草案。在未确定投资人的情况下，管理人应组织公开招募投资人，招募成功后制定预重整计划草案。管理人应推动债务人与其出资人、债权人、意向投资人等利害关系人进行协商，引导各方就重整方案达成共识，并就债权人、债务人、出资人及意向投资人等利害关系人特别关注的问题，及时向法院报告。必要时可请求法院进行协调。若预重整计划草案中有后续重整需要政府或监管部门介入的，则管理人应代表债务人或督促债务人向相关政府部门报告，为后续重整计划草案的通过和实施扫平障碍。

参照《企业破产法》关于重整计划草案内容的规定，预重整计划草案至少应当包含以下内容：（1）债务人的经营方案；（2）债权分类；（3）债权调整方案；（4）债权受偿方案；（5）重整计划的执行期限；（6）重整计划执行的监督期限；（7）有利于债务人重整的其他方案。

（七）组织债权人、出资人、投资人会议表决预重整计划草案

预重整阶段，管理人可根据法院的要求，组织债权人、债务人出资人、投

资人对预重整计划草案进行协商表决。可以现场形式、书面形式或网络形式召开会议进行表决。在预重整过程中，债权人、出资人与债务人在预重整方案沟通协商过程中达成的协议，以及债权人、出资人作出的同意意见，符合下列情形之一的，在重整申请受理后继续有效：(1) 债权人、出资人承诺或者同意的内容与预重整计划草案的基本内容一致；(2) 预重整计划草案对债权人、出资人承诺或者同意内容的修改未实质影响债权人、出资人利益，且相关债权人、出资人同意不再对预重整计划草案进行表决。

(八) 制作并向法院提交预重整工作报告

预重整工作完成或者预重整期间届满，管理人应当提交预重整工作报告，就债务人是否具有重整价值和重整可行性作出独立判断；就是否形成预重整方案以及预重整方案的协商表决情况、是否申请进入重整程序等方面的工作及时向法院报告。

预重整工作报告一般包括下列内容：(1) 债务人的基本情况；(2) 债务人出现经营或财务困境的原因；(3) 债务人的资产、负债状况；(4) 债务人的生产经营状况；(5) 债务人重整价值的分析意见；(6) 债务人重整可行性的分析意见；(7) 是否形成预重整计划草案以及预重整计划草案的协商表决情况；(8) 进行重整的潜在风险及相关建议。

法院应在收到预重整工作报告后裁定是否受理重整申请，如《深圳中院审理重整案件工作指引》第40条便规定："合议庭应当自收到预重整工作报告之日起十日内裁定是否受理重整申请。裁定不予受理重整申请但查明债务人具备破产原因的，可以告知申请人依法提出破产清算申请。"若法院裁定受理重整申请，案件正式转入重整程序。

二、引导关系人申请重整

管理人在接收破产案件后，在接管、财产调查、债权登记审查、委托审计评估等工作过程中，要关注债务人是否具有重整的可能性。对于具有重整可能的，管理人可以与具有重整申请资格的债务人及其股东、债权人沟通交流，并引导其适时提交重整申请。具体而言，管理人可以做的工作包括：

（1）清算转重整的初步调研工作。管理人在接管债务人企业后，通过资产调查等措施，将迅速对企业是否具有再生价值进行初步判断，这一判断直接影响管理人后期工作的重点和走向。

（2）指导申请人提交重整申请。实践中，申请人先与管理人沟通，再向管理人和法院递交重整申请书。管理人在收到重整申请书后，可以简单地进行审查，对于格式欠缺、内容缺乏的可以直接告知申请人补正。在同时有多方当事人申请重整时，管理人可以协调各方意见，了解各方的重整目的是否一致。

（3）指导申请人编写重整可行性分析报告。多地法院在破产办案指引中要求在提交重整申请时提交重整可行性分析报告，但在实践中此要求未引起申请人的重视，重整申请多内容空洞，流于形式，说理不够充分，导致听证时无法应对债权人和法院的询问，进而导致申请重整失败。

对清算转重整的初步调查工作，是管理人在接管破产企业清算事务后需要特别考虑的问题，反映到具体工作上主要体现为两个方面：一方面，是对债务人的重整价值进行调查；另一方面，是对债务人的重整可行性进行评估。

如何对企业继续经营的价值和清算价值进行比较？核心问题是如何进行量化。管理人在前期并不需要对重整价值进行精准计算，因清算价值较好计算，只要能够形成重整价值大概率高于清算价值的结论即可。管理人在对企业进行资产调查的过程中，要善于发现具有重整价值的资产，不同类型的企业，重整价值的明显程度不同，必要时管理人可以建议申请人将社会中介机构或行业协会等权威机构出具的报告作为《重整申请书》的附件。总之，管理人不仅要有法律思维，还要具有经济思维、经营思维，积极发掘企业的重整价值。

对重整可行性的判断并非单一地以债务人为考察对象，还需要征询债权人、投资方等多方意见，考察法律政策、经济收益等多方面情况。重整可行性分析报告具体应包括如下内容：

（1）债务人是否具有重整的原因，须简要介绍债务人的营业情况和负债情况、资产情况，如已进入破产程序的，须介绍管理人登记债权和确认债权情况、财产调查结果、审计结果等内容。

（2）债务人是否具有挽救的希望和可能，须说明债务人的重整意愿、债务人是否具有继续经营的条件、通过重整偿债是否有利于债权人利益最大化。

（3）债务人是否具有重整的价值，包括重整的经济价值和社会价值、重整再生的成本分析。

（4）职工和主要债权人对重整的态度。

（5）是否有重整投资方。

三、对重整申请提出意见

对于已经受理破产申请的案件，法院收到重整申请书后，一般会要求管理人先做审查，并向法院提交书面的审查意见。管理人对重整申请书的审查包括以下两方面内容：（1）形式审查，即管理人应对重整申请书的内容格式进行审查，包括申请主体是否适格、请求是否明确、债务人是否符合法定重整条件；（2）实质审查，管理人对申请人的事实和理由应进行重点分析，并形成债务人是否有重整价值、是否有挽救的希望和意义、重整是否有事实障碍、重整各方关系人的态度和资信能力如何等意见。

必要时，管理人可要求申请人提供重整可行性报告。对相关具体事项可以约见债务人和投资人，也可以要求其作出关于偿债资金的承诺及财产证明或担保。

四、协助法院召开听证会

一般情况下，法院会针对重整申请召开听证会，听取申请人及各方关系人的意见，并调查相关事项。

在需要召开重整听证会时，管理人在会前应当协助法院做好会议准备工作，主要工作包括会议时间的确定、会议场地的安排、会议内容的选择，以及会议参加人的选择和通知。重整听证会对于重整程序的顺利推进具有重要意义，正确引导各方当事人充分表达对重整的观点和态度，需要管理人在事前对相关当事人进行必要的沟通，消除其对重整程序的误解，告知其重整程序的优势，在会议前消除各方当事人对重整程序的疑虑和非理性情绪。

五、参与听证会并发表意见

《企业破产法》并未规定法院针对申请人的重整申请需要组织听证会进行听证。《深圳中院审理重整案件工作指引》进一步将重整申请规范化，其第 18 ~ 21 条对重整听证的各个环节进行了细致规定。听证会由合议庭组织，由重整申请人、债务人的法定代表人、财务人员和职工代表以及合议庭认为应当参加听证调查的其他人员参加。债务人的债权人、出资人、重整投资人等利害关系人在合议庭准许后，可以参加听证调查。虽然对于管理人是否参加听证并未直接规定，但实践中管理人在听证的各个环节均扮演了重要的角色。按照重整听证的顺序，首先，由申请人陈述申请的事实和理由，并出示相关证据；其次，债务人有关人员针对重整申请发表意见；再次，合议庭对债务人是否具备重整原因、重整价值、重整可行性和是否存在重整障碍等相关情况进行询问；最后，申请人、被申请人发表最后意见。因管理人已经接管破产企业，并经过资产调查等过程，对破产情况有了基本了解，且重整申请书经过了管理人的初步审查，并由管理人制作了详细的重整可行性分析报告，管理人在听证会上可发表专门意见并回应法院相关询问。

六、协助发布重整公告

在受理法院裁定债务人进入重整程序后，根据《企业破产法》第 71 条的规定，应当予以公告。在实务中，因管理人掌握债权人信息，通常由管理人协助法院发布重整公告。管理人应通过正式报刊发布重整公告，基本要求同破产受理公告。此外，管理人还应当结合短信、邮件（电子和实物）、电话等书面或口头方式通知债权人关注重整事项，必要时可以通过债务人所经营领域的行业协会、有影响力的微信公众号等渠道向社会发布债务人进入重整程序的信息，为后期招募重整投资人做好准备。

七、重整投资人招募

破产重整案件通常都涉及重整投资人的招募，重整投资人的招募是否顺利及是否招募到优质的重整投资人，关系到重整能否成功。因此，管理人在招募重整投资人时，应特别谨慎并重视。管理人招募债务人重整投资人，应遵循公开公平公正原则、债权人会议决断原则、投资人风险自担原则、效率原则。

在债务人自行管理财产和营业事务的情况下，制定重整计划草案的主体是债务人，而确定重整投资人作为重整计划草案的一个重要内容，应该由债务人自行处理，管理人一般不宜主动提出招募重整投资人。只有在债务人不能确定投资人而请求管理人公开招募重整投资人的情况下，管理人才可报告法院后组织招募重整投资人。

对于破产案件中是否招募重整投资人及如何招募，《企业破产法》并无具体规定。各地法院的相关文件或指导意见有一些规定。管理人在组织招募重整投资人时，要特别留意审理破产案件的法院及其上级法院是否有关于重整投资人招募的规定，如有，应遵照办理。

重整投资人的招募一般是破产重整程序中的工作。但在法院受理对债务人的破产清算申请后，宣告债务人破产前，也可以组织招募重整投资人。并且能否招募到重整投资人亦可作为判断债务人是否具有重整可行性的一个重要因素。法院也可据此考虑是否裁定债务人重整。

无论法院是裁定债务人重整后招募重整投资人，还是裁定债务人重整前招募重整投资人，我们认为，都应遵循如下程序：拟定招募方案并报告法院—法院同意后发布招募公告—登记报名的意向投资人并收取报名材料—接受意向投资人的咨询并配合尽调—接收投资人的保证金和重整投资方案—组织债权人表决遴选重整投资人—向法院报告招募遴选结果—向中选重整投资人发出中选通知书并告知全体债权人和债务人及出资人。

管理人拟启动招募重整投资人，应向法院提交招募重整投资人的请示或报告。请示或报告应包括如下内容：（1）破产案件的进展；（2）管理人查明的债务人的财产状况和申报债权的登记和审查情况；（3）债权人和债务人及出资人对招募重整投资人的意见；（4）管理人拟招募重整投资人的意见及具体的方案。其中，招募重整投资人的具体方案至少应包括如下内容：（1）招募投资人的基本条件（一般主要考虑应具有法人资格，主体资信良好，无重大违纪违法行为)；(2)招募的期限；(3)重整保证金的数额及缴纳和退还办法；(4)重整投资方案的具体要求；(5)重整投资人遴选的具体规则及中选确认办法等。公开招募的文件应披露破产案件的基本情况和债务人基本信息及资产负债情况，以便意向投资人合理决策。重整投资人的遴选一般应交由债权人会议表决，尽可能避免管理人和法院及政府部门进行评审的办法。

法院同意管理人的招募方案后，管理人应在有影响力的媒体或平台发布招募公告。目前一般是在全国破产重整案件信息网、淘宝网和京东网的破产财产拍卖及投资人招募平台发布，然后管理人选择一些微信公众号发布（应选择关注人数比较多，比较有影响力的微信公众号，如“破产法实务”“破产法快讯”“中国破产法论坛”）。在管理人自己的微信公众号和受理破产案件法院的微信公众号上也应发布。为了尽可能让更多的人看到招募公告内容，管理人也应发动自己的工作人员积极转发。

招募公告发布后，管理人应安排对破产案件情况及破产重整程序比较熟悉的工作人员接待意向投资人的咨询并解答相关问题。我们的经验是，只有在意向投资人提交书面的投资意向文件并承诺保密义务后，管理人才配合尽调提供相关的文件材料。也有的管理人要求缴纳一定数额的保证金后才提供尽调材料。管理人提供的尽调材料一般包括债务人资产方面的文件资料、债权表、重大诉讼案件材料、审计报告、评估报告、管理人已制作的债权人会议相关材料、债务人股东及股权被保全信息等。

对于意向投资人的重整投资计划等重要文件，最好要求密封提交，管理人再组织统一拆封并公开重整投资报价。管理人统一拆封重整投资计划等重要文件，一般应邀请两家以上债权人和债务人，以及全部报名意向投资人现场监督。管理人应制作开封笔录并现场录音录像，在场人员应在开封笔录上签字确认。

招募公告期满后，有两家及以上意向投资人报名的，管理人应报告法院，经法院同意后，组织债权人会议遴选确定一家意向投资人作为债务人的正式重组方（重整投资人）。如只有一家意向投资人报名，管理人应报告法院，经法院同意后，直接确定报名的意向投资人为债务人的重组方（重整投资人）。对于确定的重整投资人，管理人应发出中选通知并告知全体债权人和债务人。对于未中选的报名的意向投资人，管理人应及时办理退还保证金。

对于债权人会议遴选重整投资人的规则，我们提出以下规则供管理人参考：

（1）依据《企业破产法》第64条的规定，若其中某一家意向重组方经由出席会议有表决权的债权人过半数同意，并且同意的债权人所代表的债权额占无财产担保债权总额的半数以上的，则该意向重组方被选定为债务人重组方。

（2）在依据《企业破产法》第64条的规定未能选出重组方的情况下，若支持其中某一家意向重组方的债权人的人数及其所代表的无财产担保债权额均多于另外一家，则该意向重组方被选定为债务人重组方。

（3）在依据以上二项规则仍未能选出重组方的情况下，依据表决结果，选定所获支持的债权人所代表的无财产担保债权额最多的一家意向重组方为债务人重组方。

八、投资协议的签订

在确定重整投资人后，管理人、债务人以及重整投资人可以签订《重整投资协议》，上市公司对协议签订情况应当及时予以公告。《重整投资协议》主要以框架性条款为主，相关条款的具体交易细节应当以法院最终裁定批准的重整计划为准，《重整投资协议》所约定履行的义务应以重整计划能够获得法院裁定批准为前提。

《重整投资协议》无固定格式，但至少应包括以下内容：

（1）协议签署的基本情况。主要应包括债务人进入破产程序的情况、选定管理人的情况、第一次债权人会议的情况，以及管理人代表债务人与重整投资人的前期接触、磋商情况。

（2）重整投资人的基本情况。除了工商登记可查询的信息外，还应包括重整投资人在债务人所经营领域的实力情况（如有）、重整投资人与债务人的关联情况（如有）等非公开信息。

（3）重整的主要目标和方式。包括重整投资人参与重整的目的、实现重整的基本手段，包括但不限于股权让渡计划和债务偿还安排等。

（4）保证金支付安排。

（5）其他事项。

是否签订重整投资协议，要视案件具体情况而定。如承办法官要求签订，管理人应与重整投资人磋商签订重整投资协议；如重整投资人要求签订，管理人可以报告承办法官同意后，安排签订重整投资协议；如承办法官和重整投资人均无要求，不建议管理人和重整投资人签订重整投资协议。在没有签订重整投资协议的情况下，管理人应要求重整投资人出具不可撤销的重整投资计划书、承诺函等文件，明确重整投资的主要条件。

九、制定或监督债务人制定重整计划草案

法院裁定债务人重整后，债务人自己管理财产和营业事务的，由债务人制定重整计划草案；管理人管理债务人财产和营业事务的，由管理人制定重整计划草案。债务人制定重整计划草案的，管理人应进行监督指导，确保重整计划草案符合法律规定。

重整计划的制定过程要遵循合法和可行原则，要按照事先确定好的重整投资条件和计划制定，没有投资人的要根据债务人实际财产状况和主要债权人的意见制定。重整计划制定过程中，必然会涉及具体问题的沟通协商，管理人除与债权人、债务人、投资人充分沟通以保证重整计划条款合法并公平合理外，还应随时向承办法官报告相关情况，征求法院的意见。

按照《企业破产法》第 81 条的规定，重整计划草案应当包括如下内容：（1）债务人的经营方案；（2）债权分类；（3）债权调整方案；（4）债权受偿方案；（5）重整计划的执行期限；（6）重整计划执行的监督期限；（7）有利于债务人重整的其他方案。《企业破产法》第 85 条规定，重整计划草案还可以包括出资人权益调整事项。实践中，关于“有利于债务人重整的其他方案”，管理人或债务人在制作重整计划草案时，通常会增加对债务人基本情况的介绍、重整计划的生效规定、重整计划的执行和监督规定等。

重整计划的非正文部分包括封面、目录、释义、前言和摘要，其中，摘要最为关键，该部分主要是对重整计划草案核心要点和实施效果的提炼和总结，便于各方理解草案。在核心要点部分，管理人可以介绍重整投资方投资计划及

资金用途、资产剥离处置计划和经营发展方案、对出资人权益进行调整的方案、对不同类型债权的清偿方式及比例；在实施效果部分，可以介绍重整计划批准后的公司股权变动、经营变动、资产负债率变动等实质利好。

重整计划的正文部分主要包括以下内容：

（1）公司基本情况。主要是对重整主体基本情况的介绍，包括重整主体的初始设立、历史变更、对外投资、资产负债以及偿债能力等内容，有利于帮助各方当事人对重整主体有一个全面的认识。

（2）出资人权益调整方案。出资人权益调整是重整程序中特有的事项，在上市公司重整中，因为出资人权益的调整方式直接涉及股权让渡、股票除权等因素，是市场上广大投资者最为关心的问题。同时，调整出的出资人权益也是上市企业偿还债务的重要方式，无论是“股权支付”还是“债转股”，都对提高清偿率，增加还债预期有重要的影响，受到债权人的广泛关注。对于重整投资方而言，其希望获得重整企业的控制权，也必须通过出资人权益调整的方式来实现。

（3）债权分类方案。债权分类方案实际上可以理解为对债权人会议表决组的设置方案，通常包括法定的有财产担保债权组、税款债权组、职工类债权组和普通债权组，特殊情况下可能有小额债权组等组别。各组别需包含的内容如下：①有财产担保的债权组要写明债权人数量、可从担保物评估价值部分优先受偿的债权金额，其中，对于债权金额特别巨大的、对特定工程（船舶）部分享有优先权的、担保财产已被拍卖的、担保财产无法覆盖全部债权的，要进行特别说明；②税款债权组要写明债权人名称、数量、金额，其中，滞纳金按普通债权清偿的部分要进行说明；③职工类债权要写明债权人人数及债权金额，可以特别说明其中不是职工债权但参照职工债权处理的债权人人数及债权金额，对于第三人垫付的职工债权作为职工债权清偿也要进行特别说明；④普通债权组需包含法院裁定和管理人初步确认的债权人数量和债权金额；⑤小额债权组要写明组别设定的必要性、债权人数量、涉及金额、划定小额的标准以及依据；⑥其他类型债权组要写明组别设定的必要性和背景、债权人数量、涉及金额等。

（4）债权调整方案。债权调整方案不同于债权受偿方案，实践中许多管理人对两部分不加以区分，内容存在混用的情况。债权调整主要是指对债权性质的调整，如针对有财产担保的债权，对其在担保财产的变价收入范围内优先清偿，超出担保财产变价收入的部分作为普通债权受偿。针对税款债权中可能包含的“应当划入职工个人账户的保险费用”和“社会保险费债权”，前者应当作为职工债权，后者按照不得减免的其他社会保险费用，不参与重整计划草案的表决。债权金额的清偿比例、方式、期限等问题应当在债权受偿方案中说明。

（5）债权受偿方案。《企业破产法》的表述为“债权受偿方案”，部分管理人在重整计划中将该部分称为“债权清偿方案”，无论采用什么标题，内容均应当包括受偿方式、受偿期限、偿债资金来源、偿债保障措施。

（6）经营方案。重整的重要目的之一是维持企业的经营价值，不同于和解协议重在清偿债务，“经营方案”是重整计划重要的组成部分，企业后续如何进行经营以实现经营价值，避免“二次破产”，是各方当事人以及法院共同关注的问题。

（7）重整计划的批准（生效）。按照《企业破产法》第86条的规定，各表决组均通过重整计划草案时，重整计划即为通过。自重整计划通过之日起10日内，债务人或者管理人应当向法院提出批准重整计划的申请。法院经审查认为符合《企业破产法》规定的，应当自收到申请之日起30日内裁定批准，终止重整程序，并予以公告。重整计划的批准需要经过“分组表决通过”“提出批准申请”“法院裁定批准”三个阶段。

（8）重整计划的执行和执行监督。该部分主要包括执行和监督的主体、期限及延长、措施、协助、执行完毕的标准等，其中以重整计划执行完毕的标准最为重要。重整计划执行完毕的标准通常包括：①以现金方式向债权人分配的偿债资金已分配至债权人指定的银行账户，或已提存至管理人指定的银行账户；②按照重整计划的规定已经对留债展期部分作出明确清偿安排；③向债权人分配的抵债股票已经分配至债权人指定的证券账户，或已提存至管理人指定的证券账户；④根据重整计划的规定对预计债权需要预留的偿债资金和抵债股票已划入管理人指定的银行账户和证券账户；⑤重整费用已根据重整计划的规定支付完毕，或已划入管理人指定的银行账户。

由管理人制定重整计划草案的，管理人要注意以合法、保障债权人利益、重整成功为导向。只要是在重整投资人确定的重整投资条件之下，管理人应尽可能从债权人的角度出发，分析论证并确定重整计划草案的具体事项，尤其是债权调整方案和清偿方案的具体规定。因重整计划最终须重整投资人接管债务人后执行，重整投资人必然会在重整计划草案中坚持自己的意见。管理人如在制定重整计划草案时与重整投资人有重大分歧，应及时报告法院，由承办法官协调确定。对于重整投资人而言，其出资还债后获得债务人的股权，通过继续经营债务人而实现自己的投资回报，这是其主动的商业行为。管理人须坚持重整投资条件下债权人和债务人合法权益的保护，切不可不合法、不合规或模糊处理重整相关事项。重整投资人提出的有关市场风险或商业风险的防控措施，不应该成为重整计划草案制定要考虑的因素，重整投资的市场风险或商业风险是投资人必须面对和承担的。

由债务人制定重整计划草案的，管理人也要全程参与制定过程。管理人指导债务人制定重整计划草案，重点是对合法合规的把控。

十、重整计划草案征求意见

根据《企业破产法》第 79 条之规定，债务人或者管理人应当自法院裁定债务人重整之日起 6 个月内，同时向法院和债权人会议提交重整计划草案。规定的期限届满，经债务人或者管理人请求，有正当理由的，法院可以裁定延期 3 个月。这意味着在重整计划提交法院审查并经债权人会议表决前，重整投资方、债务人及其出资人与债权人三方之间有最长达 9 个月的谈判磋商时间，重整计划草案的形成是该阶段谈判磋商结果的最终体现。

在该阶段，管理人就重整计划草案向各方征求意见是保障重整计划草案顺利表决通过的重要保障。除管理人就《企业破产法》第 81 条规定所包含的内容（如债务人的经营方案、债权的调整与受偿、重整计划的执行期限及监督期限）征求意见外，各方还会对重整计划之外的其他商业事项进行磋商。毫不夸张地讲，重整程序就是一个由多次谈判构成和推动的过程，各方在法律的框架内，就利益多寡进行博弈，并以表决的方式将异同意见予以统一，以重整计划的形式将征求意见的结果予以记载。征求意见工作根据对象的不同可分为三个方向：

（1）向债务人及其出资人征求意见。向债务人的出资人征求意见不仅关系出资人组能否表决通过出资人权益调整方案，从重整工作的全局看，债权的清偿方式可能涉及股东的股权让渡，投资人控制权的实现也是通过出资人的股权让渡实现的，获得债务人及其出资人对重整的支持亦至关重要。

（2）向无财产担保债权人征求意见。无财产担保债权人主要包括职工债权人、税款债权人和普通债权人，向职工债权人征求意见要重点关注其作为弱势群体的权益能否得到充分保护，向税款债权人征求意见要重点关注税务部门对债务人未来信用修复的态度，向普通债权人征求意见要重点关注清偿率、清偿方式及清偿期限等问题。

（3）向有财产担保债权人征求意见。有财产担保债权人除了担保权人之外，还有建设工程款优先权人等，虽然重整程序对有财产担保债权人的利益保障较为充分，但作为单独的表决组，管理人仍有必要向其就重整计划草案征求意见。

重整计划草案征求意见要有针对性。对于债权被调整的、债权额较大对表决结果有决定性影响的债权人，都应征求其意见。即使重整计划草案无法按照相关债权人的意见再进行修改，管理人和重整投资人也应事先把原因解释清楚，让债权人尽可能理解支持。

十一、提交重整计划草案

根据《企业破产法》第79条之规定，债务人或者管理人应当自法院裁定债务人重整之日起6个月内，同时向法院和债权人会议提交重整计划草案。在6个月内有正当理由无法提交的，管理人要在6个月届满前申请延长3个月。债务人制定重整计划草案的，管理人应及时督促债务人提交重整计划草案。

由于重整计划草案提交有严格的时间限定，管理人或债务人在提交重整计划草案时，最好让法院签收。将重整计划草案提交给债权人委员会视为提交给债权人会议，未设债权人委员会的，提交给债权人会议主席。基于债权人了解重整计划草案内容的合同时间需要，管理人应在法院确定表决重整计划草案的债权人会议召开至少一周前将重整计划草案发送给债权人。如果金融机构债权人较多的，可提前15日以上将重整计划草案发送给债权人，以便债权人有合理的时间进行决策。

大部分的重整案件涉及投资人的进入，重整计划草案不但要符合重整投资的主要条件，而且在正式提交法院和债权人会议时，应有重整投资人的签署确认。投资人的签署确认应作为重整计划草案的重要附件材料一同提交法院和债权人会议。

十二、协助法院组织债权人会议、出资人会议表决重整计划草案

债权人会议是将各类事务进行统一总结，集中汇报的关键环节，出资人会议则是关乎控制权变更及重整成败的重要环节，开好债权人会议及出资人会议对管理人的履职水平提出了极高的要求。债权人会议的难点主要体现在债权人人数众多、类型多样，意见矛盾尖锐，以及管理人自身的业务能力不足，导致无法恰当说明工作等；出资人会议的难点在于如何说服出资人将股权让渡给新的投资人、如何平衡新旧股东之间的利益诉求。

管理人应在会前准备、会中安排及会后收尾三个阶段制作工作方案，以协助法院工作。会前准备工作的重点在于会议通知和文件制作，会中安排工作的重点在于事项报告和决议表决，会后收尾工作的重点在于统计计票及会议报告。

除了现场会议之外，根据最高人民法院《关于企业破产案件信息公开的规定（试行）》（法发〔2016〕19号）第11条的规定，法院、破产管理人可以在破产重整案件信息网召集债权人会议并表决有关事项。网上投票形成的表决结果与现场投票形成的表决结果具有同等法律效力。《深圳中院审理重整案件工作指引》更进一步明确，表决重整计划草案可以采取现场或者网络等方式进行。上市公司等股东人数较多的公众公司出资人组表决重整计划草案的，可以采取网络或者现场方式进行。网络表决权的行使方式，参照适用中国证券监督管理委员会发布的有关规定。

决定召开网络债权人会议后，管理人应按照以下流程开展工作：（1）制定网络债权人会议工作计划并向法院进行详细书面汇报；（2）在全国企业破产重

整案件信息网联系网络平台服务商，委托其提供网络债权人会议服务；（3）管理人审查债权后，将债权审查情况导入信息系统，从而确定是否享有参会资格以及债权金额对应的表决权；（4）上传债权人会议资料，供债权人提前阅读；（5）通过短信方式向债权人发送登录账号及密码；（6）通过短信方式向债权人发送正式会议通知和测试通知；（7）正式召开网络债权人会议，由法官在法庭主持会议，管理人在会场宣读会议资料，会场计票人员同步根据网络计票情况进行统计并将结果交法院。

十三、协调债权人支持重整计划草案

重整计划草案提交债权人会议后，管理人应积极回应各债权人就重整计划草案内容提出的疑问，必要时可通过现场会议、通报、书面函复等形式将重整计划草案制定过程及其主要内容向全体债权人作出说明，争取在重整计划草案表决权前获得债权人对重整计划草案最大限度地支持和理解。

金融机构债权人、政府机构债权人在行使表决权前，一般需要经过较为漫长的内部审批程序，且其对重整计划草案内容需要做较为详细的解释说明，管理人应尽可能预留足够时间给此类债权人，以便其完成内部审批程序，同时做好口头/书面的解释工作。

管理人应及时向法院反馈各债权人就重整计划草案提出的问题，必要时请求法院联合政府召开沟通协调会议，加强与债权人的沟通，引导债权人正视债务人陷入困境的现状，理性对待重整计划草案中的各项权益安排。

十四、重整计划草案的表决

（一）分组表决

各类债权的债权人参加讨论重整计划草案的债权人会议，依照下列债权分类，分组对重整计划草案进行表决：（1）对债务人的特定财产享有担保权的债权；（2）债务人所欠的职工工资和医疗、伤残补助、抚恤费用，所欠的应当划入职工个人账户的基本养老保险、基本医疗保险费用，以及法律、行政法规规定应当支付给职工的补偿金；（3）债务人所欠税款；（4）普通债权。

必要时，管理人可向法院申请在普通债权组中设小额债权组，对重整计划草案进行表决。

重整计划草案涉及出资人权益调整事项的，应当设出资人组，对该事项进行表决。

权益未受到调整或者影响的债权人或者股东，不参加重整计划草案的表决。应当注意的是，债权人的权益是否受到调整或者影响，不能简单看债权人的受偿比例，应综合考虑债权的清偿时限、清偿方式等是否受到调整/影响，避免不当剥夺了债权人的表决权。

（二）表决权的确定

实践中，有财产担保债权组既可以包括抵押质押担保债权人，也可以包括建设工程价款优先权人，船舶、航空器优先权人等法定优先权的债权人。关于有财产担保债权的表决额度，一般操作是在担保财产评估价值范围内的有财产担保债权参加有财产担保债权组的表决，担保财产无法覆盖部分的债权作为普通债权参加普通债权组的表决。但也有管理人提出，表决权的确定应以法院裁决的债权表或管理人审查确认的债权数额和债权性质为准，而不应该以评估价值限定债权表决权的数额和性质。债权的优先性和是否能全额实现优先是两回事，只有在不能实现全额优先的结果发生后，才能转变为普通债权行使普通债权的权利。因此，是否对重整计划草案中不能全额清偿的优先债权转普通债权行使表决权，管理人应征求优先债权人的意见，如优先债权人同意对不能全额清偿的优先债权转为普通债权行使表决权，管理人可将优先债权中不能全额清偿的部分列为普通债权行使表决权。

实践中，管理人结合案件的实际情况，就小额债权组的设置模式一般有两种：（1）单独设立小额债权组，该组债权可获得高于其他普通债权的清偿比例，甚至100%清偿。（2）不单独设小额债权组，在普通债权组的清偿方案中采取分段按比例递减的清偿方式，小额债权由此在整体上获得的清偿比例高于其他普通债权。

（三）表决机制

出席会议的同一表决组的债权人过半数同意重整计划草案，并且其所代表的债权额占该组债权总额的2/3以上的，即为该组通过重整计划草案。

关于出资人表决组的表决机制，根据最高人民法院《关于审理上市公司破产重整案件工作座谈会纪要》（法〔2012〕261号）的规定，上市公司破产重整案中，出资人组对重整计划草案中涉及出资人权益调整事项的表决，经参与表决的出资人所持表决权2/3以上通过的，即为该组通过重整计划草案。而对非上市公司的出资人表决机制，现行法律并无硬性规定，实践中存在两种标准：（1）参照《企业破产法》第84条第2款规定的表决机制，需过半数股东同意，并且其出资额占资本总额的2/3以上的方为通过，江苏地区采取此标准；（2）参照《公司法》关于股东会/股东大会规定的表决机制，出资额占资本总额的2/3以上的股东同意或出席会议的股东所持表决权的2/3以上同意即可视为通过，深圳、北京地区采取此标准。

债权人有正当理由不能按期表决的，管理人应及时向法院汇报，经法院认可，管理人可以准许该债权人延期表决。但管理人应当设置恰当的延长期限，避免表决事项无限拖延。

部分表决组未通过重整计划草案的，管理人可以同未通过重整计划草案的表决组协商，该表决组可以在协商后再表决一次。《企业破产法》及相关司法解释均未明确规定再次表决的期限。管理人应积极推进债务人、重整投资和未通过表决组债权人的协商沟通，沟通协商的时间不宜过长，最好不超过3个月，协商的结果不得损害其他表决组的利益。实践中，常出现二次表决拖延一两年的案件，这往往容易引起债权人的投诉，也容易导致法院质疑管理人是否勤勉尽责。因此，管理人需注意办理破产案件不能为求重整成功而不顾及办案时间。破产案件的办理期限是衡量管理人工作效率的重要因素，也是评价破产财产利用效率和营商环境的指标。

管理人可制作重整计划草案说明，全面、详细地披露重整计划草案制作背景、重整原因、重整可行性的论证等内容，便于所有表决权人投票前有所了解。

十五、申请批准重整计划

各表决组均通过重整计划草案时，重整计划即为通过。自重整计划通过之日起 10 日内，管理人应当向法院提出批准重整计划的申请，该申请应着重说明法院裁定重整时间、管理人向法院及债权人会议递交重整计划草案的时间、债权人会议召开情况、各表决组参会人数、表决数额情况、表决通过情况，以及申请裁定批准的法律依据，同时将通过的重整计划作为附件，一并递交给法院审查。

管理人申请法院强制批准重整计划草案的，申请书中除应说明上述事项外，还应围绕未通过的重整计划草案亦符合《企业破产法》第 87 条的规定进行说明。未通过重整计划草案的表决组拒绝再次表决，或者再次表决仍未通过，在符合《企业破产法》第 87 条第 2 款相关规定且至少有一组已经通过重整计划草案的情况下，管理人可向法院申请强制批准重整计划草案 。

须注意的是，重整计划执行过程中，在办理债务人股权过户、债务人信用恢复等事务时，须提交法院批准重整计划的裁定和重整计划。如果重整计划没有作为裁定的附件印制在一起，相关部门往往会质疑提交的重整计划是否就是法院裁定批准的重整计划。因此，管理人申请法院裁定批准重整计划，须要求法院把重整计划作为裁定的附件一并印制。

法院作出裁定批准重整计划并终止重整程序的，管理人应协助法院予以公告。

十六、制定重整计划执行监督办法

自法院裁定批准重整计划之日起，在重整计划规定的监督期内，由管理人监督重整计划的执行。为了更好地履行监督职责，管理人应制定重整计划执行监督办法，报法院同意后施行。

在移交财产和营业事务之前，债务人自行管理财产和营业事务的，在法院裁定批准重整计划后一周内，管理人可要求债务人提交执行重整计划的具体工作计划。管理人应结合重整计划规定及债务人执行重整计划的工作计划制定重整计划执行监督办法，针对重整计划中债务人应当落实的各项责任/任务做好监督细则，以便在监督期内逐一落实。

重整计划执行监督办法应包括以下内容：（1）监督人和被监督人主体情况；（2）监督期限；（3）监督方式（可包括管理人主动监督、债务人和重整投资人定期报告执行情况）；（4）监督措施；（5）不配合监督的处理办法等。重整计划执行监督办法应由债务人和重整投资人签章同意并承诺遵照执行。

十七、移交财产和营业事务

法院裁定批准重整计划后，重整计划由债务人负责执行，已接管财产和营业事务的管理人应当向债务人移交财产和营业事务。

管理人应当制作移交清单，说明接管期间的财产和营业事务变化情况，便于债务人掌握企业状况，及时开展营业事务。管理人向债务人移交财产和营业事务，可以根据案件复杂程序和实际情况，一次移交或分次移交。管理人可以组织专门的移交会议，并做好会议记录。

管理人移交财产和营业事务，主要包括管理人接管的债务人印章证照、文件资料、财务资料、合同资料、诉讼资料、各类财产，不包括管理人履行职务过程中形成的文件资料。债权申报和审查资料、管理人财产调查资料、委托评估审计资料、相关的工作报告和管理人函件等管理人履行职务形成的资料，管理人应妥善保管备查。

管理人移交财产和营业事务，是向债务人移交。有重整投资人，且出资人权益有调整的，管理人应向重整投资人控制的债务人移交财产和营业事务。因此，管理人可要求债务人在法院裁定批准重整计划后，把法定代表人和董事、监事、高级管理人员变更为重整投资人指定的人员，管理人再办理移交。

十八、债务人执行重整计划情况报告

管理人可以在重整计划执行监督办法中，规定债务人定期或不定期向管理人提交执行重整计划情况报告和债务人财务状况。

债务执行重整计划情况报告，应包括以下内容：（1）债务人的日常经营情况，如员工情况、财务收支状况；（2）签订及履行合同情况；（3）债权清偿情况；（4）债务人财产变化情况；（5）涉诉情况；（6）重整计划规定应由债务人办理的其他事项情况。

管理人应及时督促债务人提交执行重整计划情况报告，管理人可以针对报告逐项检查是否存在虚假。

十九、监督措施

管理人监督重整计划的执行，除制定重整计划执行监督办法外，还可以制订具体的监督工作计划。管理人应定期或不定期检查债务人执行重整计划的情况。发现有不能按重整计划执行的情形，除听取债务人的报告外，还要调查了解不能执行的原因和障碍。管理人对照债务人提交的执行重整计划情况报告检查，对于可疑和重大事项，可以约谈债务人管理人员，要求其作出相关解释和说明。

对于债务人执行重整计划存在故意或重大过失，可能导致债务人财产减少或给重整计划执行带来重大风险的，管理人应及时向债务人发出监督意见函，要求债务人依法切实执行重整计划，保障债权人合法权益。管理人发现债务人执行重整计划出现明显危害重整计划执行，且可能损害债权人利益的，应及时报告法院和债权人。若债务人完全不能执行重整计划，且没有补救可能，管理人要及时申请法院裁定终止重整计划的执行，宣告债务人破产。

当重整计划执行出现客观困难，有变更重整计划必要的，管理人应及时指导债务人或重整投资人提出变更方案，并提交法院和受影响的债权人表决。受影响的债权人均同意变更方案的，应允许按变更后的方案继续执行重整计划。

二十、监督报告

结合重整计划执行期限的长短和事务的多少，管理人可以通过月报、季报、年报的形式分阶段提交监督报告。监督报告构成管理人履行职责的重要文书，应备份存档备查。

在监督期内，管理人应根据债务人提交的重整计划执行情况报告和监督检查所掌握的情况，定期或不定期向法院提交监督报告。监督报告应包括按重整计划应完成的事项、债务人完成情况、未按重整计划完成的原因、未完成事项是否构成不能执行重整计划、管理人的监督意见等内容。债务人完成情况应着重说明是否按重整计划规定的期限和额度清偿债权，以及债务人经营是否正常开展、财务状况是否恶化。对债务人在重整期间发生的可能影响重整计划执行的事项，管理人应当及时向法院报告。

监督期届满时，管理人应当向法院提交监督报告。监督期限届满，重整计划尚未执行完毕的，管理人应视未执行完毕的原因，决定是否申请法院裁定延长监督期限。实践中，可能出现债务人不能按期清偿债权，但债务人与受影响的债权人达成了延期协议的情况。根据民事意思自治和权利自由处分原则，管理人对债务人与债权人达成的延期清偿协议应予以尊重，但管理人应就是否需要延长其监督期限至债务人与债权人达成的延长期限届满征求债权人的意见。法院裁定延长监督期限的，管理人应继续履行监督职责。

债务人在监督期限内执行完毕重整计划的，自监督报告提交之日起，管理人的监督职责终止。

二十一、协助执行重整计划

管理人应按法律规定和重整计划的规定，以及案件的实际情况，积极协助债务人执行重整计划相关事项。

通常情况下，管理人需协助的常规事项主要是将债务人的偿债资金清偿支付给债权人。基于实际操作的便捷性及安全性，重整计划一般规定偿债资金支付到管理人账户，管理人再按重整计划确定的清偿方式支付给债权人。当债权人人数众多时，清偿款支付是一项繁杂的细致工作，管理人切记要有复核环节，防止因错误支付而造成不必要的麻烦。

对于重整计划涉及出资人权益调整的，协助办理债务人股权过户给重整投资人，也是管理人的一项重要工作。现行的股权变更登记相关法律规定，并未涉及破产重整计划中的股权变动如何办理。管理人应充分向工商登记部门说明法律规定，争取不需要法院协助执行，但工商登记部门拒绝办理时，需协助债务人或投资人申请法院协助执行，强制过户。

对于债务人恢复正常生产经营的相关手续，管理人可视情况予以协助，如删除征信不良记录、失信被执行人信息，解除资产查封，解除银行账户冻结等。

二十二、重整不成功，申请宣告破产

重整计划草案未表决通过且未再次表决或再次表决未通过的，管理人应向法院申请终止重整程序并宣告债务人破产。

在重整期间，若发现以下情形，管理人应立即请求法院裁定终止重整程序，并宣告债务人破产：（1）债务人的经营状况和财产状况继续恶化，缺乏挽救的可能性；（2）债务人有欺诈、恶意减少债务人财产或者其他显著不利于债权人的行为；（3）债务人的行为致使管理人无法履行职务。

判断债务人经营状况和财产状况是否恶化，应以债务增加高于财产增加为原则，同时要注意考虑债务人经营收益的风险程度，如产品质量问题多、账款回收周期长、坏账率高等；另外，主要财产的价值减损也是需要考虑的重要因素，如市场出现非常明显的变化，导致债权人的财产价值贬损明显。

判断债务人是否有欺诈、恶意减少债务人财产的行为，要从相关交易合同的主体、合同背景、合同条件、合同履行等内容全面考量，要注意债务人的相关行为是否违背常识、是否违背法律规定而导致债务人财产减少。

对于因债务人的相关行为致使管理人无法履行职务的情形，主要从管理人的职责和重整相关工作的需要、债务人是否配合、是否直接导致管理人无法开展相关工作等方面判断。

重整计划执行期间，管理人发现债务人不能执行或者不执行重整计划的，应申请法院裁定终止重整计划的执行，并宣告债务人破产。债务人不能执行重整计划，要考虑不能执行的原因是否可归责于债务人、是否有解决的办法、债务人是否有补救的方案、受影响的债权人的意见等。如有可行的解决办法且得到受影响的债权人的同意，管理人应报告法院，继续按补救的方案执行重整计划。判断债务人是否为不执行重整计划考量的是债务人的主观意愿，当债务人都不愿意执行重整计划时，管理人应立即确认并申请法院裁定终止重整计划的执行，并宣告债务人破产，以防止债务人财产的流失。

重整程序中，管理人申请法院宣告债务人破产，应撰写申请书，明确请求及说明事实和理由，就相关的事实应有明确的证据证明并附上重要的证据材料，申请书也应明确所依据的具体法律条款。

第十四章

和　　解

一、指导债务人申请和解

破产和解申请只能由债务人向法院提出。提出和解申请前，管理人须全面细致地掌握债务人的资产负债情况、偿还能力，各债权人作出让步减免、延缓债务的可能性等情况，在此基础上指导债务人先期与各债权人进行协商，就和解形成框架性的意见。上述工作完成后，可以正式向法院申请和解，申请书应该载明如下内容：（1）申请人的基本情况；（2）和解的目的；（3）申请的事实和理由；（4）法院要求载明的其他事项。

二、指导债务人制定和解协议草案

制作和解申请书的同时，应该制作和解协议草案。和解协议草案为前期协商框架性意见的细化。草案稿件须持续地修改完善，各稿完成后均须发给全体债权人，征求其意见，并根据其意见进行修改或协商，尽最大可能达成共识。《企业破产法》规定，“对债务人的特定财产享有担保权的权利人，自人民法院裁定和解之日起可以行使权利”，所以和解协议主要针对普通债权人的债务清偿问题。制作和解协议的时候，应该贯彻公平清偿原则，对同类全体债务的减免或延缓，其标准原则上应统一，但个别债权人在破产协议草案表决前以书面形式同意更大减免比例或更长延缓期的除外。

和解协议草案应包括如下主要内容：（1）债务人的财产状况；（2）债务人的债务情况；（3）债务清偿办法、清偿比例和清偿债务的期限；（4）清偿债务的资金来源；（5）协议内容落实的保证措施；（6）生产经营状况及前景分析；（7）和解协议可行性分析。

三、针对和解向法院出具意见

管理人指导债务人制作完成和解申请书与和解协议草案后，应就该两份文件出具意见。

对和解申请书的意见包括以下几个方面：（1）申请主体的合法性；（2）申请的事实是否真实、全面，申请的理由是否合法、充分等；（3）债务人的资产负债情况与清偿资金来源是否能保证破产和解取得成功。

对和解协议草案的意见主要包括以下几个方面：（1）是否平等对待所有的同类债权人，对个别债务的更大比例减免和更长延缓期是否取得相应债权人的书面同意；（2）是否具有可行性：（3）是否违反法律的强制性规定。

四、针对和解协议草案征求债权人意见

管理人收到债务人提交的和解协议草案后，应以管理人的身份征求债权人的意见。收集相关意见后，对于其中合理的、可以满足和接受的部分，指导债务人对和解协议草案进行修订。同时，管理人应综合所反馈的意见，测算和解协议草案通过的可能性。

五、协助法院组织召开听证会

法院对和解协议申请组织召开听证会的，管理人进行协助。听证会的参加人员包括债务人、一定数量的债权人、管理人。关于参加听证的债权人人数，管理人根据听证会场地的大小及全体债权人数的多少商请法院进行确定，一般不宜少于5人。参加听证会的债权人的人选，以债权人自愿参加为原则，但人选应该能平衡地反映各种意见。

六、协助法院召开债权人会议表决和解协议草案

法院裁定和解后，管理人协助法院召集债权人会议讨论和解协议草案。

管理人应该安排好会议议程、备好相关会议资料，主要包括：（1）债权人会议议程；（2）管理人阶段性工作报告；（3）和解草案；（4）债务人关于和解草案的说明；（5）管理人关于和解协议草案的意见；（6）和解协议草案表决票。

债权人会议通过和解协议的决议，应由出席会议的有表决权的债权人过半数同意，并且其所代表的债权额占无财产担保债权总额的2/3以上。债权人会议通过和解协议的，管理人申请法院进行报告，由其裁定认可，终止和解程序，并予以公告。

七、移交财产和营业事务

法院裁定认可和解协议并终止和解程序的，管理人应当向债务人移交财产和营业事务，并向法院提交执行职务的报告。移交财产和营业事务前，管理人与债务人协商好移交方案，按照方案执行，以保证移交的顺利和全面。在具体办理移交过程中，管理人须制作移交笔录、移交清单，办理移交的各方在笔录和清单上签字确认。

八、协助执行和解协议，办理清偿

债务人应当按照和解协议规定的条件清偿债务，原则上由其自行执行，但为保障全体债权人利益，管理人可以根据和解协议的委托，协助或监督债务人执行。以债务人自有资金或财产进行清偿的，和解协议可以规定将债务人的清偿资金或清偿财产变现款汇入管理人账户，由管理人协助进行清偿。以债务人自有资金或财产以外的资金或财产进行清偿的，和解协议可以规定由管理人继续管理债务人财产，待和解协议执行符合约定的条件后，再行移交债务人财产。

九、和解不成功，申请宣告破产

和解协议草案经债权人会议表决未获得通过，或者已经债权人会议通过的和解协议未获得法院认可的，管理人向法院报告，由其裁定终止和解程序，并宣告债务人破产。管理人依法对破产人进行清算。

债务人不能执行或者不执行和解协议的，法院经和解债权人请求，应当裁定终止和解协议的执行，并宣告债务人破产。管理人应及时介入，重新对债务人进行接管，其后依法对破产人进行清算。

第十五章

结　　案

一、清算工作报告

破产案件的破产财产分配完结后，管理人应当对各项清算工作进行梳理总结，制作清算工作报告提交法院。

清算工作报告应当包括破产案件受理指定管理人情况、破产人的基本情况、管理人工作情况、破产责任分析、案件终结后工作安排等内容。其中，管理人工作情况应具体说明管理人工作计划和工作制度、接管、职工安置和职工债权确认、财产调查和追收、债权登记审查和裁定确认、破产财产管理和变现、破产费用和共益债务确认、破产财产分配等工作的情况。破产责任分析应当对破产人破产的具体原因进行分析，并提出意见，对于破产人的企业董事、监事或者高级管理人员违反忠实义务、勤勉义务，致使所在企业破产的，应当由法院对相关人员作出“自破产程序终结之日起三年内不得担任任何企业的董事、监事、高级管理人员”的权利限制措施。

二、提请终结破产程序

破产案件的破产财产分配完结且管理人向法院提交清算工作报告后，管理人应及时向法院提交终结破产程序的申请，申请法院裁定终结该案破产程序。

终结破产程序的申请应简要介绍破产人的破产财产、负债、破产财务的变现和分配情况，并写明终结破产程序的法律依据。

三、破产人税务、工商登记注销

根据《企业破产法》第121条之规定，管理人应当自破产程序终结之日起10日内，持法院终结破产程序的裁定，向破产人的原登记机关办理注销登记。办理注销登记应提交如下材料：（1）公司注销登记申请书；（2）指定代表或者共同委托代理人授权委托书及指定代表或者委托代理人的身份证件复印件；（3）法院终结破产程序的裁定书；（4）破产企业的企业法人营业执照正本、副本。

管理人办理破产人登记注销时，应注意了解税务登记机关和企业注册登记机关的相关规定。实践中，因为各种原因，税务登记和工商登记注销难的问题一直存在。对于管理人而言，破产案件终结了，但破产人注销不了，管理人的工作就没有完成。因此，管理人应特别安排和税务工商机关打交道多、熟悉税务工商相关工作流程的工作人员专门办理破产人的税务工商注销。税务注销时，往往需要税务机关内部将税务遗留问题全部处理完才能办理注销；工商注销往往因破产人对外股权投资、分支机构没有注销处置，或破产人股权有保全而无法办理注销。管理人须特别注意先解决妨碍办理注销的问题，必要时应申请法院协助。

另外，管理人需注意的是，有衍生未结诉讼案件的，管理人不能注销破产人的税务和工商登记。

四、注销管理人账户

管理人依法终止执行职务后，应当注销管理人账户。注销管理人账户应先与开户银行沟通清楚注销需具备的条件和须准备的材料。各地法院和银行对此可能有不同的要求，如有些地方银行要求注销管理人账户须由法院出具同意注销的文件。

办理管理人账户注销时，账户中往往还有几元或几十元的余额，这是分配方案确定时至分配完毕期间产生的利息。因为余额往往很少，也无法再去补充分配，管理人可按银行的要求取现或转至管理人负责人个人账户，再行办理注销。

五、向破产人股东移交接管到的材料

管理人依法终止执行职务后，应当将接管的破产人有关资料移交破产人的上级主管单位或者股东保存。上级主管机关或者股东下落不明的，可以移交档案保管机构保管。

管理人需向股东移交的资料仅限于管理人从破产人相关单位和人员处接管的破产人文件资料，包括财务账簿和财务凭证、合同及其他文书资料。管理人在履行职务过程中形成的文件资料由管理人自行保管，包括法院法律文书、债权申报资料、财产调查资料、债权人会议资料、财产管理处置资料、财产分配资料等。

管理人向破产人主管单位或股东移交有关资料，应制作移交清单和移交笔录，由管理人的经办人员和资料接收单位及经办人员签字盖章。对于无主管单位或股东下落不明的，管理人应按照有关档案管理规定，妥善保管接管到的文件资料，如管理人无法自行保管而需委托档案保管机构保管，可以在财产分配方案中预留相应的档案保管费用。

六、缴销破产人印章

管理人依法终止执行职务后，应向公安机关缴销债务人印章。不能办理缴销的，应当将印章和其他有关资料一同移交破产人的上级主管单位或者股东。上级主管机关或者股东下落不明的，可以移交档案保管机构保管。

由于各省市对印章的管理规定存在差异，管理人应事先核实债务人的印章是否在公安机关办理备案。有备案的印章一般可以办理缴销，缴销后公安机关会出具缴销证明，没有备案的印章公安机关一般不办理缴销。

深圳的破产案件，缴销印章需携带凭印章刻制的登记卡、需缴销或注销的印章、企业注销通知书、法定代表人身份证原件及经办人身份证原件，到公安机关指定的印章门店办理。

七、缴销管理人印章

管理人依法终止执行职务后，应当向公安机关缴销管理人印章。管理人缴销印章前，应确认所有破产事务均已处理完毕，包括管理人报酬已收取、管理人账户已注销、接管的破产人财物均已移交或已委托档案保管机构保管。

破产程序终结后，仍有未结诉讼要处理的，管理人可暂不缴销管理人印章。

经办人可携带终结裁定书、印章卡、管理人印章及经办人身份证原件，到公安机关指定的印章门店办理印章缴销。

管理人印章缴销后，应将缴销印章的证明交法院备案。

八、提交终止执行职务报告

管理人办理注销登记完毕后，应申请终止执行职务。管理人终止执行职务的报告应包含如下内容：（1）破产财产分配情况，简述破产财产的分配情况，无财产可供分配的，附债务人财产状况报告；最后分配完结的，附破产财产分配报告。（2）破产程序终结后的职务执行情况，说明破产程序终结后，管理人办理债务人工商、税务等注销登记手续的情况。（3）无未决诉讼或仲裁的情况。（4）档案移交保管情况。

九、重整计划执行完毕，申请结案

重整计划执行完毕后，管理人应提交申请书，提请法院裁定重整计划执行完毕并终结破产程序。申请书应包含如下内容：（1）重整计划执行完毕的标准及期限。（2）重整计划执行情况，包括对出资人权益调整方案的执行情况、债权清偿方案的执行情况、预计债权清偿及现金预留方案的执行情况。（3）后续工作，如完成质押、冻结股权的解除限制；提存资金如符合重整计划的相关规定，则向普通债权人按债权比例补充清偿。

十、和解协议执行完毕，申请结案

债权人会议通过和解协议的，由法院裁定认可，终止和解程序，并予以公告。管理人应当向债务人移交财产和营业事务，并书面说明管理人接管期间债务人财产和营业事务的变化情况，同时向法院提交执行职务的报告。管理人执行职务的报告应包括如下内容：（1）债务人基本情况；（2）和解协议通过和法院裁定认可的基本情况；（3）财产和营业事务移交的基本情况；（4）其他需要报告的职务执行情况。债务人按照和解协议确定的内容执行完毕后，由债务人向法院提交申请，裁定终结破产程序。

如果和解协议规定由管理人监督和解协议执行，管理人应当在和解协议执行完毕后，向法院提交执行职务的报告，并申请终结破产程序。

法院受理破产申请后，债务人与全体债权人就债权债务的处理自行达成协议的，可以请求法院裁定认可，并终结破产程序。管理人应当向债务人移交财产和营业事务，并书面说明管理人接管期间债务人财产和营业事务的变化情况，同时向法院提交执行职务的报告。

第十六章

其　　他

一、破产费用的处理

管理人对于办理破产案件发生的破产费用，应按照案件适用的程序，分别在重整计划草案、和解协议草案、破产财产分配方案中予以明确，包括已发生的破产费用和需预留的破产费用。在管理人终止执行职务时，应就案件的破产费用形成专门的报告提交法院。有些地方的法院要求对破产费用进行专门审计，管理人应请示法院，聘请审计机构进行审计。

关于破产费用的报告，应按如下内容分别说明：（1）破产案件的诉讼费用；（2）管理、变价和分配债务人财产的费用；（3）管理人执行职务的费用；（4）管理人报酬；（5）管理人聘用工作人员的费用。并把费用项目、收款方名称、费用数额等内容列出清单。

对于管理人报酬，管理人还应单独向法院提交书面申请。申请书要写明债务人财产情况、申请收取报酬的时间和数额、管理人履行职务的情况等。对于管理人履行职务情况需全面概括说明，要让法院充分了解管理人的工作情况。对于管理人为案件作出的特别贡献要特别说明，尽可能让管理人获得最公平合理的报酬。

对于破产费用需要即时支付的，管理人应在处理相关事项时单独向法院提交请示或报告，在法院同意和无异议的情况下办理支付。

二、共益债务的处理

管理人对于办理破产案件发生的共益债务，应按照案件适用的程序，分别在重整计划草案、和解协议草案、破产财产分配方案中予以明确，包括已发生的共益债务和需预留的共益债务。在管理人终止执行职务时，管理人应就案件的共益债务形成专门的报告提交法院，或与破产费用一起形成报告提交法院。

对于破产案件中的共益债务，《企业破产法》规定了6类情形，分别是：(1) 因管理人或者债务人请求对方当事人履行双方均未履行完毕的合同所产生的债务；(2) 债务人财产受无因管理所产生的债务；(3) 因债务人不当得利所产生的债务；(4) 为债务人继续营业而应支付的劳动报酬和社会保险费用，以及由此产生的其他债务；(5) 管理人或者相关人员执行职务致人损害所产生的债务；(6) 债务人财产致人损害所产生的债务。

这6类债务中，第1类和第4类最常见。管理人应在处理对应事项的请示或报告中，明确处理该事项产生的债务，切记要防止报告得少而实际发生得多。对于需要预留的共益债务，要特别注意足额预留。

三、债务人或债权人违反《企业破产法》《民事诉讼法》行为的应对

管理人在办理破产案件过程中，对于债务人的相关人员和债权人明显违反《企业破产法》《民事诉讼法》的相关规定，且妨碍管理人履职的，应收集固定相关人员违法的证据，报告法院，要求对违法人进行司法处罚。

管理人报告法院，要求对债务人的相关人员或债权人进行司法处罚的，在收集固定证据时，应注意尽可能收集固定物证和书证、视频证据，对于言词证据应结合其他证据进行甄别。只有言词证据的，应谨慎处理。管理人在报告法院时，应列明违法的事实及证据、进行处罚所依据的法律条文。管理人还可以在网上搜集相关的先例，供法院参考。

四、涉刑事问题的处理

破产案件涉刑事问题主要有两种情况：(1) 破产案件债务人或破产财产涉及刑事案件；(2) 债务人或债权人在破产程序中的相关行为涉嫌刑事犯罪。

对于破产案件债务人或破产财产涉及刑事案件的，管理人应充分地研讨论证，尽可能地减少刑事案件对破产程序的影响。对于刑事案件未结，破产财产

暂不便于处置的，应先行处置分配其他财产。符合结案条件的，破产案件也可以先行结案，涉及刑事案件财产的可以在刑事案件结案后，根据刑事案件处理结果对破产财产进行处置，追回分配。

在破产程序中，对于有直接证据证明债务人的相关人员和债权人违反《企业破产法》《民事诉讼法》的规定，涉嫌刑事犯罪的，管理人应报告法院向公安机关或其他法定机关报案，或由法院移送公安机关或其他法定机关追究相关人员的刑事责任。对于刑事报案，应按《刑事诉讼法》的相关要求准备报案材料。

五、卷宗归档

管理人应根据破产案件的进展，对履行职务形成的文件材料分类归档。在管理人终止执行职务并销毁管理人印章后，对办理破产案件的全部材料装订归档。除了管理人接管的文件资料和财产资料依法应移交给破产人股东外，其他材料均应归档。

文件材料归档可按法院文书、管理人文件、债权资料、诉讼资料、财产调查资料、审计评估资料、重整资料或和解资料、财产处置分配资料、财务收支资料分类，装订归档。

附录

中华人民共和国企业破产法

（2006年8月27日第十届全国人民代表大会常务委员会第二十三次会议通过　2006年8月27日中华人民共和国主席令第54号公布　自2007年6月1日起施行）

目　　录

第一章　总　　则

第一条　为规范企业破产程序，公平清理债权债务，保护债权人和债务人的合法权益，维护社会主义市场经济秩序，制定本法。

第二条　企业法人不能清偿到期债务，并且资产不足以清偿全部债务或者明显缺乏清偿能力的，依照本法规定清理债务。

企业法人有前款规定情形，或者有明显丧失清偿能力可能的，可以依照本法规定进行重整。

第三条　破产案件由债务人住所地人民法院管辖。

第四条　破产案件审理程序，本法没有规定的，适用民事诉讼法的有关规定。

第五条　依照本法开始的破产程序，对债务人在中华人民共和国领域外的财产发生效力。

对外国法院作出的发生法律效力的破产案件的判决、裁定，涉及债务人在中华人民共和国领域内的财产，申请或者请求人民法院承认和执行的，人民法院依照中华人民共和国缔结或者参加的国际条约，或者按照互惠原则进行审查，认为不违反中华人民共和国法律的基本原则，不损害国家主权、安全和社会公共利益，不损害中华人民共和国领域内债权人的合法权益的，裁定承认和执行。

第六条　人民法院审理破产案件，应当依法保障企业职工的合法权益，依法追究破产企业经营管理人员的法律责任。

第二章　申请和受理

第一节　申　　请

第七条　债务人有本法第二条规定的情形，可以向人民法院提出重整、和解或者破产清算申请。

债务人不能清偿到期债务，债权人可以向人民法院提出对债务人进行重整或者破产清算的申请。

企业法人已解散但未清算或者未清算完毕，资产不足以清偿债务的，依法负有清算责任的人应当向人民法院申请破产清算。

第八条 向人民法院提出破产申请，应当提交破产申请书和有关证据。

破产申请书应当载明下列事项：

（一）申请人、被申请人的基本情况；

（二）申请目的；

（三）申请的事实和理由；

（四）人民法院认为应当载明的其他事项。

债务人提出申请的，还应当向人民法院提交财产状况说明、债务清册、债权清册、有关财务会计报告、职工安置预案以及职工工资的支付和社会保险费用的缴纳情况。

第九条 人民法院受理破产申请前，申请人可以请求撤回申请。

第二节 受 理

第十条 债权人提出破产申请的，人民法院应当自收到申请之日起五日内通知债务人。债务人对申请有异议的，应当自收到人民法院的通知之日起七日内向人民法院提出。人民法院应当自异议期满之日起十日内裁定是否受理。

除前款规定的情形外，人民法院应当自收到破产申请之日起十五日内裁定是否受理。

有特殊情况需要延长前两款规定的裁定受理期限的，经上一级人民法院批准，可以延长十五日。

第十一条 人民法院受理破产申请的，应当自裁定作出之日起五日内送达申请人。

债权人提出申请的，人民法院应当自裁定作出之日起五日内送达债务人。债务人应当自裁定送达之日起十五日内，向人民法院提交财产状况说明、债务清册、债权清册、有关财务会计报告以及职工工资的支付和社会保险费用的缴纳情况。

第十二条 人民法院裁定不受理破产申请的，应当自裁定作出之日起五日内送达申请人并说明理由。申请人对裁定不服的，可以自裁定送达之日起十日内向上一级人民法院提起上诉。

人民法院受理破产申请后至破产宣告前，经审查发现债务人不符合本法第二条规定情形的，可以裁定驳回申请。申请人对裁定不服的，可以自裁定送达之日起十日内向上一级人民法院提起上诉。

第十三条 人民法院裁定受理破产申请的，应当同时指定管理人。

第十四条 人民法院应当自裁定受理破产申请之日起二十五日内通知已知债权人，并予以公告。

通知和公告应当载明下列事项：

（一）申请人、被申请人的名称或者姓名；

（二）人民法院受理破产申请的时间；

（三）申报债权的期限、地点和注意事项；

（四）管理人的名称或者姓名及其处理事务的地址；

（五）债务人的债务人或者财产持有人应当向管理人清偿债务或者交付财产的要求；

（六）第一次债权人会议召开的时间和地点；

（七）人民法院认为应当通知和公告的其他事项。

第十五条 自人民法院受理破产申请的裁定送达债务人之日起至破产程序终结之日，债务人的有关人员承担下列义务：

（一）妥善保管其占有和管理的财产、印章和账簿、文书等资料；

（二）根据人民法院、管理人的要求进行工作，并如实回答询问；

（三）列席债权人会议并如实回答债权人的询问；

（四）未经人民法院许可，不得离开住所地；

（五）不得新任其他企业的董事、监事、高级管理人员。

前款所称有关人员，是指企业的法定代表人；经人民法院决定，可以包括企业的财务管理人员和其他经营管理人员。

第十六条　人民法院受理破产申请后，债务人对个别债权人的债务清偿无效。

第十七条　人民法院受理破产申请后，债务人的债务人或者财产持有人应当向管理人清偿债务或者交付财产。

债务人的债务人或者财产持有人故意违反前款规定向债务人清偿债务或者交付财产，使债权人受到损失的，不免除其清偿债务或者交付财产的义务。

第十八条　人民法院受理破产申请后，管理人对破产申请受理前成立而债务人和对方当事人均未履行完毕的合同有权决定解除或者继续履行，并通知对方当事人。管理人自破产申请受理之日起二个月内未通知对方当事人，或者自收到对方当事人催告之日起三十日内未答复的，视为解除合同。

管理人决定继续履行合同的，对方当事人应当履行；但是，对方当事人有权要求管理人提供担保。管理人不提供担保的，视为解除合同。

第十九条　人民法院受理破产申请后，有关债务人财产的保全措施应当解除，执行程序应当中止。

第二十条　人民法院受理破产申请后，已经开始而尚未终结的有关债务人的民事诉讼或者仲裁应当中止；在管理人接管债务人的财产后，该诉讼或者仲裁继续进行。

第二十一条　人民法院受理破产申请后，有关债务人的民事诉讼，只能向受理破产申请的人民法院提起。

第三章　管　理　人

第二十二条　管理人由人民法院指定。

债权人会议认为管理人不能依法、公正执行职务或者有其他不能胜任职务情形的，可以申请人民法院予以更换。

指定管理人和确定管理人报酬的办法，由最高人民法院规定。

第二十三条　管理人依照本法规定执行职务，向人民法院报告工作，并接受债权人会议和债权人委员会的监督。

管理人应当列席债权人会议，向债权人会议报告职务执行情况，并回答询问。

第二十四条 管理人可以由有关部门、机构的人员组成的清算组或者依法设立的律师事务所、会计师事务所、破产清算事务所等社会中介机构担任。

人民法院根据债务人的实际情况，可以在征询有关社会中介机构的意见后，指定该机构具备相关专业知识并取得执业资格的人员担任管理人。

有下列情形之一的，不得担任管理人：

（一）因故意犯罪受过刑事处罚；

（二）曾被吊销相关专业执业证书；

（三）与本案有利害关系；

（四）人民法院认为不宜担任管理人的其他情形。

个人担任管理人的，应当参加执业责任保险。

第二十五条 管理人履行下列职责：

（一）接管债务人的财产、印章和账簿、文书等资料；

（二）调查债务人财产状况，制作财产状况报告；

（三）决定债务人的内部管理事务；

（四）决定债务人的日常开支和其他必要开支；

（五）在第一次债权人会议召开之前，决定继续或者停止债务人的营业；

（六）管理和处分债务人的财产；

（七）代表债务人参加诉讼、仲裁或者其他法律程序；

（八）提议召开债权人会议；

（九）人民法院认为管理人应当履行的其他职责。

本法对管理人的职责另有规定的，适用其规定。

第二十六条 在第一次债权人会议召开之前，管理人决定继续或者停止债务人的营业或者有本法第六十九条规定行为之一的，应当经人民法院许可。

第二十七条 管理人应当勤勉尽责，忠实执行职务。

第二十八条 管理人经人民法院许可，可以聘用必要的工作人员。

管理人的报酬由人民法院确定。债权人会议对管理人的报酬有异议的，有权向人民法院提出。

第二十九条　管理人没有正当理由不得辞去职务。管理人辞去职务应当经人民法院许可。

第四章　债务人财产

第三十条　破产申请受理时属于债务人的全部财产，以及破产申请受理后至破产程序终结前债务人取得的财产，为债务人财产。

第三十一条　人民法院受理破产申请前一年内，涉及债务人财产的下列行为，管理人有权请求人民法院予以撤销：

（一）无偿转让财产的；

（二）以明显不合理的价格进行交易的；

（三）对没有财产担保的债务提供财产担保的；

（四）对未到期的债务提前清偿的；

（五）放弃债权的。

第三十二条　人民法院受理破产申请前六个月内，债务人有本法第二条第一款规定的情形，仍对个别债权人进行清偿的，管理人有权请求人民法院予以撤销。但是，个别清偿使债务人财产受益的除外。

第三十三条　涉及债务人财产的下列行为无效：

（一）为逃避债务而隐匿、转移财产的；

（二）虚构债务或者承认不真实的债务的。

第三十四条　因本法第三十一条、第三十二条或者第三十三条规定的行为而取得的债务人的财产，管理人有权追回。

第三十五条　人民法院受理破产申请后，债务人的出资人尚未完全履行出资义务的，管理人应当要求该出资人缴纳所认缴的出资，而不受出资期限的限制。

第三十六条　债务人的董事、监事和高级管理人员利用职权从企业获取的非正常收入和侵占的企业财产，管理人应当追回。

第三十七条　人民法院受理破产申请后，管理人可以通过清偿债务或者提供为债权人接受的担保，取回质物、留置物。

前款规定的债务清偿或者替代担保，在质物或者留置物的价值低于被担保的债权额时，以该质物或者留置物当时的市场价值为限。

第三十八条 人民法院受理破产申请后，债务人占有的不属于债务人的财产，该财产的权利人可以通过管理人取回。但是，本法另有规定的除外。

第三十九条 人民法院受理破产申请时，出卖人已将买卖标的物向作为买受人的债务人发运，债务人尚未收到且未付清全部价款的，出卖人可以取回在运途中的标的物。但是，管理人可以支付全部价款，请求出卖人交付标的物。

第四十条 债权人在破产申请受理前对债务人负有债务的，可以向管理人主张抵销。但是，有下列情形之一的，不得抵销：

（一）债务人的债务人在破产申请受理后取得他人对债务人的债权的；

（二）债权人已知债务人有不能清偿到期债务或者破产申请的事实，对债务人负担债务的；但是，债权人因为法律规定或者有破产申请一年前所发生的原因而负担债务的除外；

（三）债务人的债务人已知债务人有不能清偿到期债务或者破产申请的事实，对债务人取得债权的；但是，债务人的债务人因为法律规定或者有破产申请一年前所发生的原因而取得债权的除外。

第五章 破产费用和共益债务

第四十一条 人民法院受理破产申请后发生的下列费用，为破产费用：

（一）破产案件的诉讼费用；

（二）管理、变价和分配债务人财产的费用；

（三）管理人执行职务的费用、报酬和聘用工作人员的费用。

第四十二条 人民法院受理破产申请后发生的下列债务，为共益债务：

（一）因管理人或者债务人请求对方当事人履行双方均未履行完毕的合同所产生的债务；

（二）债务人财产受无因管理所产生的债务；

（三）因债务人不当得利所产生的债务；

（四）为债务人继续营业而应支付的劳动报酬和社会保险费用以及由此产生的其他债务；

（五）管理人或者相关人员执行职务致人损害所产生的债务；

（六）债务人财产致人损害所产生的债务。

第四十三条 破产费用和共益债务由债务人财产随时清偿。

债务人财产不足以清偿所有破产费用和共益债务的，先行清偿破产费用。

债务人财产不足以清偿所有破产费用或者共益债务的，按照比例清偿。

债务人财产不足以清偿破产费用的，管理人应当提请人民法院终结破产程序。人民法院应当自收到请求之日起十五日内裁定终结破产程序，并予以公告。

第六章 债权申报

第四十四条 人民法院受理破产申请时对债务人享有债权的债权人，依照本法规定的程序行使权利。

第四十五条 人民法院受理破产申请后，应当确定债权人申报债权的期限。债权申报期限自人民法院发布受理破产申请公告之日起计算，最短不得少于三十日，最长不得超过三个月。

第四十六条 未到期的债权，在破产申请受理时视为到期。

附利息的债权自破产申请受理时起停止计息。

第四十七条 附条件、附期限的债权和诉讼、仲裁未决的债权，债权人可以申报。

第四十八条 债权人应当在人民法院确定的债权申报期限内向管理人申报债权。

债务人所欠职工的工资和医疗、伤残补助、抚恤费用，所欠的应当划入职工个人账户的基本养老保险、基本医疗保险费用，以及法律、行政法规规定应当支付给职工的补偿金，不必申报，由管理人调查后列出清单并予以公示。职工对清单记载有异议的，可以要求管理人更正；管理人不予更正的，职工可以向人民法院提起诉讼。

第四十九条 债权人申报债权时，应当书面说明债权的数额和有无财产担保，并提交有关证据。申报的债权是连带债权的，应当说明。

第五十条 连带债权人可以由其中一人代表全体连带债权人申报债权，也可以共同申报债权。

第五十一条 债务人的保证人或者其他连带债务人已经代替债务人清偿债务的，以其对债务人的求偿权申报债权。

债务人的保证人或者其他连带债务人尚未代替债务人清偿债务的，以其对债务人的将来求偿权申报债权。但是，债权人已经向管理人申报全部债权的除外。

第五十二条 连带债务人数人被裁定适用本法规定的程序的，其债权人有权就全部债权分别在各破产案件中申报债权。

第五十三条 管理人或者债务人依照本法规定解除合同的，对方当事人以因合同解除所产生的损害赔偿请求权申报债权。

第五十四条 债务人是委托合同的委托人，被裁定适用本法规定的程序，受托人不知该事实，继续处理委托事务的，受托人以由此产生的请求权申报债权。

第五十五条 债务人是票据的出票人，被裁定适用本法规定的程序，该票据的付款人继续付款或者承兑的，付款人以由此产生的请求权申报债权。

第五十六条 在人民法院确定的债权申报期限内，债权人未申报债权的，可以在破产财产最后分配前补充申报；但是，此前已进行的分配，不再对其补充分配。为审查和确认补充申报债权的费用，由补充申报人承担。

债权人未依照本法规定申报债权的，不得依照本法规定的程序行使权利。

第五十七条 管理人收到债权申报材料后，应当登记造册，对申报的债权进行审查，并编制债权表。

债权表和债权申报材料由管理人保存，供利害关系人查阅。

第五十八条 依照本法第五十七条规定编制的债权表，应当提交第一次债权人会议核查。

债务人、债权人对债权表记载的债权无异议的，由人民法院裁定确认。

债务人、债权人对债权表记载的债权有异议的，可以向受理破产申请的人民法院提起诉讼。

第七章 债权人会议

第一节 一 般 规 定

第五十九条 依法申报债权的债权人为债权人会议的成员，有权参加债权人会议，享有表决权。

债权尚未确定的债权人，除人民法院能够为其行使表决权而临时确定债权额的外，不得行使表决权。

对债务人的特定财产享有担保权的债权人，未放弃优先受偿权利的，对于本法第六十一条第一款第七项、第十项规定的事项不享有表决权。

债权人可以委托代理人出席债权人会议，行使表决权。代理人出席债权人会议，应当向人民法院或者债权人会议主席提交债权人的授权委托书。

债权人会议应当有债务人的职工和工会的代表参加，对有关事项发表意见。

第六十条 债权人会议设主席一人，由人民法院从有表决权的债权人中指定。

债权人会议主席主持债权人会议。

第六十一条 债权人会议行使下列职权：

（一）核查债权；

（二）申请人民法院更换管理人，审查管理人的费用和报酬；

（三）监督管理人；

（四）选任和更换债权人委员会成员；

（五）决定继续或者停止债务人的营业；

（六）通过重整计划；

（七）通过和解协议；

（八）通过债务人财产的管理方案；

（九）通过破产财产的变价方案；

（十）通过破产财产的分配方案；

（十一）人民法院认为应当由债权人会议行使的其他职权。

债权人会议应当对所议事项的决议作成会议记录。

第六十二条 第一次债权人会议由人民法院召集，自债权申报期限届满之日起十五日内召开。

以后的债权人会议，在人民法院认为必要时，或者管理人、债权人委员会、占债权总额四分之一以上的债权人向债权人会议主席提议时召开。

第六十三条 召开债权人会议，管理人应当提前十五日通知已知的债权人。

第六十四条 债权人会议的决议，由出席会议的有表决权的债权人过半数通过，并且其所代表的债权额占无财产担保债权总额的二分之一以上。但是，本法另有规定的除外。

债权人认为债权人会议的决议违反法律规定，损害其利益的，可以自债权人会议作出决议之日起十五日内，请求人民法院裁定撤销该决议，责令债权人会议依法重新作出决议。

债权人会议的决议，对于全体债权人均有约束力。

第六十五条 本法第六十一条第一款第八项、第九项所列事项，经债权人会议表决未通过的，由人民法院裁定。

本法第六十一条第一款第十项所列事项，经债权人会议二次表决仍未通过的，由人民法院裁定。

对前两款规定的裁定，人民法院可以在债权人会议上宣布或者另行通知债权人。

第六十六条 债权人对人民法院依照本法第六十五条第一款作出的裁定不服的，债权额占无财产担保债权总额二分之一以上的债权人对人民法院依照本法第六十五条第二款作出的裁定不服的，可以自裁定宣布之日或者收到通知之日起十五日内向该人民法院申请复议。复议期间不停止裁定的执行。

第二节 债权人委员会

第六十七条 债权人会议可以决定设立债权人委员会。债权人委员会由债权人会议选任的债权人代表和一名债务人的职工代表或者工会代表组成。债权人委员会成员不得超过九人。

债权人委员会成员应当经人民法院书面决定认可。

第六十八条 债权人委员会行使下列职权：

（一）监督债务人财产的管理和处分；

（二）监督破产财产分配；

（三）提议召开债权人会议；

（四）债权人会议委托的其他职权。

债权人委员会执行职务时，有权要求管理人、债务人的有关人员对其职权范围内的事务作出说明或者提供有关文件。

管理人、债务人的有关人员违反本法规定拒绝接受监督的，债权人委员会有权就监督事项请求人民法院作出决定；人民法院应当在五日内作出决定。

第六十九条 管理人实施下列行为，应当及时报告债权人委员会：

（一）涉及土地、房屋等不动产权益的转让；

（二）探矿权、采矿权、知识产权等财产权的转让；

（三）全部库存或者营业的转让；

（四）借款；

（五）设定财产担保；

（六）债权和有价证券的转让；

（七）履行债务人和对方当事人均未履行完毕的合同；

（八）放弃权利；

（九）担保物的取回；

（十）对债权人利益有重大影响的其他财产处分行为。

未设立债权人委员会的，管理人实施前款规定的行为应当及时报告人民法院。

第八章 重　整

第一节 重整申请和重整期间

第七十条 债务人或者债权人可以依照本法规定，直接向人民法院申请对债务人进行重整。

债权人申请对债务人进行破产清算的，在人民法院受理破产申请后、宣告债务人破产前，债务人或者出资额占债务人注册资本十分之一以上的出资人，可以向人民法院申请重整。

第七十一条 人民法院经审查认为重整申请符合本法规定的，应当裁定债务人重整，并予以公告。

第七十二条 自人民法院裁定债务人重整之日起至重整程序终止，为重整期间。

第七十三条 在重整期间，经债务人申请，人民法院批准，债务人可以在管理人的监督下自行管理财产和营业事务。

有前款规定情形的，依照本法规定已接管债务人财产和营业事务的管理人应当向债务人移交财产和营业事务，本法规定的管理人的职权由债务人行使。

第七十四条 管理人负责管理财产和营业事务的，可以聘任债务人的经营管理人员负责营业事务。

第七十五条 在重整期间，对债务人的特定财产享有的担保权暂停行使。但是，担保物有损坏或者价值明显减少的可能，足以危害担保权人权利的，担保权人可以向人民法院请求恢复行使担保权。

在重整期间，债务人或者管理人为继续营业而借款的，可以为该借款设定担保。

第七十六条 债务人合法占有的他人财产，该财产的权利人在重整期间要求取回的，应当符合事先约定的条件。

第七十七条 在重整期间，债务人的出资人不得请求投资收益分配。

在重整期间，债务人的董事、监事、高级管理人员不得向第三人转让其持有的债务人的股权。但是，经人民法院同意的除外。

第七十八条 在重整期间，有下列情形之一的，经管理人或者利害关系人请求，人民法院应当裁定终止重整程序，并宣告债务人破产：

（一）债务人的经营状况和财产状况继续恶化，缺乏挽救的可能性；

（二）债务人有欺诈、恶意减少债务人财产或者其他显著不利于债权人的行为；

（三）由于债务人的行为致使管理人无法执行职务。

第二节　重整计划的制定和批准

第七十九条　债务人或者管理人应当自人民法院裁定债务人重整之日起六个月内，同时向人民法院和债权人会议提交重整计划草案。

前款规定的期限届满，经债务人或者管理人请求，有正当理由的，人民法院可以裁定延期三个月。

债务人或者管理人未按期提出重整计划草案的，人民法院应当裁定终止重整程序，并宣告债务人破产。

第八十条　债务人自行管理财产和营业事务的，由债务人制作重整计划草案。

管理人负责管理财产和营业事务的，由管理人制作重整计划草案。

第八十一条　重整计划草案应当包括下列内容：

（一）债务人的经营方案；

（二）债权分类；

（三）债权调整方案；

（四）债权受偿方案；

（五）重整计划的执行期限；

（六）重整计划执行的监督期限；

（七）有利于债务人重整的其他方案。

第八十二条　下列各类债权的债权人参加讨论重整计划草案的债权人会议，依照下列债权分类，分组对重整计划草案进行表决：

（一）对债务人的特定财产享有担保权的债权；

（二）债务人所欠职工的工资和医疗、伤残补助、抚恤费用，所欠的应当划入职工个人账户的基本养老保险、基本医疗保险费用，以及法律、行政法规规定应当支付给职工的补偿金；

（三）债务人所欠税款；

（四）普通债权。

人民法院在必要时可以决定在普通债权组中设小额债权组对重整计划草案进行表决。

第八十三条 重整计划不得规定减免债务人欠缴的本法第八十二条第一款第二项规定以外的社会保险费用；该项费用的债权人不参加重整计划草案的表决。

第八十四条 人民法院应当自收到重整计划草案之日起三十日内召开债权人会议，对重整计划草案进行表决。

出席会议的同一表决组的债权人过半数同意重整计划草案，并且其所代表的债权额占该组债权总额的三分之二以上的，即为该组通过重整计划草案。

债务人或者管理人应当向债权人会议就重整计划草案作出说明，并回答询问。

第八十五条 债务人的出资人代表可以列席讨论重整计划草案的债权人会议。

重整计划草案涉及出资人权益调整事项的，应当设出资人组，对该事项进行表决。

第八十六条 各表决组均通过重整计划草案时，重整计划即为通过。

自重整计划通过之日起十日内，债务人或者管理人应当向人民法院提出批准重整计划的申请。人民法院经审查认为符合本法规定的，应当自收到申请之日起三十日内裁定批准，终止重整程序，并予以公告。

第八十七条 部分表决组未通过重整计划草案的，债务人或者管理人可以同未通过重整计划草案的表决组协商。该表决组可以在协商后再表决一次。双方协商的结果不得损害其他表决组的利益。

未通过重整计划草案的表决组拒绝再次表决或者再次表决仍未通过重整计划草案，但重整计划草案符合下列条件的，债务人或者管理人可以申请人民法院批准重整计划草案：

（一）按照重整计划草案，本法第八十二条第一款第一项所列债权就该特定财产将获得全额清偿，其因延期清偿所受的损失将得到公平补偿，并且其担保权未受到实质性损害，或者该表决组已经通过重整计划草案；

（二）按照重整计划草案，本法第八十二条第一款第二项、第三项所列债权将获得全额清偿，或者相应表决组已经通过重整计划草案；

（三）按照重整计划草案，普通债权所获得的清偿比例，不低于其在重整计划草案被提请批准时依照破产清算程序所能获得的清偿比例，或者该表决组已经通过重整计划草案；

（四）重整计划草案对出资人权益的调整公平、公正，或者出资人组已经通过重整计划草案；

（五）重整计划草案公平对待同一表决组的成员，并且所规定的债权清偿顺序不违反本法第一百一十三条的规定；

（六）债务人的经营方案具有可行性。

人民法院经审查认为重整计划草案符合前款规定的，应当自收到申请之日起三十日内裁定批准，终止重整程序，并予以公告。

第八十八条　重整计划草案未获得通过且未依照本法第八十七条的规定获得批准，或者已通过的重整计划未获得批准的，人民法院应当裁定终止重整程序，并宣告债务人破产。

第三节　重整计划的执行

第八十九条　重整计划由债务人负责执行。

人民法院裁定批准重整计划后，已接管财产和营业事务的管理人应当向债务人移交财产和营业事务。

第九十条　自人民法院裁定批准重整计划之日起，在重整计划规定的监督期内，由管理人监督重整计划的执行。

在监督期内，债务人应当向管理人报告重整计划执行情况和债务人财务状况。

第九十一条　监督期届满时，管理人应当向人民法院提交监督报告。自监督报告提交之日起，管理人的监督职责终止。

管理人向人民法院提交的监督报告，重整计划的利害关系人有权查阅。

经管理人申请，人民法院可以裁定延长重整计划执行的监督期限。

第九十二条 经人民法院裁定批准的重整计划，对债务人和全体债权人均有约束力。

债权人未依照本法规定申报债权的，在重整计划执行期间不得行使权利；在重整计划执行完毕后，可以按照重整计划规定的同类债权的清偿条件行使权利。

债权人对债务人的保证人和其他连带债务人所享有的权利，不受重整计划的影响。

第九十三条 债务人不能执行或者不执行重整计划的，人民法院经管理人或者利害关系人请求，应当裁定终止重整计划的执行，并宣告债务人破产。

人民法院裁定终止重整计划执行的，债权人在重整计划中作出的债权调整的承诺失去效力。债权人因执行重整计划所受的清偿仍然有效，债权未受清偿的部分作为破产债权。

前款规定的债权人，只有在其他同顺位债权人同自己所受的清偿达到同一比例时，才能继续接受分配。

有本条第一款规定情形的，为重整计划的执行提供的担保继续有效。

第九十四条 按照重整计划减免的债务，自重整计划执行完毕时起，债务人不再承担清偿责任。

第九章 和 解

第九十五条 债务人可以依照本法规定，直接向人民法院申请和解；也可以在人民法院受理破产申请后、宣告债务人破产前，向人民法院申请和解。

债务人申请和解，应当提出和解协议草案。

第九十六条 人民法院经审查认为和解申请符合本法规定的，应当裁定和解，予以公告，并召集债权人会议讨论和解协议草案。

对债务人的特定财产享有担保权的权利人，自人民法院裁定和解之日起可以行使权利。

第九十七条 债权人会议通过和解协议的决议，由出席会议的有表决权的债权人过半数同意，并且其所代表的债权额占无财产担保债权总额的三分之二以上。

第九十八条 债权人会议通过和解协议的，由人民法院裁定认可，终止和解程序，并予以公告。管理人应当向债务人移交财产和营业事务，并向人民法院提交执行职务的报告。

第九十九条 和解协议草案经债权人会议表决未获得通过，或者已经债权人会议通过的和解协议未获得人民法院认可的，人民法院应当裁定终止和解程序，并宣告债务人破产。

第一百条 经人民法院裁定认可的和解协议，对债务人和全体和解债权人均有约束力。

和解债权人是指人民法院受理破产申请时对债务人享有无财产担保债权的人。

和解债权人未依照本法规定申报债权的，在和解协议执行期间不得行使权利；在和解协议执行完毕后，可以按照和解协议规定的清偿条件行使权利。

第一百零一条 和解债权人对债务人的保证人和其他连带债务人所享有的权利，不受和解协议的影响。

第一百零二条 债务人应当按照和解协议规定的条件清偿债务。

第一百零三条 因债务人的欺诈或者其他违法行为而成立的和解协议，人民法院应当裁定无效，并宣告债务人破产。

有前款规定情形的，和解债权人因执行和解协议所受的清偿，在其他债权人所受清偿同等比例的范围内，不予返还。

第一百零四条 债务人不能执行或者不执行和解协议的，人民法院经和解债权人请求，应当裁定终止和解协议的执行，并宣告债务人破产。

人民法院裁定终止和解协议执行的，和解债权人在和解协议中作出的债权调整的承诺失去效力。和解债权人因执行和解协议所受的清偿仍然有效，和解债权未受清偿的部分作为破产债权。

前款规定的债权人，只有在其他债权人同自己所受的清偿达到同一比例时，才能继续接受分配。

有本条第一款规定情形的，为和解协议的执行提供的担保继续有效。

第一百零五条 人民法院受理破产申请后，债务人与全体债权人就债权债务的处理自行达成协议的，可以请求人民法院裁定认可，并终结破产程序。

第一百零六条 按照和解协议减免的债务，自和解协议执行完毕时起，债务人不再承担清偿责任。

第十章 破产清算

第一节 破产宣告

第一百零七条 人民法院依照本法规定宣告债务人破产的，应当自裁定作出之日起五日内送达债务人和管理人，自裁定作出之日起十日内通知已知债权人，并予以公告。

债务人被宣告破产后，债务人称为破产人，债务人财产称为破产财产，人民法院受理破产申请时对债务人享有的债权称为破产债权。

第一百零八条 破产宣告前，有下列情形之一的，人民法院应当裁定终结破产程序，并予以公告：

（一）第三人为债务人提供足额担保或者为债务人清偿全部到期债务的；

（二）债务人已清偿全部到期债务的。

第一百零九条 对破产人的特定财产享有担保权的权利人，对该特定财产享有优先受偿的权利。

第一百一十条 享有本法第一百零九条规定权利的债权人行使优先受偿权利未能完全受偿的，其未受偿的债权作为普通债权；放弃优先受偿权利的，其债权作为普通债权。

第二节 变价和分配

第一百一十一条 管理人应当及时拟订破产财产变价方案，提交债权人会议讨论。

管理人应当按照债权人会议通过的或者人民法院依照本法第六十五条第一款规定裁定的破产财产变价方案，适时变价出售破产财产。

第一百一十二条 变价出售破产财产应当通过拍卖进行。但是，债权人会议另有决议的除外。

破产企业可以全部或者部分变价出售。企业变价出售时，可以将其中的无形资产和其他财产单独变价出售。

按照国家规定不能拍卖或者限制转让的财产，应当按照国家规定的方式处理。

第一百一十三条 破产财产在优先清偿破产费用和共益债务后，依照下列顺序清偿：

（一）破产人所欠职工的工资和医疗、伤残补助、抚恤费用，所欠的应当划入职工个人账户的基本养老保险、基本医疗保险费用，以及法律、行政法规规定应当支付给职工的补偿金；

（二）破产人欠缴的除前项规定以外的社会保险费用和破产人所欠税款；

（三）普通破产债权。

破产财产不足以清偿同一顺序的清偿要求的，按照比例分配。

破产企业的董事、监事和高级管理人员的工资按照该企业职工的平均工资计算。

第一百一十四条 破产财产的分配应当以货币分配方式进行。但是，债权人会议另有决议的除外。

第一百一十五条 管理人应当及时拟订破产财产分配方案，提交债权人会议讨论。

破产财产分配方案应当载明下列事项：

（一）参加破产财产分配的债权人名称或者姓名、住所；

（二）参加破产财产分配的债权额；

（三）可供分配的破产财产数额；

（四）破产财产分配的顺序、比例及数额；

（五）实施破产财产分配的方法。

债权人会议通过破产财产分配方案后，由管理人将该方案提请人民法院裁定认可。

第一百一十六条 破产财产分配方案经人民法院裁定认可后，由管理人执行。

管理人按照破产财产分配方案实施多次分配的，应当公告本次分配的财产额和债权额。管理人实施最后分配的，应当在公告中指明，并载明本法第一百一十七条第二款规定的事项。

第一百一十七条 对于附生效条件或者解除条件的债权，管理人应当将其分配额提存。

管理人依照前款规定提存的分配额，在最后分配公告日，生效条件未成就或者解除条件成就的，应当分配给其他债权人；在最后分配公告日，生效条件成就或者解除条件未成就的，应当交付给债权人。

第一百一十八条 债权人未受领的破产财产分配额，管理人应当提存。债权人自最后分配公告之日起满二个月仍不领取的，视为放弃受领分配的权利，管理人或者人民法院应当将提存的分配额分配给其他债权人。

第一百一十九条 破产财产分配时，对于诉讼或者仲裁未决的债权，管理人应当将其分配额提存。自破产程序终结之日起满二年仍不能受领分配的，人民法院应当将提存的分配额分配给其他债权人。

第三节　破产程序的终结

第一百二十条 破产人无财产可供分配的，管理人应当请求人民法院裁定终结破产程序。

管理人在最后分配完结后，应当及时向人民法院提交破产财产分配报告，并提请人民法院裁定终结破产程序。

人民法院应当自收到管理人终结破产程序的请求之日起十五日内作出是否终结破产程序的裁定。裁定终结的，应当予以公告。

第一百二十一条 管理人应当自破产程序终结之日起十日内，持人民法院终结破产程序的裁定，向破产人的原登记机关办理注销登记。

第一百二十二条 管理人于办理注销登记完毕的次日终止执行职务。但是，存在诉讼或者仲裁未决情况的除外。

第一百二十三条 自破产程序依照本法第四十三条第四款或者第一百二十

条的规定终结之日起二年内，有下列情形之一的，债权人可以请求人民法院按照破产财产分配方案进行追加分配：

（一）发现有依照本法第三十一条、第三十二条、第三十三条、第三十六条规定应当追回的财产的；

（二）发现破产人有应当供分配的其他财产的。

有前款规定情形，但财产数量不足以支付分配费用的，不再进行追加分配，由人民法院将其上交国库。

第一百二十四条 破产人的保证人和其他连带债务人，在破产程序终结后，对债权人依照破产清算程序未受清偿的债权，依法继续承担清偿责任。

第十一章 法律责任

第一百二十五条 企业董事、监事或者高级管理人员违反忠实义务、勤勉义务，致使所在企业破产的，依法承担民事责任。

有前款规定情形的人员，自破产程序终结之日起三年内不得担任任何企业的董事、监事、高级管理人员。

第一百二十六条 有义务列席债权人会议的债务人的有关人员，经人民法院传唤，无正当理由拒不列席债权人会议的，人民法院可以拘传，并依法处以罚款。债务人的有关人员违反本法规定，拒不陈述、回答，或者作虚假陈述、回答的，人民法院可以依法处以罚款。

第一百二十七条 债务人违反本法规定，拒不向人民法院提交或者提交不真实的财产状况说明、债务清册、债权清册、有关财务会计报告以及职工工资的支付情况和社会保险费用的缴纳情况的，人民法院可以对直接责任人员依法处以罚款。

债务人违反本法规定，拒不向管理人移交财产、印章和账簿、文书等资料的，或者伪造、销毁有关财产证据材料而使财产状况不明的，人民法院可以对直接责任人员依法处以罚款。

第一百二十八条 债务人有本法第三十一条、第三十二条、第三十三条规定的行为，损害债权人利益的，债务人的法定代表人和其他直接责任人员依法承担赔偿责任。

第一百二十九条 债务人的有关人员违反本法规定，擅自离开住所地的，人民法院可以予以训诫、拘留，可以依法并处罚款。

第一百三十条 管理人未依照本法规定勤勉尽责，忠实执行职务的，人民法院可以依法处以罚款；给债权人、债务人或者第三人造成损失的，依法承担赔偿责任。

第一百三十一条 违反本法规定，构成犯罪的，依法追究刑事责任。

第十二章 附 则

第一百三十二条 本法施行后，破产人在本法公布之日前所欠职工的工资和医疗、伤残补助、抚恤费用，所欠的应当划入职工个人账户的基本养老保险、基本医疗保险费用，以及法律、行政法规规定应当支付给职工的补偿金，依照本法第一百一十三条的规定清偿后不足以清偿的部分，以本法第一百零九条规定的特定财产优先于对该特定财产享有担保权的权利人受偿。

第一百三十三条 在本法施行前国务院规定的期限和范围内的国有企业实施破产的特殊事宜，按照国务院有关规定办理。

第一百三十四条 商业银行、证券公司、保险公司等金融机构有本法第二条规定情形的，国务院金融监督管理机构可以向人民法院提出对该金融机构进行重整或者破产清算的申请。国务院金融监督管理机构依法对出现重大经营风险的金融机构采取接管、托管等措施的，可以向人民法院申请中止以该金融机构为被告或者被执行人的民事诉讼程序或者执行程序。

金融机构实施破产的，国务院可以依据本法和其他有关法律的规定制定实施办法。

第一百三十五条 其他法律规定企业法人以外的组织的清算，属于破产清算的，参照适用本法规定的程序。

第一百三十六条 本法自2007年6月1日起施行，《中华人民共和国企业破产法（试行）》同时废止。

最高人民法院关于适用《中华人民共和国企业破产法》若干问题的规定（一）

（2011年8月29日最高人民法院审判委员会第1527次会议通过 法释〔2011〕22号 2011年9月9日最高人民法院公告公布 自2011年9月26日起施行）

为正确适用《中华人民共和国企业破产法》，结合审判实践，就人民法院依法受理企业破产案件适用法律问题作出如下规定。

第一条 债务人不能清偿到期债务并且具有下列情形之一的，人民法院应当认定其具备破产原因：

（一）资产不足以清偿全部债务；

（二）明显缺乏清偿能力。

相关当事人以对债务人的债务负有连带责任的人未丧失清偿能力为由，主张债务人不具备破产原因的，人民法院应不予支持。

第二条 下列情形同时存在的，人民法院应当认定债务人不能清偿到期债务：

（一）债权债务关系依法成立；

（二）债务履行期限已经届满；

（三）债务人未完全清偿债务。

第三条 债务人的资产负债表，或者审计报告、资产评估报告等显示其全部资产不足以偿付全部负债的，人民法院应当认定债务人资产不足以清偿全部债务，但有相反证据足以证明债务人资产能够偿付全部负债的除外。

第四条 债务人账面资产虽大于负债，但存在下列情形之一的，人民法院应当认定其明显缺乏清偿能力：

（一）因资金严重不足或者财产不能变现等原因，无法清偿债务；

（二）法定代表人下落不明且无其他人员负责管理财产，无法清偿债务；

（三）经人民法院强制执行，无法清偿债务；

（四）长期亏损且经营扭亏困难，无法清偿债务；

（五）导致债务人丧失清偿能力的其他情形。

第五条 企业法人已解散但未清算或者未在合理期限内清算完毕，债权人申请债务人破产清算的，除债务人在法定异议期限内举证证明其未出现破产原因外，人民法院应当受理。

第六条 债权人申请债务人破产的，应当提交债务人不能清偿到期债务的有关证据。债务人对债权人的申请未在法定期限内向人民法院提出异议，或者异议不成立的，人民法院应当依法裁定受理破产申请。

受理破产申请后，人民法院应当责令债务人依法提交其财产状况说明、债务清册、债权清册、财务会计报告等有关材料，债务人拒不提交的，人民法院可以对债务人的直接责任人员采取罚款等强制措施。

第七条 人民法院收到破产申请时，应当向申请人出具收到申请及所附证据的书面凭证。

人民法院收到破产申请后应当及时对申请人的主体资格、债务人的主体资格和破产原因，以及有关材料和证据等进行审查，并依据企业破产法第十条的规定作出是否受理的裁定。

人民法院认为申请人应当补充、补正相关材料的，应当自收到破产申请之日起五日内告知申请人。当事人补充、补正相关材料的期间不计入企业破产法第十条规定的期限。

第八条 破产案件的诉讼费用，应根据企业破产法第四十三条的规定，从债务人财产中拨付。相关当事人以申请人未预先交纳诉讼费用为由，对破产申请提出异议的，人民法院不予支持。

第九条 申请人向人民法院提出破产申请，人民法院未接收其申请，或者未按本规定第七条执行的，申请人可以向上一级人民法院提出破产申请。

上一级人民法院接到破产申请后，应当责令下级法院依法审查并及时作出是否受理的裁定；下级法院仍不作出是否受理裁定的，上一级人民法院可以径行作出裁定。

上一级人民法院裁定受理破产申请的，可以同时指令下级人民法院审理该案件。

最高人民法院关于适用《中华人民共和国企业破产法》若干问题的规定（二）

（2013年7月29日最高人民法院审判委员会第1586次会议通过 根据2020年12月23日最高人民法院审判委员会第1823次会议通过的《最高人民法院关于修改〈最高人民法院关于破产企业国有划拨土地使用权应否列入破产财产等问题的批复〉等二十九件商事类司法解释的决定》修正）

根据《中华人民共和国民法典》《中华人民共和国企业破产法》等相关法律，结合审判实践，就人民法院审理企业破产案件中认定债务人财产相关的法律适用问题，制定本规定。

第一条 除债务人所有的货币、实物外，债务人依法享有的可以用货币估价并可以依法转让的债权、股权、知识产权、用益物权等财产和财产权益，人民法院均应认定为债务人财产。

第二条 下列财产不应认定为债务人财产：

（一）债务人基于仓储、保管、承揽、代销、借用、寄存、租赁等合同或者其他法律关系占有、使用的他人财产；

（二）债务人在所有权保留买卖中尚未取得所有权的财产；

（三）所有权专属于国家且不得转让的财产；

（四）其他依照法律、行政法规不属于债务人的财产。

第三条 债务人已依法设定担保物权的特定财产，人民法院应当认定为债务人财产。

对债务人的特定财产在担保物权消灭或者实现担保物权后的剩余部分，在破产程序中可用以清偿破产费用、共益债务和其他破产债权。

第四条 债务人对按份享有所有权的共有财产的相关份额，或者共同享有所有权的共有财产的相应财产权利，以及依法分割共有财产所得部分，人民法院均应认定为债务人财产。

人民法院宣告债务人破产清算，属于共有财产分割的法定事由。人民法院裁定债务人重整或者和解的，共有财产的分割应当依据民法典第三百零三条的规定进行；基于重整或者和解的需要必须分割共有财产，管理人请求分割的，人民法院应予准许。

因分割共有财产导致其他共有人损害产生的债务，其他共有人请求作为共益债务清偿的，人民法院应予支持。

第五条 破产申请受理后，有关债务人财产的执行程序未依照企业破产法第十九条的规定中止的，采取执行措施的相关单位应当依法予以纠正。依法执行回转的财产，人民法院应当认定为债务人财产。

第六条 破产申请受理后，对于可能因有关利益相关人的行为或者其他原因，影响破产程序依法进行的，受理破产申请的人民法院可以根据管理人的申请或者依职权，对债务人的全部或者部分财产采取保全措施。

第七条 对债务人财产已采取保全措施的相关单位，在知悉人民法院已裁定受理有关债务人的破产申请后，应当依照企业破产法第十九条的规定及时解除对债务人财产的保全措施。

第八条 人民法院受理破产申请后至破产宣告前裁定驳回破产申请，或者依据企业破产法第一百零八条的规定裁定终结破产程序的，应当及时通知原已采取保全措施并已依法解除保全措施的单位按照原保全顺位恢复相关保全措施。

在已依法解除保全的单位恢复保全措施或者表示不再恢复之前，受理破产申请的人民法院不得解除对债务人财产的保全措施。

第九条 管理人依据企业破产法第三十一条和第三十二条的规定提起诉讼，请求撤销涉及债务人财产的相关行为并由相对人返还债务人财产的，人民法院应予支持。

管理人因过错未依法行使撤销权导致债务人财产不当减损，债权人提起诉讼主张管理人对其损失承担相应赔偿责任的，人民法院应予支持。

第十条 债务人经过行政清理程序转入破产程序的，企业破产法第三十一条和第三十二条规定的可撤销行为的起算点，为行政监管机构作出撤销决定之日。

债务人经过强制清算程序转入破产程序的，企业破产法第三十一条和第三十二条规定的可撤销行为的起算点，为人民法院裁定受理强制清算申请之日。

第十一条 人民法院根据管理人的请求撤销涉及债务人财产的以明显不合理价格进行的交易的，买卖双方应当依法返还从对方获取的财产或者价款。

因撤销该交易，对于债务人应返还受让人已支付价款所产生的债务，受让人请求作为共益债务清偿的，人民法院应予支持。

第十二条 破产申请受理前一年内债务人提前清偿的未到期债务，在破产申请受理前已经到期，管理人请求撤销该清偿行为的，人民法院不予支持。但是，该清偿行为发生在破产申请受理前六个月内且债务人有企业破产法第二条第一款规定情形的除外。

第十三条 破产申请受理后，管理人未依据企业破产法第三十一条的规定请求撤销债务人无偿转让财产、以明显不合理价格交易、放弃债权行为的，债权人依据民法典第五百三十八条、第五百三十九条等规定提起诉讼，请求撤销债务人上述行为并将因此追回的财产归入债务人财产的，人民法院应予受理。

相对人以债权人行使撤销权的范围超出债权人的债权抗辩的，人民法院不予支持。

第十四条 债务人对以自有财产设定担保物权的债权进行的个别清偿，管理人依据企业破产法第三十二条的规定请求撤销的，人民法院不予支持。但是，债务清偿时担保财产的价值低于债权额的除外。

第十五条 债务人经诉讼、仲裁、执行程序对债权人进行的个别清偿，管理人依据企业破产法第三十二条的规定请求撤销的，人民法院不予支持。但是，债务人与债权人恶意串通损害其他债权人利益的除外。

第十六条 债务人对债权人进行的以下个别清偿，管理人依据企业破产法第三十二条的规定请求撤销的，人民法院不予支持：

（一）债务人为维系基本生产需要而支付水费、电费等的；

（二）债务人支付劳动报酬、人身损害赔偿金的；

（三）使债务人财产受益的其他个别清偿。

第十七条 管理人依据企业破产法第三十三条的规定提起诉讼，主张被隐匿、转移财产的实际占有人返还债务人财产，或者主张债务人虚构债务或者承认不真实债务的行为无效并返还债务人财产的，人民法院应予支持。

第十八条 管理人代表债务人依据企业破产法第一百二十八条的规定，以债务人的法定代表人和其他直接责任人员对所涉债务人财产的相关行为存在故意或者重大过失，造成债务人财产损失为由提起诉讼，主张上述责任人员承担相应赔偿责任的，人民法院应予支持。

第十九条 债务人对外享有债权的诉讼时效，自人民法院受理破产申请之日起中断。

债务人无正当理由未对其到期债权及时行使权利，导致其对外债权在破产申请受理前一年内超过诉讼时效期间的，人民法院受理破产申请之日起重新计算上述债权的诉讼时效期间。

第二十条 管理人代表债务人提起诉讼，主张出资人向债务人依法缴付未履行的出资或者返还抽逃的出资本息，出资人以认缴出资尚未届至公司章程规定的缴纳期限或者违反出资义务已经超过诉讼时效为由抗辩的，人民法院不予支持。

管理人依据公司法的相关规定代表债务人提起诉讼，主张公司的发起人和负有监督股东履行出资义务的董事、高级管理人员，或者协助抽逃出资的其他股东、董事、高级管理人员、实际控制人等，对股东违反出资义务或者抽逃出资承担相应责任，并将财产归入债务人财产的，人民法院应予支持。

第二十一条 破产申请受理前，债权人就债务人财产提起下列诉讼，破产申请受理时案件尚未审结的，人民法院应当中止审理：

（一）主张次债务人代替债务人直接向其偿还债务的；

（二）主张债务人的出资人、发起人和负有监督股东履行出资义务的董事、高级管理人员，或者协助抽逃出资的其他股东、董事、高级管理人员、实际控制人等直接向其承担出资不实或者抽逃出资责任的；

（三）以债务人的股东与债务人法人人格严重混同为由，主张债务人的股东直接向其偿还债务人对其所负债务的；

（四）其他就债务人财产提起的个别清偿诉讼。

债务人破产宣告后，人民法院应当依照企业破产法第四十四条的规定判决驳回债权人的诉讼请求。但是，债权人一审中变更其诉讼请求为追收的相关财产归入债务人财产的除外。

债务人破产宣告前，人民法院依据企业破产法第十二条或者第一百零八条的规定裁定驳回破产申请或者终结破产程序的，上述中止审理的案件应当依法恢复审理。

第二十二条 破产申请受理前，债权人就债务人财产向人民法院提起本规定第二十一条第一款所列诉讼，人民法院已经作出生效民事判决书或者调解书但尚未执行完毕的，破产申请受理后，相关执行行为应当依据企业破产法第十九条的规定中止，债权人应当依法向管理人申报相关债权。

第二十三条 破产申请受理后，债权人就债务人财产向人民法院提起本规定第二十一条第一款所列诉讼的，人民法院不予受理。

债权人通过债权人会议或者债权人委员会，要求管理人依法向次债务人、债务人的出资人等追收债务人财产，管理人无正当理由拒绝追收，债权人会议依据企业破产法第二十二条的规定，申请人民法院更换管理人的，人民法院应予支持。

管理人不予追收，个别债权人代表全体债权人提起相关诉讼，主张次债务人或者债务人的出资人等向债务人清偿或者返还债务人财产，或者依法申请合并破产的，人民法院应予受理。

第二十四条 债务人有企业破产法第二条第一款规定的情形时，债务人的董事、监事和高级管理人员利用职权获取的以下收入，人民法院应当认定为企业破产法第三十六条规定的非正常收入：

（一）绩效奖金；

（二）普遍拖欠职工工资情况下获取的工资性收入；

（三）其他非正常收入。

债务人的董事、监事和高级管理人员拒不向管理人返还上述债务人财产，管理人主张上述人员予以返还的，人民法院应予支持。

债务人的董事、监事和高级管理人员因返还第一款第（一）项、第（三）项非正常收入形成的债权，可以作为普通破产债权清偿。因返还第一款第（二）项非正常收入形成的债权，依据企业破产法第一百一十三条第三款的规定，按照该企业职工平均工资计算的部分作为拖欠职工工资清偿；高出该企业职工平均工资计算的部分，可以作为普通破产债权清偿。

第二十五条 管理人拟通过清偿债务或者提供担保取回质物、留置物，或者与质权人、留置权人协议以质物、留置物折价清偿债务等方式，进行对债权人利益有重大影响的财产处分行为的，应当及时报告债权人委员会。未设立债权人委员会的，管理人应当及时报告人民法院。

第二十六条 权利人依据企业破产法第三十八条的规定行使取回权，应当在破产财产变价方案或者和解协议、重整计划草案提交债权人会议表决前向管理人提出。权利人在上述期限后主张取回相关财产的，应当承担延迟行使取回权增加的相关费用。

第二十七条 权利人依据企业破产法第三十八条的规定向管理人主张取回相关财产，管理人不予认可，权利人以债务人为被告向人民法院提起诉讼请求行使取回权的，人民法院应予受理。

权利人依据人民法院或者仲裁机关的相关生效法律文书向管理人主张取回所涉争议财产，管理人以生效法律文书错误为由拒绝其行使取回权的，人民法院不予支持。

第二十八条 权利人行使取回权时未依法向管理人支付相关的加工费、保管费、托运费、委托费、代销费等费用，管理人拒绝其取回相关财产的，人民法院应予支持。

第二十九条 对债务人占有的权属不清的鲜活易腐等不易保管的财产或者不及时变现价值将严重贬损的财产，管理人及时变价并提存变价款后，有关权利人就该变价款行使取回权的，人民法院应予支持。

第三十条 债务人占有的他人财产被违法转让给第三人，依据民法典第三百一十一条的规定第三人已善意取得财产所有权，原权利人无法取回该财产的，人民法院应当按照以下规定处理：

（一）转让行为发生在破产申请受理前的，原权利人因财产损失形成的债权，作为普通破产债权清偿；

（二）转让行为发生在破产申请受理后的，因管理人或者相关人员执行职务导致原权利人损害产生的债务，作为共益债务清偿。

第三十一条 债务人占有的他人财产被违法转让给第三人，第三人已向债务人支付了转让价款，但依据民法典第三百一十一条的规定未取得财产所有权，原权利人依法追回转让财产的，对因第三人已支付对价而产生的债务，人民法院应当按照以下规定处理：

（一）转让行为发生在破产申请受理前的，作为普通破产债权清偿；

（二）转让行为发生在破产申请受理后的，作为共益债务清偿。

第三十二条 债务人占有的他人财产毁损、灭失，因此获得的保险金、赔偿金、代偿物尚未交付给债务人，或者代偿物虽已交付给债务人但能与债务人财产予以区分的，权利人主张取回就此获得的保险金、赔偿金、代偿物的，人民法院应予支持。

保险金、赔偿金已经交付给债务人，或者代偿物已经交付给债务人且不能与债务人财产予以区分的，人民法院应当按照以下规定处理：

（一）财产毁损、灭失发生在破产申请受理前的，权利人因财产损失形成的债权，作为普通破产债权清偿；

（二）财产毁损、灭失发生在破产申请受理后的，因管理人或者相关人员执行职务导致权利人损害产生的债务，作为共益债务清偿。

债务人占有的他人财产毁损、灭失，没有获得相应的保险金、赔偿金、代偿物，或者保险金、赔偿物、代偿物不足以弥补其损失的部分，人民法院应当按照本条第二款的规定处理。

第三十三条 管理人或者相关人员在执行职务过程中，因故意或者重大过失不当转让他人财产或者造成他人财产毁损、灭失，导致他人损害产生的债务作为共益债务，由债务人财产随时清偿不足弥补损失，权利人向管理人或者相关人员主张承担补充赔偿责任的，人民法院应予支持。

上述债务作为共益债务由债务人财产随时清偿后，债权人以管理人或者相关人员执行职务不当导致债务人财产减少给其造成损失为由提起诉讼，主张管理人或者相关人员承担相应赔偿责任的，人民法院应予支持。

第三十四条 买卖合同双方当事人在合同中约定标的物所有权保留，在标的物所有权未依法转移给买受人前，一方当事人破产的，该买卖合同属于双方均未履行完毕的合同，管理人有权依据企业破产法第十八条的规定决定解除或者继续履行合同。

第三十五条 出卖人破产，其管理人决定继续履行所有权保留买卖合同的，买受人应当按照原买卖合同的约定支付价款或者履行其他义务。

买受人未依约支付价款或者履行完毕其他义务，或者将标的物出卖、出质或者作出其他不当处分，给出卖人造成损害，出卖人管理人依法主张取回标的物的，人民法院应予支持。但是，买受人已经支付标的物总价款百分之七十五以上或者第三人善意取得标的物所有权或者其他物权的除外。

因本条第二款规定未能取回标的物，出卖人管理人依法主张买受人继续支付价款、履行完毕其他义务，以及承担相应赔偿责任的，人民法院应予支持。

第三十六条 出卖人破产，其管理人决定解除所有权保留买卖合同，并依据企业破产法第十七条的规定要求买受人向其交付买卖标的物的，人民法院应予支持。

买受人以其不存在未依约支付价款或者履行完毕其他义务，或者将标的物出卖、出质或者作出其他不当处分情形抗辩的，人民法院不予支持。

买受人依法履行合同义务并依据本条第一款将买卖标的物交付出卖人管理人后，买受人已支付价款损失形成的债权作为共益债务清偿。但是，买受人违反合同约定，出卖人管理人主张上述债权作为普通破产债权清偿的，人民法院应予支持。

第三十七条 买受人破产，其管理人决定继续履行所有权保留买卖合同的，原买卖合同中约定的买受人支付价款或者履行其他义务的期限在破产申请受理时视为到期，买受人管理人应当及时向出卖人支付价款或者履行其他义务。

买受人管理人无正当理由未及时支付价款或者履行完毕其他义务，或者将标的物出卖、出质或者作出其他不当处分，给出卖人造成损害，出卖人依据民法典第六百四十一条等规定主张取回标的物的，人民法院应予支持。但是，买受人已支付标的物总价款百分之七十五以上或者第三人善意取得标的物所有权或者其他物权的除外。

因本条第二款规定未能取回标的物，出卖人依法主张买受人继续支付价款、履行完毕其他义务，以及承担相应赔偿责任的，人民法院应予支持。对因买受人未支付价款或者未履行完毕其他义务，以及买受人管理人将标的物出卖、出质或者作出其他不当处分导致出卖人损害产生的债务，出卖人主张作为共益债务清偿的，人民法院应予支持。

第三十八条 买受人破产，其管理人决定解除所有权保留买卖合同，出卖人依据企业破产法第三十八条的规定主张取回买卖标的物的，人民法院应予支持。

出卖人取回买卖标的物，买受人管理人主张出卖人返还已支付价款的，人民法院应予支持。取回的标的物价值明显减少给出卖人造成损失的，出卖人可从买受人已支付价款中优先予以抵扣后，将剩余部分返还给买受人；对买受人已支付价款不足以弥补出卖人标的物价值减损损失形成的债权，出卖人主张作为共益债务清偿的，人民法院应予支持。

第三十九条 出卖人依据企业破产法第三十九条的规定，通过通知承运人或者实际占有人中止运输、返还货物、变更到达地，或者将货物交给其他收货人等方式，对在运途中标的物主张了取回权但未能实现，或者在货物未达管理人前已向管理人主张取回在运途中标的物，在买卖标的物到达管理人后，出卖人向管理人主张取回的，管理人应予准许。

出卖人对在运途中标的物未及时行使取回权，在买卖标的物到达管理人后向管理人行使在运途中标的物取回权的，管理人不应准许。

第四十条 债务人重整期间，权利人要求取回债务人合法占有的权利人的财产，不符合双方事先约定条件的，人民法院不予支持。但是，因管理人或者自行管理的债务人违反约定，可能导致取回物被转让、毁损、灭失或者价值明显减少的除外。

第四十一条 债权人依据企业破产法第四十条的规定行使抵销权，应当向管理人提出抵销主张。

管理人不得主动抵销债务人与债权人的互负债务，但抵销使债务人财产受益的除外。

第四十二条 管理人收到债权人提出的主张债务抵销的通知后，经审查无异议的，抵销自管理人收到通知之日起生效。

管理人对抵销主张有异议的，应当在约定的异议期限内或者自收到主张债务抵销的通知之日起三个月内向人民法院提起诉讼。无正当理由逾期提起的，人民法院不予支持。

人民法院判决驳回管理人提起的抵销无效诉讼请求的，该抵销自管理人收到主张债务抵销的通知之日起生效。

第四十三条 债权人主张抵销，管理人以下列理由提出异议的，人民法院不予支持：

（一）破产申请受理时，债务人对债权人负有的债务尚未到期；

（二）破产申请受理时，债权人对债务人负有的债务尚未到期；

（三）双方互负债务标的物种类、品质不同。

第四十四条 破产申请受理前六个月内，债务人有企业破产法第二条第一款规定的情形，债务人与个别债权人以抵销方式对个别债权人清偿，其抵销的债权债务属于企业破产法第四十条第（二）、（三）项规定的情形之一，管理人在破产申请受理之日起三个月内向人民法院提起诉讼，主张该抵销无效的，人民法院应予支持。

第四十五条 企业破产法第四十条所列不得抵销情形的债权人，主张以其对债务人特定财产享有优先受偿权的债权，与债务人对其不享有优先受偿权的债权抵销，债务人管理人以抵销存在企业破产法第四十条规定的情形提出异议的，人民法院不予支持。但是，用以抵销的债权大于债权人享有优先受偿权财产价值的除外。

第四十六条 债务人的股东主张以下列债务与债务人对其负有的债务抵销，债务人管理人提出异议的，人民法院应予支持：

（一）债务人股东因欠缴债务人的出资或者抽逃出资对债务人所负的债务；

（二）债务人股东滥用股东权利或者关联关系损害公司利益对债务人所负的债务。

第四十七条 人民法院受理破产申请后，当事人提起的有关债务人的民事诉讼案件，应当依据企业破产法第二十一条的规定，由受理破产申请的人民法院管辖。

受理破产申请的人民法院管辖的有关债务人的第一审民事案件，可以依据民事诉讼法第三十八条的规定，由上级人民法院提审，或者报请上级人民法院批准后交下级人民法院审理。

受理破产申请的人民法院，如对有关债务人的海事纠纷、专利纠纷、证券市场因虚假陈述引发的民事赔偿纠纷等案件不能行使管辖权的，可以依据民事诉讼法第三十七条的规定，由上级人民法院指定管辖。

第四十八条 本规定施行前本院发布的有关企业破产的司法解释，与本规定相抵触的，自本规定施行之日起不再适用。

最高人民法院关于适用《中华人民共和国企业破产法》若干问题的规定（三）

（2019年2月25日最高人民法院审判委员会第1762次会议通过 根据2020年12月23日最高人民法院审判委员会第1823次会议通过的《最高人民法院关于修改〈最高人民法院关于破产企业国有划拨土地使用权应否列入破产财产等问题的批复〉等二十九件商事类司法解释的决定》修正）

为正确适用《中华人民共和国企业破产法》，结合审判实践，就人民法院审理企业破产案件中有关债权人权利行使等相关法律适用问题，制定本规定。

第一条 人民法院裁定受理破产申请的，此前债务人尚未支付的公司强制清算费用、未终结的执行程序中产生的评估费、公告费、保管费等执行费用，可以参照企业破产法关于破产费用的规定，由债务人财产随时清偿。

此前债务人尚未支付的案件受理费、执行申请费，可以作为破产债权清偿。

第二条 破产申请受理后，经债权人会议决议通过，或者第一次债权人会议召开前经人民法院许可，管理人或者自行管理的债务人可以为债务人继续营业而借款。提供借款的债权人主张参照企业破产法第四十二条第四项的规定优先于普通破产债权清偿的，人民法院应予支持，但其主张优先于此前已就债务人特定财产享有担保的债权清偿的，人民法院不予支持。

管理人或者自行管理的债务人可以为前述借款设定抵押担保，抵押物在破产申请受理前已为其他债权人设定抵押的，债权人主张按照民法典第四百一十四条规定的顺序清偿，人民法院应予支持。

第三条 破产申请受理后，债务人欠缴款项产生的滞纳金，包括债务人未履行生效法律文书应当加倍支付的迟延利息和劳动保险金的滞纳金，债权人作为破产债权申报的，人民法院不予确认。

第四条 保证人被裁定进入破产程序的，债权人有权申报其对保证人的保证债权。

主债务未到期的，保证债权在保证人破产申请受理时视为到期。一般保证的保证人主张行使先诉抗辩权的，人民法院不予支持，但债权人在一般保证人破产程序中的分配额应予提存，待一般保证人应承担的保证责任确定后再按照破产清偿比例予以分配。

保证人被确定应当承担保证责任的，保证人的管理人可以就保证人实际承担的清偿额向主债务人或其他债务人行使求偿权。

第五条 债务人、保证人均被裁定进入破产程序的，债权人有权向债务人、保证人分别申报债权。

债权人向债务人、保证人均申报全部债权的，从一方破产程序中获得清偿后，其对另一方的债权额不作调整，但债权人的受偿额不得超出其债权总额。保证人履行保证责任后不再享有求偿权。

第六条 管理人应当依照企业破产法第五十七条的规定对所申报的债权进行登记造册，详尽记载申报人的姓名、单位、代理人、申报债权额、担保情况、证据、联系方式等事项，形成债权申报登记册。

管理人应当依照企业破产法第五十七条的规定对债权的性质、数额、担保财产、是否超过诉讼时效期间、是否超过强制执行期间等情况进行审查、编制债权表并提交债权人会议核查。

债权表、债权申报登记册及债权申报材料在破产期间由管理人保管，债权人、债务人、债务人职工及其他利害关系人有权查阅。

第七条 已经生效法律文书确定的债权，管理人应当予以确认。

管理人认为债权人据以申报债权的生效法律文书确定的债权错误，或者有证据证明债权人与债务人恶意通过诉讼、仲裁或者公证机关赋予强制执行力公证文书的形式虚构债权债务的，应当依法通过审判监督程序向作出该判决、裁定、调解书的人民法院或者上一级人民法院申请撤销生效法律文书，或者向受理破产申请的人民法院申请撤销或者不予执行仲裁裁决、不予执行公证债权文书后，重新确定债权。

第八条 债务人、债权人对债权表记载的债权有异议的，应当说明理由和法律依据。经管理人解释或调整后，异议人仍然不服的，或者管理人不予解释或调整的，异议人应当在债权人会议核查结束后十五日内向人民法院提起债权确认的诉讼。当事人之间在破产申请受理前订立有仲裁条款或仲裁协议的，应当向选定的仲裁机构申请确认债权债务关系。

第九条 债务人对债权表记载的债权有异议向人民法院提起诉讼的，应将被异议债权人列为被告。债权人对债权表记载的他人债权有异议的，应将被异议债权人列为被告；债权人对债权表记载的本人债权有异议的，应将债务人列为被告。

对同一笔债权存在多个异议人，其他异议人申请参加诉讼的，应当列为共同原告。

第十条 单个债权人有权查阅债务人财产状况报告、债权人会议决议、债权人委员会决议、管理人监督报告等参与破产程序所必需的债务人财务和经营信息资料。管理人无正当理由不予提供的，债权人可以请求人民法院作出决定；人民法院应当在五日内作出决定。

上述信息资料涉及商业秘密的，债权人应当依法承担保密义务或者签署保密协议；涉及国家秘密的应当依照相关法律规定处理。

第十一条 债权人会议的决议除现场表决外，可以由管理人事先将相关决议事项告知债权人，采取通信、网络投票等非现场方式进行表决。采取非现场方式进行表决的，管理人应当在债权人会议召开后的三日内，以信函、电子邮件、公告等方式将表决结果告知参与表决的债权人。

根据企业破产法第八十二条规定，对重整计划草案进行分组表决时，权益因重整计划草案受到调整或者影响的债权人或者股东，有权参加表决；权益未受到调整或者影响的债权人或者股东，参照企业破产法第八十三条的规定，不参加重整计划草案的表决。

第十二条 债权人会议的决议具有以下情形之一，损害债权人利益，债权人申请撤销的，人民法院应予支持：

（一）债权人会议的召开违反法定程序；

（二）债权人会议的表决违反法定程序；

（三）债权人会议的决议内容违法；

（四）债权人会议的决议超出债权人会议的职权范围。

人民法院可以裁定撤销全部或者部分事项决议，责令债权人会议依法重新作出决议。

债权人申请撤销债权人会议决议的，应当提出书面申请。债权人会议采取通信、网络投票等非现场方式进行表决的，债权人申请撤销的期限自债权人收到通知之日起算。

第十三条 债权人会议可以依照企业破产法第六十八条第一款第四项的规定，委托债权人委员会行使企业破产法第六十一条第一款第二、三、五项规定的债权人会议职权。债权人会议不得作出概括性授权，委托其行使债权人会议所有职权。

第十四条 债权人委员会决定所议事项应获得全体成员过半数通过，并作成议事记录。债权人委员会成员对所议事项的决议有不同意见的，应当在记录中载明。

债权人委员会行使职权应当接受债权人会议的监督，以适当的方式向债权人会议及时汇报工作，并接受人民法院的指导。

第十五条 管理人处分企业破产法第六十九条规定的债务人重大财产的，应当事先制作财产管理或者变价方案并提交债权人会议进行表决，债权人会议表决未通过的，管理人不得处分。

管理人实施处分前，应当根据企业破产法第六十九条的规定，提前十日书面报告债权人委员会或者人民法院。债权人委员会可以依照企业破产法第六十八条第二款的规定，要求管理人对处分行为作出相应说明或者提供有关文件依据。

债权人委员会认为管理人实施的处分行为不符合债权人会议通过的财产管理或变价方案的，有权要求管理人纠正。管理人拒绝纠正的，债权人委员会可以请求人民法院作出决定。

人民法院认为管理人实施的处分行为不符合债权人会议通过的财产管理或

变价方案的，应当责令管理人停止处分行为。管理人应当予以纠正，或者提交债权人会议重新表决通过后实施。

第十六条　本规定自2019年3月28日起实施。

实施前本院发布的有关企业破产的司法解释，与本规定相抵触的，自本规定实施之日起不再适用。

最高人民法院关于企业破产案件信息公开的规定（试行）

（2016年7月26日公布　法发〔2016〕19号
自2016年8月1日起施行）

为提升破产案件审理的透明度和公信力，根据《中华人民共和国企业破产法》《中华人民共和国民事诉讼法》，结合人民法院工作实际，就破产案件信息公开问题，制定本规定。

第一条　最高人民法院设立全国企业破产重整案件信息网（以下简称破产重整案件信息网），破产案件（包括破产重整、破产清算、破产和解案件）审判流程信息以及公告、法律文书、债务人信息等与破产程序有关的信息统一在破产重整案件信息网公布。

人民法院以及人民法院指定的破产管理人应当使用破产重整案件信息网及时披露破产程序有关信息。

第二条　破产案件信息公开以公开为原则，以不公开为例外。凡是不涉及国家秘密、个人隐私的信息均应依法公开。涉及商业秘密的债务人信息，在不损害债权人和债务人合法权益的情况下，破产管理人可以通过与重整投资人的协议向重整投资人公开。

第三条　人民法院依法公开破产案件的以下信息：

（一）审判流程节点信息；

（二）破产程序中人民法院发布的各类公告；

（三）人民法院制作的破产程序法律文书；

（四）人民法院认为应当公开的其他信息。

第四条　破产管理人依法公开破产案件的以下信息：

（一）债务人信息；

（二）征集、招募重整投资人的公告；

（三）破产管理人工作节点信息；

（四）破产程序中破产管理人发布的其他公告；

（五）破产管理人制作的破产程序法律文书；

（六）人民法院裁定批准的重整计划、认可的破产财产分配方案、和解协议。

破产管理人认为应当公开的其他信息，经人民法院批准可以公开。

第五条　破产管理人应当通过破产重整案件信息网及时公开下列债务人信息：

（一）工商登记信息；

（二）最近一年的年度报告；

（三）最近一年的资产负债表；

（四）涉及的诉讼、仲裁案件的基本信息。

第六条　重整投资人可以通过破产重整案件信息网与破产管理人互动交流。破产管理人可以根据与重整投资人的协议向重整投资人公开下列债务人信息：

（一）资产、经营状况信息；

（二）涉及的诉讼、仲裁案件的详细信息；

（三）重整投资人需要的其他信息。

第七条　人民法院、破产管理人可以在破产重整案件信息网发布破产程序有关公告。

人民法院、破产管理人在其他媒体发布公告的，同时要在破产重整案件信息网发布公告。人民法院、破产管理人在破产重整案件信息网发布的公告具有法律效力。

第八条　经受送达人同意，人民法院可以通过破产重整案件信息网以电子邮件、移动通信等能够确认其收悉的方式送达破产程序有关法律文书，但裁定书除外。

采用前款方式送达的，以电子邮件、移动通信等到达受送达人特定系统的日期为送达日期。

第九条 申请人可以在破产重整案件信息网实名注册后申请预约立案并提交有关材料的电子文档。人民法院审查通过后，应当通知申请人到人民法院立案窗口办理立案登记。

第十条 债权人可以在破产重整案件信息网实名注册后申报债权并提交有关证据的电子文档，网上申报债权与其他方式申报债权具有同等法律效力。

债权人向破产管理人书面申报债权的，破产管理人应当将债权申报书及有关证据的电子文档上传破产重整案件信息网。

第十一条 人民法院、破产管理人可以在破产重整案件信息网召集债权人会议并表决有关事项。网上投票形成的表决结果与现场投票形成的表决结果具有同等法律效力。

债权人可以选择现场投票或者网上投票，但选择后不能再采用其他方式进行投票，采用其他方式进行投票的，此次投票无效。

第十二条 人民法院审理的公司强制清算案件应当参照适用本规定。

第十三条 本规定自2016年8月1日起施行。本规定施行后受理的破产案件以及施行前尚未审结的破产案件应当适用本规定。

最高人民法院关于审理企业破产案件确定管理人报酬的规定

（2007 年 4 月 4 日最高人民法院审判委员会第 1422 次会议通过
法释〔2007〕9 号　2007 年 4 月 12 日公布　自 2007 年 6 月 1 日起施行）

为公正、高效审理企业破产案件，规范人民法院确定管理人报酬工作，根据《中华人民共和国企业破产法》的规定，制定本规定。

第一条　管理人履行企业破产法第二十五条规定的职责，有权获得相应报酬。

管理人报酬由审理企业破产案件的人民法院依据本规定确定。

第二条　人民法院应根据债务人最终清偿的财产价值总额，在以下比例限制范围内分段确定管理人报酬：

（一）不超过一百万元（含本数，下同）的，在 12% 以下确定；

（二）超过一百万元至五百万元的部分，在 10% 以下确定；

（三）超过五百万元至一千万元的部分，在 8% 以下确定；

（四）超过一千万元至五千万元的部分，在 6% 以下确定：

（五）超过五千万元至一亿元的部分，在 3% 以下确定；

（六）超过一亿元至五亿元的部分，在 1% 以下确定；

（七）超过五亿元的部分，在 0.5% 以下确定。

担保权人优先受偿的担保物价值，不计入前款规定的财产价值总额。

高级人民法院认为有必要的，可以参照上述比例在 30% 的浮动范围内制定符合当地实际情况的管理人报酬比例限制范围，并通过当地有影响的媒体公告，同时报最高人民法院备案。

第三条　人民法院可以根据破产案件的实际情况，确定管理人分期或者最后一次性收取报酬。

第四条 人民法院受理企业破产申请后，应当对债务人可供清偿的财产价值和管理人的工作量作出预测，初步确定管理人报酬方案。管理人报酬方案应当包括管理人报酬比例和收取时间。

第五条 人民法院采取公开竞争方式指定管理人的，可以根据社会中介机构提出的报价确定管理人报酬方案，但报酬比例不得超出本规定第二条规定的限制范围。

上述报酬方案一般不予调整，但债权人会议异议成立的除外。

第六条 人民法院应当自确定管理人报酬方案之日起三日内，书面通知管理人。

管理人应当在第一次债权人会议上报告管理人报酬方案内容。

第七条 管理人、债权人会议对管理人报酬方案有意见的，可以进行协商。双方就调整管理人报酬方案内容协商一致的，管理人应向人民法院书面提出具体的请求和理由，并附相应的债权人会议决议。

人民法院经审查认为上述请求和理由不违反法律和行政法规强制性规定，且不损害他人合法权益的，应当按照双方协商的结果调整管理人报酬方案。

第八条 人民法院确定管理人报酬方案后，可以根据破产案件和管理人履行职责的实际情况进行调整。

人民法院应当自调整管理人报酬方案之日起三日内，书面通知管理人。管理人应当自收到上述通知之日起三日内，向债权人委员会或者债权人会议主席报告管理人报酬方案调整内容。

第九条 人民法院确定或者调整管理人报酬方案时，应当考虑以下因素：

（一）破产案件的复杂性；

（二）管理人的勤勉程度；

（三）管理人为重整、和解工作做出的实际贡献；

（四）管理人承担的风险和责任；

（五）债务人住所地居民可支配收入及物价水平；

（六）其他影响管理人报酬的情况。

第十条 最终确定的管理人报酬及收取情况，应列入破产财产分配方案。

在和解、重整程序中，管理人报酬方案内容应列入和解协议草案或重整计划草案。

第十一条 管理人收取报酬，应当向人民法院提出书面申请。申请书应当包括以下内容：

（一）可供支付报酬的债务人财产情况；

（二）申请收取报酬的时间和数额；

（三）管理人履行职责的情况。

人民法院应当自收到上述申请书之日起十日内，确定支付管理人的报酬数额。

第十二条 管理人报酬从债务人财产中优先支付。

债务人财产不足以支付管理人报酬和管理人执行职务费用的，管理人应当提请人民法院终结破产程序。但债权人、管理人、债务人的出资人或者其他利害关系人愿意垫付上述报酬和费用的，破产程序可以继续进行。

上述垫付款项作为破产费用从债务人财产中向垫付人随时清偿。

第十三条 管理人对担保物的维护、变现、交付等管理工作付出合理劳动的，有权向担保权人收取适当的报酬。管理人与担保权人就上述报酬数额不能协商一致的，人民法院应当参照本规定第二条规定的方法确定，但报酬比例不得超出该条规定限制范围的10%。

第十四条 律师事务所、会计师事务所通过聘请本专业的其他社会中介机构或者人员协助履行管理人职责的，所需费用从其报酬中支付。

破产清算事务所通过聘请其他社会中介机构或者人员协助履行管理人职责的，所需费用从其报酬中支付。

第十五条 清算组中有关政府部门派出的工作人员参与工作的不收取报酬。其他机构或人员的报酬根据其履行职责的情况确定。

第十六条 管理人发生更换的，人民法院应当分别确定更换前后的管理人报酬。其报酬比例总和不得超出本规定第二条规定的限制范围。

第十七条 债权人会议对管理人报酬有异议的，应当向人民法院书面提出具体的请求和理由。异议书应当附有相应的债权人会议决议。

第十八条 人民法院应当自收到债权人会议异议书之日起三日内通知管理人。管理人应当自收到通知之日起三日内作出书面说明。

人民法院认为有必要的，可以举行听证会，听取当事人意见。

人民法院应当自收到债权人会议异议书之日起十日内，就是否调整管理人报酬问题书面通知管理人、债权人委员会或者债权人会议主席。

最高人民法院关于审理企业破产案件指定管理人的规定

（2007年4月4日最高人民法院审判委员会第1422次会议通过
法释〔2007〕8号 2007年4月12日公布 自2007年6月1日起施行）

为公平、公正审理企业破产案件，保证破产审判工作依法顺利进行，促进管理人制度的完善和发展，根据《中华人民共和国企业破产法》的规定，制定本规定。

一、管理人名册的编制

第一条 人民法院审理企业破产案件应当指定管理人。除企业破产法和本规定另有规定外，管理人应当从管理人名册中指定。

第二条 高级人民法院应当根据本辖区律师事务所、会计师事务所、破产清算事务所等社会中介机构及专职从业人员数量和企业破产案件数量，确定由本院或者所辖中级人民法院编制管理人名册。

人民法院应当分别编制社会中介机构管理人名册和个人管理人名册。由直辖市以外的高级人民法院编制的管理人名册中，应当注明社会中介机构和个人所属中级人民法院辖区。

第三条 符合企业破产法规定条件的社会中介机构及其具备相关专业知识并取得执业资格的人员，均可申请编入管理人名册。已被编入机构管理人名册的社会中介机构中，具备相关专业知识并取得执业资格的人员，可以申请编入个人管理人名册。

第四条 社会中介机构及个人申请编入管理人名册的，应当向所在地区编制管理人名册的人民法院提出，由该人民法院予以审定。

人民法院不受理异地申请，但异地社会中介机构在本辖区内设立的分支机构提出申请的除外。

第五条 人民法院应当通过本辖区有影响的媒体就编制管理人名册的有关事项进行公告。公告应当包括以下内容：

（一）管理人申报条件；

（二）应当提交的材料；

（三）评定标准、程序；

（四）管理人的职责以及相应的法律责任；

（五）提交申报材料的截止时间；

（六）人民法院认为应当公告的其他事项。

第六条 律师事务所、会计师事务所申请编入管理人名册的，应当提供下列材料：

（一）执业证书、依法批准设立文件或者营业执照；

（二）章程；

（三）本单位专职从业人员名单及其执业资格证书复印件；

（四）业务和业绩材料；

（五）行业自律组织对所提供材料真实性以及有无被行政处罚或者纪律处分情况的证明；

（六）人民法院要求的其他材料。

第七条 破产清算事务所申请编入管理人名册的，应当提供以下材料：

（一）营业执照或者依法批准设立的文件；

（二）本单位专职从业人员的法律或者注册会计师资格证书，或者经营管理经历的证明材料；

（三）业务和业绩材料；

（四）能够独立承担民事责任的证明材料；

（五）行业自律组织对所提供材料真实性以及有无被行政处罚或者纪律处分情况的证明，或者申请人就上述情况所作的真实性声明；

（六）人民法院要求的其他材料。

第八条 个人申请编入管理人名册的，应当提供下列材料：

（一）律师或者注册会计师执业证书复印件以及执业年限证明；

（二）所在社会中介机构同意其担任管理人的函件；

（三）业务专长及相关业绩材料；

（四）执业责任保险证明；

（五）行业自律组织对所提供材料真实性以及有无被行政处罚或者纪律处分情况的证明；

（六）人民法院要求的其他材料。

第九条 社会中介机构及个人具有下列情形之一的，人民法院可以适用企业破产法第二十四条第三款第四项的规定：

（一）因执业、经营中故意或者重大过失行为，受到行政机关、监管机构或者行业自律组织行政处罚或者纪律处分之日起未逾三年；

（二）因涉嫌违法行为正被相关部门调查；

（三）因不适当履行职务或者拒绝接受人民法院指定等原因，被人民法院从管理人名册除名之日起未逾三年；

（四）缺乏担任管理人所应具备的专业能力；

（五）缺乏承担民事责任的能力；

（六）人民法院认为可能影响履行管理人职责的其他情形。

第十条 编制管理人名册的人民法院应当组成专门的评审委员会，决定编入管理人名册的社会中介机构和个人名单。评审委员会成员应不少于七人。

人民法院应当根据本辖区社会中介机构以及社会中介机构中个人的实际情况，结合其执业业绩、能力、专业水准、社会中介机构的规模、办理企业破产案件的经验等因素制定管理人评定标准，由评审委员会根据申报人的具体情况评定其综合分数。

人民法院根据评审委员会评审结果，确定管理人初审名册。

第十一条 人民法院应当将管理人初审名册通过本辖区有影响的媒体进行公示，公示期为十日。

对于针对编入初审名册的社会中介机构和个人提出的异议，人民法院应当进行审查。异议成立、申请人确不宜担任管理人的，人民法院应将该社会中介机构或者个人从管理人初审名册中删除。

第十二条 公示期满后，人民法院应审定管理人名册，并通过全国有影响的媒体公布，同时逐级报最高人民法院备案。

第十三条 人民法院可以根据本辖区的实际情况，分批确定编入管理人名册的社会中介机构及个人。

编制管理人名册的全部资料应当建立档案备查。

第十四条 人民法院可以根据企业破产案件受理情况、管理人履行职务以及管理人资格变化等因素，对管理人名册适时进行调整。新编入管理人名册的社会中介机构和个人应当按照本规定的程序办理。

人民法院发现社会中介机构或者个人有企业破产法第二十四条第三款规定情形的，应当将其从管理人名册中除名。

二、管理人的指定

第十五条 受理企业破产案件的人民法院指定管理人，一般应从本地管理人名册中指定。

对于商业银行、证券公司、保险公司等金融机构以及在全国范围内有重大影响、法律关系复杂、债务人财产分散的企业破产案件，人民法院可以从所在地区高级人民法院编制的管理人名册列明的其他地区管理人或者异地人民法院编制的管理人名册中指定管理人。

第十六条 受理企业破产案件的人民法院，一般应指定管理人名册中的社会中介机构担任管理人。

第十七条 对于事实清楚、债权债务关系简单、债务人财产相对集中的企业破产案件，人民法院可以指定管理人名册中的个人为管理人。

第十八条 企业破产案件有下列情形之一的，人民法院可以指定清算组为管理人：

（一）破产申请受理前，根据有关规定已经成立清算组，人民法院认为符合本规定第十九条的规定；

（二）审理企业破产法第一百三十三条规定的案件；

（三）有关法律规定企业破产时成立清算组；

（四）人民法院认为可以指定清算组为管理人的其他情形。

第十九条 清算组为管理人的，人民法院可以从政府有关部门、编入管理人名册的社会中介机构、金融资产管理公司中指定清算组成员，人民银行及金融监督管理机构可以按照有关法律和行政法规的规定派人参加清算组。

第二十条 人民法院一般应当按照管理人名册所列名单采取轮候、抽签、摇号等随机方式公开指定管理人。

第二十一条 对于商业银行、证券公司、保险公司等金融机构或者在全国范围有重大影响、法律关系复杂、债务人财产分散的企业破产案件，人民法院可以采取公告的方式，邀请编入各地人民法院管理人名册中的社会中介机构参与竞争，从参与竞争的社会中介机构中指定管理人。参与竞争的社会中介机构不得少于三家。

采取竞争方式指定管理人的，人民法院应当组成专门的评审委员会。

评审委员会应当结合案件的特点，综合考量社会中介机构的专业水准、经验、机构规模、初步报价等因素，从参与竞争的社会中介机构中择优指定管理人。被指定为管理人的社会中介机构应经评审委员会成员二分之一以上通过。

采取竞争方式指定管理人的，人民法院应当确定一至两名备选社会中介机构，作为需要更换管理人时的接替人选。

第二十二条 对于经过行政清理、清算的商业银行、证券公司、保险公司等金融机构的破产案件，人民法院除可以按照本规定第十八条第一项的规定指定管理人外，也可以在金融监督管理机构推荐的已编入管理人名册的社会中介机构中指定管理人。

第二十三条 社会中介机构、清算组成员有下列情形之一，可能影响其忠实履行管理人职责的，人民法院可以认定为企业破产法第二十四条第三款第三项规定的利害关系：

（一）与债务人、债权人有未了结的债权债务关系；

（二）在人民法院受理破产申请前三年内，曾为债务人提供相对固定的中介服务；

（三）现在是或者在人民法院受理破产申请前三年内曾经是债务人、债权人的控股股东或者实际控制人；

（四）现在担任或者在人民法院受理破产申请前三年内曾经担任债务人、债权人的财务顾问、法律顾问；

（五）人民法院认为可能影响其忠实履行管理人职责的其他情形。

第二十四条 清算组成员的派出人员、社会中介机构的派出人员、个人管理人有下列情形之一，可能影响其忠实履行管理人职责的，可以认定为企业破产法第二十四条第三款第三项规定的利害关系：

（一）具有本规定第二十三条规定情形；

（二）现在担任或者在人民法院受理破产申请前三年内曾经担任债务人、债权人的董事、监事、高级管理人员；

（三）与债权人或者债务人的控股股东、董事、监事、高级管理人员存在夫妻、直系血亲、三代以内旁系血亲或者近姻亲关系；

（四）人民法院认为可能影响其公正履行管理人职责的其他情形。

第二十五条 在进入指定管理人程序后，社会中介机构或者个人发现与本案有利害关系的，应主动申请回避并向人民法院书面说明情况。人民法院认为社会中介机构或者个人与本案有利害关系的，不应指定该社会中介机构或者个人为本案管理人。

第二十六条 社会中介机构或者个人有重大债务纠纷或者因涉嫌违法行为正被相关部门调查的，人民法院不应指定该社会中介机构或者个人为本案管理人。

第二十七条 人民法院指定管理人应当制作决定书，并向被指定为管理人的社会中介机构或者个人、破产申请人、债务人、债务人的企业登记机关送达。决定书应与受理破产申请的民事裁定书一并公告。

第二十八条 管理人无正当理由，不得拒绝人民法院的指定。

管理人一经指定，不得以任何形式将管理人应当履行的职责全部或者部分转给其他社会中介机构或者个人。

第二十九条 管理人凭指定管理人决定书按照国家有关规定刻制管理人印章，并交人民法院封样备案后启用。

管理人印章只能用于所涉破产事务。管理人根据企业破产法第一百二十二条规定终止执行职务后，应当将管理人印章交公安机关销毁，并将销毁的证明送交人民法院。

第三十条 受理企业破产案件的人民法院应当将指定管理人过程中形成的材料存入企业破产案件卷宗，债权人会议或者债权人委员会有权查阅。

三、管理人的更换

第三十一条 债权人会议根据企业破产法第二十二条第二款的规定申请更换管理人的，应由债权人会议作出决议并向人民法院提出书面申请。

人民法院在收到债权人会议的申请后，应当通知管理人在两日内作出书面说明。

第三十二条 人民法院认为申请理由不成立的，应当自收到管理人书面说明之日起十日内作出驳回申请的决定。

人民法院认为申请更换管理人的理由成立的，应当自收到管理人书面说明之日起十日内作出更换管理人的决定。

第三十三条 社会中介机构管理人有下列情形之一的，人民法院可以根据债权人会议的申请或者依职权迳行决定更换管理人：

（一）执业许可证或者营业执照被吊销或者注销；

（二）出现解散、破产事由或者丧失承担执业责任风险的能力；

（三）与本案有利害关系；

（四）履行职务时，因故意或者重大过失导致债权人利益受到损害；

（五）有本规定第二十六条规定的情形。

清算组成员参照适用前款规定。

第三十四条 个人管理人有下列情形之一的，人民法院可以根据债权人会议的申请或者依职权迳行决定更换管理人：

（一）执业资格被取消、吊销；

（二）与本案有利害关系；

（三）履行职务时，因故意或者重大过失导致债权人利益受到损害；

（四）失踪、死亡或者丧失民事行为能力；

（五）因健康原因无法履行职务；

（六）执业责任保险失效；

（七）有本规定第二十六条规定的情形。

清算组成员的派出人员、社会中介机构的派出人员参照适用前款规定。

第三十五条 管理人无正当理由申请辞去职务的，人民法院不予许可。正当理由的认定，可参照适用本规定第三十三条、第三十四条规定的情形。

第三十六条 人民法院对管理人申请辞去职务未予许可，管理人仍坚持辞去职务并不再履行管理人职责的，人民法院应当决定更换管理人。

第三十七条 人民法院决定更换管理人的，原管理人应当自收到决定书之次日起，在人民法院监督下向新任管理人移交全部资料、财产、营业事务及管理人印章，并及时向新任管理人书面说明工作进展情况。原管理人不能履行上述职责的，新任管理人可以直接接管相关事务。

在破产程序终结前，原管理人应当随时接受新任管理人、债权人会议、人民法院关于其履行管理人职责情况的询问。

第三十八条 人民法院决定更换管理人的，应将决定书送达原管理人、新任管理人、破产申请人、债务人以及债务人的企业登记机关，并予公告。

第三十九条 管理人申请辞去职务未获人民法院许可，但仍坚持辞职并不再履行管理人职责，或者人民法院决定更换管理人后，原管理人拒不向新任管理人移交相关事务，人民法院可以根据企业破产法第一百三十条的规定和具体情况，决定对管理人罚款。对社会中介机构为管理人的罚款 5 万元至 20 万元人民币，对个人为管理人的罚款 1 万元至 5 万元人民币。

管理人有前款规定行为或者无正当理由拒绝人民法院指定的，编制管理人名册的人民法院可以决定停止其担任管理人一年至三年，或者将其从管理人名册中除名。

第四十条 管理人不服罚款决定的，可以向上一级人民法院申请复议，上级人民法院应在收到复议申请后五日内作出决定，并将复议结果通知下级人民法院和当事人。

最高人民法院关于正确审理企业破产案件为维护市场经济秩序提供司法保障若干问题的意见

（法发〔2009〕36号　2009年6月12日公布并施行）

各省、自治区、直辖市高级人民法院，解放军军事法院，新疆维吾尔自治区高级人民法院生产建设兵团分院：

当前，由于国际金融危机的不断发展和蔓延，我国经济发展仍然面临着严峻的考验。阻碍经济良性运行的负面因素和潜在风险明显增多，许多企业因资金链断裂引发的系统风险不断显现，严重影响了我国经济发展秩序良性运转和社会稳定。在当前经济形势下，充分发挥人民法院商事审判的职能作用，正确审理企业破产案件，防范和化解企业债务风险，挽救危困企业，规范市场主体退出机制，维护市场运行秩序，对于有效应对国际金融危机冲击，保障经济平稳较快发展，具有重要意义。现就人民法院做好企业破产案件审判工作，提出以下意见：

一、依法受理企业破产案件，为建立我国社会主义市场经济良性运行机制提供司法保障

1. 人民法院要正确认识企业破产法保障债权公平有序受偿、完善优胜劣汰的竞争机制、优化社会资源配置、调整社会产业结构、拯救危困企业的作用，依法受理审理企业破产清算、重整、和解案件，综合利用企业破产法的多种程序，充分发挥其对市场经济的调整作用，建立企业法人规范退出市场的良性运行机制，努力推动经济社会又好又快发展。

2. 为保障国家产业结构调整政策的落实，对于已经出现破产原因的企业，人民法院要依法受理符合条件的破产清算申请，通过破产清算程序使其从市场中有序退出。对于虽有借破产逃废债务可能但符合破产清算申请受理条件的非诚信企业，也要将其纳入到法定的破产清算程序中，通过撤销和否定其不当处置财产行为，以及追究出资人等相关主体责任的方式，使其借破产逃废债务的目的落空，剥夺其市场主体资格。对债权人申请债务人破产清算的，人民法院审查的重点是债务人是否不能清偿到期债务，而不能以债权人无法提交债务人财产状况说明等为由，不受理债权人的申请。

3. 对于虽然已经出现破产原因或者有明显丧失清偿能力可能，但符合国家产业结构调整政策、仍具发展前景的企业，人民法院要充分发挥破产重整和破产和解程序的作用，对其进行积极有效的挽救。破产重整和和解制度，为尚有挽救希望的危困企业提供了避免破产清算死亡、获得再生的机会，有利于债务人及其债权人、出资人、职工、关联企业等各方主体实现共赢，有利于社会资源的充分利用。努力推动企业重整和和解成功，促进就业、优化资源配置、减少企业破产给社会带来的不利影响，是人民法院审理企业破产案件的重要目标之一，也是人民法院商事审判工作服务于保增长、保民生、保稳定大局的必然要求。

二、坚持在当地党委的领导下，努力配合政府做好企业破产案件中的维稳工作，为构建和谐社会提供司法保障

4. 债务人进入破产程序后，因涉及债权人、债务人、出资人、企业职工等众多当事人的利益，各方矛盾极为集中和突出，处理不当，极易引发群体性、突发性事件，影响社会稳定。人民法院审理企业破产案件，一定要坚持在当地党委的领导下，充分发挥地方政府建立的风险预警机制、联动机制、资金保障机制等协调机制的作用，努力配合政府做好企业破产案件中的维稳工作。

5. 对于职工欠薪和就业问题突出、债权人矛盾激化、债务人弃企逃债等敏感类破产案件，要及时向当地党委汇报，争取政府的支持。在政府协调下，加强与相关部门的沟通、配合，及时采取有力措施，积极疏导并化解各种矛盾纠纷，避免哄抢企业财产、职工集体上访的情况发生，将不稳定因素消除在萌芽状态。有条件的地方，可通过政府设立的维稳基金或鼓励第三方垫款等方式，优先解决破产企业职工的安置问题，政府或第三方就劳动债权的垫款，可以在破产程序中按照职工债权的受偿顺序优先获得清偿。

三、充分发挥破产重整和和解程序挽救危困企业、实现企业持续经营的作用，保障社会资源有效利用

6. 人民法院要充分发挥司法能动作用，注重做好当事人的释明和协调工作，合理适用破产重整和和解程序。对于当事人同时申请债务人清算、重整、和解的，人民法院要根据债务人的实际情况和各方当事人的意愿，在组织各方当事人充分论证的基础上，对于有重整或者和解可能的，应当依法受理重整或者和解申请。当事人申请重整，但因企业经营规模较小、虽有挽救必要但重整成本明显高于重整收益的困难企业，有关权利人不同意重整的，人民法院可引导当事人通过和解方式挽救企业。人民法院要加强破产程序中的调解工作，在法律允许的框架下，积极支持债务人、管理人和新出资人等为挽救企业所做的各项工作，为挽救困难企业创造良好的法律环境。

7. 人民法院适用强制批准裁量权挽救危困企业时，要保证反对重整计划草案的债权人或者出资人在重整中至少可以获得在破产清算中本可获得的清偿。对于重整计划草案被提请批准时依照破产清算程序所能获得的清偿比例的确定，应充分考虑其计算方法是否科学、客观、准确，是否充分保护了利害关系人的应有利益。人民法院要严格审查重整计划草案，综合考虑社会公共利益，积极审慎适用裁量权。对不符合强制批准条件的，不能借挽救企业之名违法审批。上级人民法院要肩负起监督职责，对利害关系人就重整程序中反映的问题要进行认真审查，问题属实的，要及时予以纠正。

四、在破产程序中要注重保障民生，切实维护职工合法权益

8. 依法优先保护劳动者权益，是破产法律制度的重要价值取向。人民法院在审理企业破产案件中，要切实维护职工的合法权益，严格依法保护职工利益。召开债权人会议要有债务人的职工和工会代表参加，保障职工对破产程序的参与权。职工对管理人确认的工资等债权有异议的，管理人要认真审查核对，发现错误要及时纠正；因管理人未予纠正，职工据此提起诉讼的，人民法院要严格依法审理，及时作出判决。

9. 表决重整计划草案时，要充分尊重职工的意愿，并就债务人所欠职工工资等债权设定专门表决组进行表决；职工债权人表决组未通过重整计划草案的，人民法院强制批准必须以应当优先清偿的职工债权全额清偿为前提。企业继续保持原经营范围的，人民法院要引导债务人或管理人在制作企业重整计划草案时，尽可能保证企业原有职工的工作岗位。

10. 保障职工合法权益需要社会各方面的共同努力。人民法院要加强与国家社会保障部门、劳动部门、工商行政管理部门、组织人事等部门的沟通和协调，积极提出司法建议，推动适合中国特色的社会保障体制的建立和完善。

五、妥善指定适格管理人，充分发挥管理人在企业破产程序中的积极作用

11. 人民法院要根据企业破产法和有关司法解释的规定，采用适当方式指定管理人，对于重大疑难案件，可以通过竞争的方式择优确定管理人。要注意处理好审理破产案件的审判庭和司法技术辅助工作部门的关系，在指定管理人时，应由审理破产案件的审判庭根据案件实际情况决定采用哪类管理人以及采用哪种产生方式，在决定通过随机方式或者竞争方式产生管理人或其成员时，再由司法技术辅助工作部门根据规定产生管理人或其成员。

12. 企业重整中，因涉及重大资产重组、经营模式选择、引入新出资人等商业运作内容，重整中管理人的职责不仅是管理和处分债务人财产，更要管理债务人的经营业务，特别是制定和执行重整计划。因此，在我国目前管理人队伍尚未成熟的情况下，人民法院指定管理人时，应当注意吸收相关部门和人才，根据实际情况选择指定的形式和方式，以便产生适格管理人。

13. 管理人的工作能力和敬业精神直接决定着企业破产案件能否依法有效进行，以及破产法律制度能否充分发挥其应有的作用。人民法院要特别注意加强对管理人业务知识和各种能力的培养，建立管理人考核机制，通过业绩考核，形成激励和淘汰机制，逐步实现管理人队伍的专业化。

六、正确适用企业破产法的各项制度，充分保护债权人合法权益

14. 人民法院在审理企业破产案件中，要充分调动管理人的积极性，促使其利用法律手段，努力查找和追收债务人财产，最大限度保护债权人利益。对出资不实、抽逃出资的，要依法追回；对于不当处置公司财产的行为，要依法撤销或者认定无效，并追回有关财产；对于违反法律、行政法规等规定，给公司或债权人造成损失的，要依法追究行为人的民事责任；对于发现妨碍清算行为的犯罪线索，要及时向侦查机关通报情况。

15. 要充分发挥债权人会议和债权人委员会的职能作用，切实保障债权人对破产程序的参与权，坚决防止地方保护主义，即使在以挽救债务人为主要目的的破产重整和和解程序中，仍然要以充分保障债权人利益为前提，重整计划和和解协议的通过与否，要严格按照法定的程序确定表决权并依法表决。

16. 人民法院在审理债务人人员下落不明或财产状况不清的破产案件时，要从充分保障债权人合法利益的角度出发，在对债务人的法定代表人、财务管理人员、其他经营管理人员，以及出资人等进行释明，或者采取相应罚款、训诫、拘留等强制措施后，债务人仍不向人民法院提交有关材料或者不提交全部材料，影响清算顺利进行的，人民法院就现有财产对已知债权进行公平清偿并裁定终结清算程序后，应当告知债权人可以另行提起诉讼要求有责任的有限责任公司股东、股份有限公司董事、控股股东，以及实际控制人等清算义务人对债务人的债务承担清偿责任。

七、正确认识破产程序与执行程序的功能定位，做好两个程序的有效衔接

17. 人民法院要充分认识破产程序和执行程序的不同功能定位，充分发挥企业破产法公平保护全体债权人的作用。破产程序是对债务人全部财产进行的概括执行，注重对所有债权的公平受偿，具有对一般债务清偿程序的排他性。因此，人民法院受理破产申请后，对债务人财产所采取的所有保全措施和执行程序都应解除和中止，相关债务在破产清算程序中一并公平清偿。

18. 人民法院要注重做好破产程序和执行程序的衔接工作，确保破产财产妥善处置。涉及到人民法院内部破产程序和执行程序的操作的，应注意不同法院、不同审判部门、不同程序的协调与配合。涉及到债务人财产被其他国家行政机关采取保全措施或执行程序的，人民法院应积极与上述机关进行协调和沟通，取得有关机关的配合，依法解除有关保全措施，中止有关执行程序。

19. 人民法院受理破产申请后，在宣告债务人破产前裁定驳回申请人的破产申请，并终结破产程序的，应当在作出终结破产程序的裁定前，告知管理人通知原对债务人财产采取保全措施或执行程序的法院恢复原有的保全措施或执行程序，有轮候保全的，以原采取保全措施的时间确定轮候顺位。对恢复受理债务人为被执行人的执行案件，应当适用申请执行时效中断的有关规定。

八、加强审理破产案件法官专业化队伍建设，充分发挥商事审判职能作用

20. 随着我国经济市场化、国际化程度越来越高，企业破产案件将呈逐步增长趋势，这对人民法院审判工作提出了更高的要求。一方面，企业破产案件审理周期长、难度大、事务性工作繁重，人民法院长期以来案多人少的矛盾更加突出。另一方面，由于破产案件审理的复杂性和特殊性，客观上需要一支不仅具备较为扎实的法学理论功底，而且还要有解决社会矛盾、处理应急事务、协调各方利益等多方面工作能力的专业化法官队伍。因此，人民法院要加强法官专业化队伍建设，在人财物方面给予支持和保障。有条件的法院可以根据企业破产案件的数量，成立专门的破产案件审判庭，或指定专门的合议庭负责审理破产案件。

21. 人民法院要积极调动法官审理企业破产案件的积极性，在考核法官工作业绩时，要充分考虑企业破产案件审理的特殊性，以及法官办理企业破产案件所付出的辛勤劳动和承担的各种压力，积极探索能够客观反映审理破产案件工作量的科学考评标准，不断提高破产案件的审理质量。

22. 审理企业破产案件的法官，要大力加强对党的路线方针政策的学习，增强大局意识和责任意识。在当前经济形势下，更要正确处理好保护金融债权与挽救危困企业之间的关系，实现债权人与债务人的共赢，共渡难关。正确处理好保护投资者利益与维护职工合法权益之间的关系，保障社会和谐稳定。正确处理好企业破产清算与企业再生之间的关系，实现社会资源的充分利用以及法律效果和社会效果的有机统一。广大法官要大力加强廉政建设，严格执行最高人民法院“五个严禁”等审判纪律和规章制度，无论是在指定管理人还是在委托拍卖财产等敏感环节，都要坚持以制度管人，坚决杜绝人情案、关系案、金钱案，确保以公正高效的审判业绩，为我国国民经济平稳较快发展创造条件。

二〇〇九年六月十二日

最高人民法院关于审理上市公司破产重整案件工作座谈会纪要

（法〔2012〕261号　2012年10月29日公布并施行）

《企业破产法》施行以来，人民法院依法审理了部分上市公司破产重整案件，最大限度地减少了因上市公司破产清算给社会造成的不良影响，实现了法律效果和社会效果的统一。上市公司破产重整案件的审理不仅涉及到《企业破产法》、《证券法》、《公司法》等法律的适用，还涉及司法程序与行政程序的衔接问题，有必要进一步明确该类案件的审理原则，细化有关程序和实体规定，更好地规范相关主体的权利义务，以充分保护债权人、广大投资者和上市公司的合法权益，优化配置社会资源，促进资本市场健康发展。为此，最高人民法院会同中国证券监督管理委员会，于2012年3月22日在海南省万宁市召开了审理上市公司破产重整案件工作座谈会。与会同志通过认真讨论，就审理上市公司破产重整案件的若干重要问题取得了共识。现纪要如下：

一、关于上市公司破产重整案件的审理原则

会议认为，上市公司破产重整案件事关资本市场的健康发展，事关广大投资者的利益保护，事关职工权益保障和社会稳定。因此，人民法院应当高度重视此类案件，并在审理中注意坚持以下原则：

（一）依法公正审理原则。上市公司破产重整案件参与主体众多，涉及利益关系复杂，人民法院审理上市公司破产重整案件，既要有利于化解上市公司的债务和经营危机，提高上市公司质量，保护债权人和投资者的合法权益，维护证券市场和社会的稳定，又要防止没有再生希望的上市公司利用破产重整程序逃废债务，滥用司法资源和社会资源；既要保护债权人利益，又要兼顾职工利益、出资人利益和社会利益，妥善处理好各方利益的冲突。上市公司重整计划草案未获批准或重整计划执行不能的，人民法院应当及时宣告债务人破产清算。

（二）挽救危困企业原则。充分发挥上市公司破产重整制度的作用，为尚有挽救希望的危困企业提供获得新生的机会，有利于上市公司、债权人、出资人、关联企业等各方主体实现共赢，有利于社会资源的有效利用。对于具有重整可能的企业，努力推动重整成功，可以促进就业，优化资源配置，促进产业结构的调整和升级换代，减少上市公司破产清算对社会带来的不利影响。

（三）维护社会稳定原则。上市公司进入破产重整程序后，因涉及债权人、上市公司、出资人、企业职工等相关当事人的利益，各方矛盾比较集中和突出，如果处理不当，极易引发群体性、突发性事件，影响社会稳定。人民法院审理上市公司破产重整案件，要充分发挥地方政府的风险预警、部门联动、资金保障等协调机制的作用，积极配合政府做好上市公司重整中的维稳工作，并根据上市公司的特点，加强与证券监管机构的沟通协调。

二、关于上市公司破产重整案件的管辖

会议认为，上市公司破产重整案件应当由上市公司住所地的人民法院，即上市公司主要办事机构所在地法院管辖；上市公司主要办事机构所在地不明确、存在争议的，由上市公司注册登记地人民法院管辖。由于上市公司破产重整案件涉及法律关系复杂，影响面广，对专业知识和综合能力要求较高，人力物力投入较多，上市公司破产重整案件一般应由中级人民法院管辖。

三、关于上市公司破产重整的申请

会议认为，上市公司不能清偿到期债务，并且资产不足以清偿全部债务或者明显缺乏清偿能力，或者有明显丧失清偿能力可能的，上市公司或者上市公司的债权人、出资额占上市公司注册资本十分之一以上的出资人可以向人民法院申请对上市公司进行破产重整。

申请人申请上市公司破产重整的，除提交《企业破产法》第八条规定的材料外，还应当提交关于上市公司具有重整可行性的报告、上市公司住所地省级人民政府向证券监督管理部门的通报情况材料以及证券监督管理部门的意见、上市公司住所地人民政府出具的维稳预案等。上市公司自行申请破产重整的，还应当提交切实可行的职工安置方案。

四、关于对上市公司破产重整申请的审查

会议认为，债权人提出重整申请，上市公司在法律规定的时间内提出异议，或者债权人、上市公司、出资人分别向人民法院提出破产清算申请和重整申请的，人民法院应当组织召开听证会。

人民法院召开听证会的，应当于听证会召开前通知申请人、被申请人，并送达相关申请材料。公司债权人、出资人、实际控制人等利害关系人申请参加听证的，人民法院应当予以准许。人民法院应当就申请人是否具备申请资格、上市公司是否已经发生重整事由、上市公司是否具有重整可行性等内容进行听证。

鉴于上市公司破产重整案件较为敏感，不仅涉及企业职工和二级市场众多投资者的利益安排，还涉及与地方政府和证券监管机构的沟通协调。因此，目前人民法院在裁定受理上市公司破产重整申请前，应当将相关材料逐级报送最高人民法院审查。

五、关于对破产重整上市公司的信息保密和披露

会议认为，对于股票仍在正常交易的上市公司，在上市公司破产重整申请相关信息披露前，上市公司及其债权人、出资人等利害关系人应当按照法律、行政法规、证券监管机构的部门规章及证券交易所上市规则做好信息保密工作。

上市公司的债权人提出破产重整申请的，人民法院应当要求债权人提供其已就此告知上市公司的有关证据。上市公司应当按照相关规则及时履行信息披露义务。

上市公司进入破产重整程序后，由管理人履行相关法律、行政法规、部门规章和公司章程规定的原上市公司董事会、董事和高级管理人员承担的职责和义务，上市公司自行管理财产和营业事务的除外。管理人在上市公司破产重整程序中存在信息披露违法违规行为的，应当依法承担相应的责任。

六、关于上市公司破产重整计划草案的制定

会议认为，上市公司或者管理人制定的上市公司重整计划草案应当包括详细的经营方案。有关经营方案涉及并购重组等行政许可审批事项的，上市公司或管理人应当聘请经证券监管机构核准的财务顾问机构、律师事务所以及具有证券期货业务资格的会计师事务所、资产评估机构等证券服务机构按照证券监管机构的有关要求及格式编制相关材料，并作为重整计划草案及其经营方案的必备文件。

控股股东、实际控制人及其关联方在上市公司破产重整程序前因违规占用、担保等行为对上市公司造成损害的，制定重整计划草案时应当根据其过错对控股股东及实际控制人支配的股东的股权作相应调整。

七、关于上市公司破产重整中出资人组的表决

会议认为，出资人组对重整计划草案中涉及出资人权益调整事项的表决，经参与表决的出资人所持表决权三分之二以上通过的，即为该组通过重整计划草案。

考虑到出席表决会议需要耗费一定的人力物力，一些中小投资者可能放弃参加表决会议的权利。为最大限度地保护中小投资者的合法权益，上市公司或者管理人应当提供网络表决的方式，为出资人行使表决权提供便利。关于网络表决权行使的具体方式，可以参照适用中国证券监督管理委员会发布的有关规定。

八、关于上市公司重整计划草案的会商机制

会议认为，重整计划草案涉及证券监管机构行政许可事项的，受理案件的人民法院应当通过最高人民法院，启动与中国证券监督管理委员会的会商机制。即由最高人民法院将有关材料函送中国证券监督管理委员会，中国证券监督管理委员会安排并购重组专家咨询委员会对会商案件进行研究。并购重组专家咨询委员会应当按照与并购重组审核委员会相同的审核标准，对提起会商的行政许可事项进行研究并出具专家咨询意见。人民法院应当参考专家咨询意见，作出是否批准重整计划草案的裁定。

九、关于上市公司重整计划涉及行政许可部分的执行

会议认为，人民法院裁定批准重整计划后，重整计划内容涉及证券监管机构并购重组行政许可事项的，上市公司应当按照相关规定履行行政许可核准程序。重整计划草案提交出资人组表决且经人民法院裁定批准后，上市公司无须再行召开股东大会，可以直接向证券监管机构提交出资人组表决结果及人民法院裁定书，以申请并购重组许可申请。并购重组审核委员会审核工作应当充分考虑并购重组专家咨询委员会提交的专家咨询意见。并购重组申请事项获得证券监管机构行政许可后，应当在重整计划的执行期限内实施完成。

会议还认为，鉴于上市公司破产重整案件涉及的法律关系复杂，利益主体众多，社会影响较大，人民法院对于审判实践中发现的新情况、新问题，要及时上报。上级人民法院要加强对此类案件的监督指导，加强调查研究，及时总结审判经验，确保依法妥善审理好此类案件。

最高人民法院关于执行案件移送破产审查若干问题的指导意见

（法发〔2017〕2号　2017年1月20日公布并施行）

推进执行案件移送破产审查工作，有利于健全市场主体救治和退出机制，有利于完善司法工作机制，有利于化解执行积案，是人民法院贯彻中央供给侧结构性改革部署的重要举措，是当前和今后一段时期人民法院服务经济社会发展大局的重要任务。为促进和规范执行案件移送破产审查工作，保障执行程序与破产程序的有序衔接，根据《中华人民共和国企业破产法》《中华人民共和国民事诉讼法》《最高人民法院关于适用〈中华人民共和国民事诉讼法〉的解释》等规定，现对执行案件移送破产审查的若干问题提出以下意见。

一、执行案件移送破产审查的工作原则、条件与管辖

1. 执行案件移送破产审查工作，涉及执行程序与破产程序之间的转换衔接，不同法院之间，同一法院内部执行部门、立案部门、破产审判部门之间，应坚持依法有序、协调配合、高效便捷的工作原则，防止推诿扯皮，影响司法效率，损害当事人合法权益。

2. 执行案件移送破产审查，应同时符合下列条件：

（1）被执行人为企业法人；

（2）被执行人或者有关被执行人的任何一个执行案件的申请执行人书面同意将执行案件移送破产审查；

（3）被执行人不能清偿到期债务，并且资产不足以清偿全部债务或者明显缺乏清偿能力。

3. 执行案件移送破产审查，由被执行人住所地人民法院管辖。在级别管辖上，为适应破产审判专业化建设的要求，合理分配审判任务，实行以中级人民法院管辖为原则、基层人民法院管辖为例外的管辖制度。中级人民法院经高级人民法院批准，也可以将案件交由具备审理条件的基层人民法院审理。

二、执行法院的征询、决定程序

4. 执行法院在执行程序中应加强对执行案件移送破产审查有关事宜的告知和征询工作。执行法院采取财产调查措施后，发现作为被执行人的企业法人符合破产法第二条规定的，应当及时询问申请执行人、被执行人是否同意将案件移送破产审查。申请执行人、被执行人均不同意移送且无人申请破产的，执行法院应当按照《最高人民法院关于适用〈中华人民共和国民事诉讼法〉的解释》第五百一十六条的规定处理，企业法人的其他已经取得执行依据的债权人申请参与分配的，人民法院不予支持。

5. 执行部门应严格遵守执行案件移送破产审查的内部决定程序。承办人认为执行案件符合移送破产审查条件的，应提出审查意见，经合议庭评议同意后，由执行法院院长签署移送决定。

6. 为减少异地法院之间移送的随意性，基层人民法院拟将执行案件移送异地中级人民法院进行破产审查的，在作出移送决定前，应先报请其所在地中级人民法院执行部门审核同意。

7. 执行法院作出移送决定后，应当于五日内送达申请执行人和被执行人。申请执行人或被执行人对决定有异议的，可以在受移送法院破产审查期间提出，由受移送法院一并处理。

8. 执行法院作出移送决定后，应当书面通知所有已知执行法院，执行法院均应中止对被执行人的执行程序。但是，对被执行人的季节性商品、鲜活、易腐烂变质以及其他不宜长期保存的物品，执行法院应当及时变价处置，处置的价款不作分配。受移送法院裁定受理破产案件的，执行法院应当在收到裁定书之日起七日内，将该价款移交受理破产案件的法院。

案件符合终结本次执行程序条件的，执行法院可以同时裁定终结本次执行程序。

9. 确保对被执行人财产的查封、扣押、冻结措施的连续性，执行法院决定移送后、受移送法院裁定受理破产案件之前，对被执行人的查封、扣押、冻结措施不解除。查封、扣押、冻结期限在破产审查期间届满的，申请执行人可以向执行法院申请延长期限，由执行法院负责办理。

三、移送材料及受移送法院的接收义务

10. 执行法院作出移送决定后，应当向受移送法院移送下列材料：

（1）执行案件移送破产审查决定书；

（2）申请执行人或被执行人同意移送的书面材料；

（3）执行法院采取财产调查措施查明的被执行人的财产状况，已查封、扣押、冻结财产清单及相关材料；

（4）执行法院已分配财产清单及相关材料；

（5）被执行人债务清单；

（6）其他应当移送的材料。

11. 移送的材料不完备或内容错误，影响受移送法院认定破产原因是否具备的，受移送法院可以要求执行法院补齐、补正，执行法院应于十日内补齐、补正。该期间不计入受移送法院破产审查的期间。

受移送法院需要查阅执行程序中的其他案件材料，或者依法委托执行法院办理财产处置等事项的，执行法院应予协助配合。

12. 执行法院移送破产审查的材料，由受移送法院立案部门负责接收。受移送法院不得以材料不完备等为由拒绝接收。立案部门经审核认为移送材料完备的，应以“破申”作为案件类型代字编制案号登记立案，并及时将案件移送破产审判部门进行破产审查。破产审判部门在审查过程中发现本院对案件不具有管辖权的，应当按照《中华人民共和国民事诉讼法》第三十六条的规定处理。

四、受移送法院破产审查与受理

13. 受移送法院的破产审判部门应当自收到移送的材料之日起三十日内作出是否受理的裁定。受移送法院作出裁定后，应当在五日内送达申请执行人、被执行人，并送交执行法院。

14. 申请执行人申请或同意移送破产审查的，裁定书中以该申请执行人为申请人，被执行人为被申请人；被执行人申请或同意移送破产审查的，裁定书中以该被执行人为申请人；申请执行人、被执行人均同意移送破产审查的，双方均为申请人。

15. 受移送法院裁定受理破产案件的，在此前的执行程序中产生的评估费、公告费、保管费等执行费用，可以参照破产费用的规定，从债务人财产中随时清偿。

16. 执行法院收到受移送法院受理裁定后，应当于七日内将已经扣划到账的银行存款、实际扣押的动产、有价证券等被执行人财产移交给受理破产案件的法院或管理人。

17. 执行法院收到受移送法院受理裁定时，已通过拍卖程序处置且成交裁定已送达买受人的拍卖财产，通过以物抵债偿还债务且抵债裁定已送达债权人的抵债财产，已完成转账、汇款、现金交付的执行款，因财产所有权已经发生变动，不属于被执行人的财产，不再移交。

五、受移送法院不予受理或驳回申请的处理

18. 受移送法院做出不予受理或驳回申请裁定的，应当在裁定生效后七日内将接收的材料、被执行人的财产退回执行法院，执行法院应当恢复对被执行人的执行。

19. 受移送法院作出不予受理或驳回申请的裁定后，人民法院不得重复启动执行案件移送破产审查程序。申请执行人或被执行人以有新证据足以证明被执行人已经具备了破产原因为由，再次要求将执行案件移送破产审查的，人民法院不予支持。但是，申请执行人或被执行人可以直接向具有管辖权的法院提出破产申请。

20. 受移送法院裁定宣告被执行人破产或裁定终止和解程序、重整程序的，应当自裁定作出之日起五日内送交执行法院，执行法院应当裁定终结对被执行人的执行。

六、执行案件移送破产审查的监督

21. 受移送法院拒绝接收移送的材料，或者收到移送的材料后不按规定的期限作出是否受理裁定的，执行法院可函请受移送法院的上一级法院进行监督。上一级法院收到函件后应当指令受移送法院在十日内接收材料或作出是否受理的裁定。

受移送法院收到上级法院的通知后，十日内仍不接收材料或不作出是否受理裁定的，上一级法院可以径行对移送破产审查的案件行使管辖权。上一级法院裁定受理破产案件的，可以指令受移送法院审理。

全国法院破产审判工作会议纪要

（法〔2018〕53 号　2018 年 3 月 4 日公布并实施）

为落实党的十九大报告提出的贯彻新发展理念、建设现代化经济体系的要求，紧紧围绕高质量发展这条主线，服务和保障供给侧结构性改革，充分发挥人民法院破产审判工作在完善社会主义市场经济主体拯救和退出机制中的积极作用，为决胜全面建成小康社会提供更加有力的司法保障，2017 年 12 月 25 日，最高人民法院在广东省深圳市召开了全国法院破产审判工作会议。各省、自治区、直辖市高级人民法院、设立破产审判庭的市中级人民法院的代表参加了会议。与会代表经认真讨论，对人民法院破产审判涉及的主要问题达成共识。现纪要如下：

一、破产审判的总体要求

会议认为，人民法院要坚持以习近平新时代中国特色社会主义经济思想为指导，深刻认识破产法治对决胜全面建成小康社会的重要意义，以更加有力的举措开展破产审判工作，为经济社会持续健康发展提供更加有力的司法保障。当前和今后一个时期，破产审判工作总的要求是：

一要发挥破产审判功能，助推建设现代化经济体系。人民法院要通过破产工作实现资源重新配置，用好企业破产中权益、经营管理、资产、技术等重大调整的有利契机，对不同企业分类处置，把科技、资本、劳动力和人力资源等生产要素调动好、配置好、协同好，促进实体经济和产业体系优质高效。

二要着力服务构建新的经济体制，完善市场主体救治和退出机制。要充分运用重整、和解法律手段实现市场主体的有效救治，帮助企业提质增效；运用清算手段促使丧失经营价值的企业和产能及时退出市场，实现优胜劣汰，从而完善社会主义市场主体的救治和退出机制。

三要健全破产审判工作机制，最大限度释放破产审判的价值。要进一步完善破产重整企业识别、政府与法院协调、案件信息沟通、合法有序的利益衡平四项破产审判工作机制，推动破产审判工作良性运行，彰显破产审判工作的制度价值和社会责任。

四要完善执行与破产工作的有序衔接，推动解决“执行难”。要将破产审判作为与立案、审判、执行既相互衔接、又相对独立的一个重要环节，充分发挥破产审判对化解执行积案的促进功能，消除执行转破产的障碍，从司法工作机制上探索解决“执行难”的有效途径。

二、破产审判的专业化建设

审判专业化是破产审判工作取得实质性进展的关键环节。各级法院要大力加强破产审判专业化建设，努力实现审判机构专业化、审判队伍专业化、审判程序规范化、裁判规则标准化、绩效考评科学化。

1. 推进破产审判机构专业化建设。省会城市、副省级城市所在地中级人民法院要根据最高人民法院《关于在中级人民法院设立清算与破产审判庭的工作方案》（法〔2016〕209 号），抓紧设立清算与破产审判庭。其他各级法院可根据本地工作实际需求决定设立清算与破产审判庭或专门的合议庭，培养熟悉清算与破产审判的专业法官，以适应破产审判工作的需求。

2. 合理配置审判任务。要根据破产案件数量、案件难易程度、审判力量等情况，合理分配各级法院的审判任务。对于债权债务关系复杂、审理难度大的破产案件，高级人民法院可以探索实行中级人民法院集中管辖为原则、基层人民法院管辖为例外的管辖制度；对于债权债务关系简单、审理难度不大的破产案件，可以主要由基层人民法院管辖，通过快速审理程序高效审结。

3. 建立科学的绩效考评体系。要尽快完善清算与破产审判工作绩效考评体系，在充分尊重司法规律的基础上确定绩效考评标准，避免将办理清算破产案件与普通案件简单对比、等量齐观、同等考核。

三、管理人制度的完善

管理人是破产程序的主要推动者和破产事务的具体执行者。管理人的能力和素质不仅影响破产审判工作的质量，还关系到破产企业的命运与未来发展。要加快完善管理人制度，大力提升管理人职业素养和执业能力，强化对管理人的履职保障和有效监督，为改善企业经营、优化产业结构提供有力制度保障。

4. 完善管理人队伍结构。人民法院要指导编入管理人名册的中介机构采取适当方式吸收具有专业技术知识、企业经营能力的人员充实到管理人队伍中来，促进管理人队伍内在结构更加合理，充分发挥和提升管理人在企业病因诊断、资源整合等方面的重要作用。

5. 探索管理人跨区域执业。除从本地名册选择管理人外，各地法院还可以探索从外省、市管理人名册中选任管理人，确保重大破产案件能够遴选出最佳管理人。两家以上具备资质的中介机构请求联合担任同一破产案件管理人的，人民法院经审查符合自愿协商、优势互补、权责一致要求且确有必要的，可以准许。

6. 实行管理人分级管理。高级人民法院或者自行编制管理人名册的中级人民法院可以综合考虑管理人的专业水准、工作经验、执业操守、工作绩效、勤勉程度等因素，合理确定管理人等级，对管理人实行分级管理、定期考评。对债务人财产数量不多、债权债务关系简单的破产案件，可以在相应等级的管理人中采取轮候、抽签、摇号等随机方式指定管理人。

7. 建立竞争选定管理人工作机制。破产案件中可以引入竞争机制选任管理人，提升破产管理质量。上市公司破产案件、在本地有重大影响的破产案件或者债权债务关系复杂，涉及债权人、职工以及利害关系人人数较多的破产案件，在指定管理人时，一般应当通过竞争方式依法选定。

8. 合理划分法院和管理人的职能范围。人民法院应当支持和保障管理人依法履行职责，不得代替管理人作出本应由管理人自己作出的决定。管理人应当依法管理和处分债务人财产，审慎决定债务人内部管理事务，不得将自己的职责全部或者部分转让给他人。

9. 进一步落实管理人职责。在债务人自行管理的重整程序中，人民法院要督促管理人制订监督债务人的具体制度。在重整计划规定的监督期内，管理人应当代表债务人参加监督期开始前已经启动而尚未终结的诉讼、仲裁活动。重整程序、和解程序转入破产清算程序后，管理人应当按照破产清算程序继续履行管理人职责。

10. 发挥管理人报酬的激励和约束作用。人民法院可以根据破产案件的不同情况确定管理人报酬的支付方式，发挥管理人报酬在激励、约束管理人勤勉履职方面的积极作用。管理人报酬原则上应当根据破产案件审理进度和管理人履职情况分期支付。案情简单、耗时较短的破产案件，可以在破产程序终结后一次性向管理人支付报酬。

11. 管理人聘用其他人员费用负担的规制。管理人经人民法院许可聘用企业经营管理人员，或者管理人确有必要聘请其他社会中介机构或人员处理重大诉讼、仲裁、执行或审计等专业性较强工作，如所需费用需要列入破产费用的，应当经债权人会议同意。

12. 推动建立破产费用的综合保障制度。各地法院要积极争取财政部门支持，或采取从其他破产案件管理人报酬中提取一定比例等方式，推动设立破产费用保障资金，建立破产费用保障长效机制，解决因债务人财产不足以支付破产费用而影响破产程序启动的问题。

13. 支持和引导成立管理人协会。人民法院应当支持、引导、推动本辖区范围内管理人名册中的社会中介机构、个人成立管理人协会，加强对管理人的管理和约束，维护管理人的合法权益，逐步形成规范、稳定和自律的行业组织，确保管理人队伍既充满活力又规范有序发展。

四、破产重整

会议认为，重整制度集中体现了破产法的拯救功能，代表了现代破产法的发展趋势，全国各级法院要高度重视重整工作，妥善审理企业重整案件，通过市场化、法治化途径挽救困境企业，不断完善社会主义市场主体救治机制。

14. 重整企业的识别审查。破产重整的对象应当是具有挽救价值和可能的困境企业；对于僵尸企业，应通过破产清算，果断实现市场出清。人民法院在审查重整申请时，根据债务人的资产状况、技术工艺、生产销售、行业前景等因素，能够认定债务人明显不具备重整价值以及拯救可能性的，应裁定不予受理。

15. 重整案件的听证程序。对于债权债务关系复杂、债务规模较大，或者涉及上市公司重整的案件，人民法院在审查重整申请时，可以组织申请人、被申请人听证。债权人、出资人、重整投资人等利害关系人经人民法院准许，也可以参加听证。听证期间不计入重整申请审查期限。

16. 重整计划的制定及沟通协调。人民法院要加强与管理人或债务人的沟通，引导其分析债务人陷于困境的原因，有针对性地制定重整计划草案，促使企业重新获得盈利能力，提高重整成功率。人民法院要与政府建立沟通协调机制，帮助管理人或债务人解决重整计划草案制定中的困难和问题。

17. 重整计划的审查与批准。重整不限于债务减免和财务调整，重整的重点是维持企业的营运价值。人民法院在审查重整计划时，除合法性审查外，还应审查其中的经营方案是否具有可行性。重整计划中关于企业重新获得盈利能力的经营方案具有可行性、表决程序合法、内容不损害各表决组中反对者的清偿利益的，人民法院应当自收到申请之日起三十日内裁定批准重整计划。

18. 重整计划草案强制批准的条件。人民法院应当审慎适用企业破产法第八十七条第二款，不得滥用强制批准权。确需强制批准重整计划草案的，重整计划草案除应当符合企业破产法第八十七条第二款规定外，如债权人分多组的，还应当至少有一组已经通过重整计划草案，且各表决组中反对者能够获得的清偿利益不低于依照破产清算程序所能获得的利益。

19. 重整计划执行中的变更条件和程序。债务人应严格执行重整计划，但因出现国家政策调整、法律修改变化等特殊情况，导致原重整计划无法执行的，债务人或管理人可以申请变更重整计划一次。债权人会议决议同意变更重整计划的，应自决议通过之日起十日内提请人民法院批准。债权人会议决议不同意或者人民法院不批准变更申请的，人民法院经管理人或者利害关系人请求，应当裁定终止重整计划的执行，并宣告债务人破产。

20. 重整计划变更后的重新表决与裁定批准。人民法院裁定同意变更重整计划的，债务人或者管理人应当在六个月内提出新的重整计划。变更后的重整计划应提交给因重整计划变更而遭受不利影响的债权人组和出资人组进行表决。表决、申请人民法院批准以及人民法院裁定是否批准的程序与原重整计划的相同。

21. 重整后企业正常生产经营的保障。企业重整后，投资主体、股权结构、公司治理模式、经营方式等与原企业相比，往往发生了根本变化，人民法院要通过加强与政府的沟通协调，帮助重整企业修复信用记录，依法获取税收优惠，以利于重整企业恢复正常生产经营。

22. 探索推行庭外重组与庭内重整制度的衔接。在企业进入重整程序之前，可以先由债权人与债务人、出资人等利害关系人通过庭外商业谈判，拟定重组方案。重整程序启动后，可以重组方案为依据拟定重整计划草案提交人民法院依法审查批准。

五、破产清算

会议认为，破产清算作为破产制度的重要组成部分，具有淘汰落后产能、优化市场资源配置的直接作用。对于缺乏拯救价值和可能性的债务人，要及时通过破产清算程序对债权债务关系进行全面清理，重新配置社会资源，提升社会有效供给的质量和水平，增强企业破产法对市场经济发展的引领作用。

23. 破产宣告的条件。人民法院受理破产清算申请后，第一次债权人会议上无人提出重整或和解申请的，管理人应当在债权审核确认和必要的审计、资产评估后，及时向人民法院提出宣告破产的申请。人民法院受理破产和解或重整申请后，债务人出现应当宣告破产的法定原因时，人民法院应当依法宣告债务人破产。

24. 破产宣告的程序及转换限制。相关主体向人民法院提出宣告破产申请的，人民法院应当自收到申请之日起七日内作出破产宣告裁定并进行公告。债务人被宣告破产后，不得再转入重整程序或和解程序。

25. 担保权人权利的行使与限制。在破产清算和破产和解程序中，对债务人特定财产享有担保权的债权人可以随时向管理人主张就该特定财产变价处置行使优先受偿权，管理人应及时变价处置，不得以须经债权人会议决议等为由拒绝。但因单独处置担保财产会降低其他破产财产的价值而应整体处置的除外。

26. 破产财产的处置。破产财产处置应当以价值最大化为原则，兼顾处置效率。人民法院要积极探索更为有效的破产财产处置方式和渠道，最大限度提升破产财产变价率。采用拍卖方式进行处置的，拍卖所得预计不足以支付评估拍卖费用，或者拍卖不成的，经债权人会议决议，可以采取作价变卖或实物分配方式。变卖或实物分配的方案经债权人会议两次表决仍未通过的，由人民法院裁定处理。

27. 企业破产与职工权益保护。破产程序中要依法妥善处理劳动关系，推动完善职工欠薪保障机制，依法保护职工生存权。由第三方垫付的职工债权，原则上按照垫付的职工债权性质进行清偿；由欠薪保障基金垫付的，应按照企业破产法第一百一十三条第一款第二项的顺序清偿。债务人欠缴的住房公积金，按照债务人拖欠的职工工资性质清偿。

28. 破产债权的清偿原则和顺序。对于法律没有明确规定清偿顺序的债权，人民法院可以按照人身损害赔偿债权优先于财产性债权、私法债权优先于公法债权、补偿性债权优先于惩罚性债权的原则合理确定清偿顺序。因债务人侵权行为造成的人身损害赔偿，可以参照企业破产法第一百一十三条第一款第一项规定的顺序清偿，但其中涉及的惩罚性赔偿除外。破产财产依照企业破产法第一百一十三条规定的顺序清偿后仍有剩余的，可依次用于清偿破产受理前产生的民事惩罚性赔偿金、行政罚款、刑事罚金等惩罚性债权。

29. 建立破产案件审理的繁简分流机制。人民法院审理破产案件应当提升审判效率，在确保利害关系人程序和实体权利不受损害的前提下，建立破产案件审理的繁简分流机制。对于债权债务关系明确、债务人财产状况清楚的破产案件，可以通过缩短程序时间、简化流程等方式加快案件审理进程，但不得突破法律规定的最低期限。

30. 破产清算程序的终结。人民法院终结破产清算程序应当以查明债务人财产状况、明确债务人财产的分配方案、确保破产债权获得依法清偿为基础。破产申请受理后，经管理人调查，债务人财产不足以清偿破产费用且无人代为清偿或垫付的，人民法院应当依管理人申请宣告破产并裁定终结破产清算程序。

31. 保证人的清偿责任和求偿权的限制。破产程序终结前，已向债权人承担了保证责任的保证人，可以要求债务人向其转付已申报债权的债权人在破产程序中应得清偿部分。破产程序终结后，债权人就破产程序中未受清偿部分要求保证人承担保证责任的，应在破产程序终结后六个月内提出。保证人承担保证责任后，不得再向和解或重整后的债务人行使求偿权。

六、关联企业破产

会议认为，人民法院审理关联企业破产案件时，要立足于破产关联企业之间的具体关系模式，采取不同方式予以处理。既要通过实质合并审理方式处理法人人格高度混同的关联关系，确保全体债权人公平清偿，也要避免不当采用实质合并审理方式损害相关利益主体的合法权益。

32. 关联企业实质合并破产的审慎适用。人民法院在审理企业破产案件时，应当尊重企业法人人格的独立性，以对关联企业成员的破产原因进行单独判断并适用单个破产程序为基本原则。当关联企业成员之间存在法人人格高度混同、区分各关联企业成员财产的成本过高、严重损害债权人公平清偿利益时，可例外适用关联企业实质合并破产方式进行审理。

33. 实质合并申请的审查。人民法院收到实质合并申请后，应当及时通知相关利害关系人并组织听证，听证时间不计入审查时间。人民法院在审查实质合并申请过程中，可以综合考虑关联企业之间资产的混同程序及其持续时间、各企业之间的利益关系、债权人整体清偿利益、增加企业重整的可能性等因素，在收到申请之日起三十日内作出是否实质合并审理的裁定。

34. 裁定实质合并时利害关系人的权利救济。相关利害关系人对受理法院作出的实质合并审理裁定不服的，可以自裁定书送达之日起十五日内向受理法院的上一级人民法院申请复议。

35. 实质合并审理的管辖原则与冲突解决。采用实质合并方式审理关联企业破产案件的，应由关联企业中的核心控制企业住所地人民法院管辖。核心控制企业不明确的，由关联企业主要财产所在地人民法院管辖。多个法院之间对管辖权发生争议的，应当报请共同的上级人民法院指定管辖。

36. 实质合并审理的法律后果。人民法院裁定采用实质合并方式审理破产案件的，各关联企业成员之间的债权债务归于消灭，各成员的财产作为合并后统一的破产财产，由各成员的债权人在同一程序中按照法定顺序公平受偿。采用实质合并方式进行重整的，重整计划草案中应当制定统一的债权分类、债权调整和债权受偿方案。

37. 实质合并审理后的企业成员存续。适用实质合并规则进行破产清算的，破产程序终结后各关联企业成员均应予以注销。适用实质合并规则进行和解或重整的，各关联企业原则上应当合并为一个企业。根据和解协议或重整计划，确有需要保持个别企业独立的，应当依照企业分立的有关规则单独处理。

38. 关联企业破产案件的协调审理与管辖原则。多个关联企业成员均存在破产原因但不符合实质合并条件的，人民法院可根据相关主体的申请对多个破产程序进行协调审理，并可根据程序协调的需要，综合考虑破产案件审理的效率、破产申请的先后顺序、成员负债规模大小、核心控制企业住所地等因素，由共同的上级法院确定一家法院集中管辖。

39. 协调审理的法律后果。协调审理不消灭关联企业成员之间的债权债务关系，不对关联企业成员的财产进行合并，各关联企业成员的债权人仍以该企业成员财产为限依法获得清偿。但关联企业成员之间不当利用关联关系形成的债权，应当劣后于其他普通债权顺序清偿，且该劣后债权人不得就其他关联企业成员提供的特定财产优先受偿。

七、执行程序与破产程序的衔接

执行程序与破产程序的有效衔接是全面推进破产审判工作的有力抓手，也是破解“执行难”的重要举措。全国各级法院要深刻认识执行转破产工作的重要意义，大力推动符合破产条件的执行案件，包括执行不能案件进入破产程序，充分发挥破产程序的制度价值。

40. 执行法院的审查告知、释明义务和移送职责。执行部门要高度重视执行与破产的衔接工作，推动符合条件的执行案件向破产程序移转。执行法院发现作为被执行人的企业法人符合企业破产法第二条规定的，应当及时询问当事人是否同意将案件移送破产审查并释明法律后果。执行法院作出移送决定后，应当书面通知所有已知执行法院，执行法院均应中止对被执行人的执行程序。

41. 执行转破产案件的移送和接收。执行法院与受移送法院应加强移送环节的协调配合，提升工作实效。执行法院移送案件时，应当确保材料完备，内容、形式符合规定。受移送法院应当认真审核并及时反馈意见，不得无故不予接收或暂缓立案。

42. 破产案件受理后查封措施的解除或查封财产的移送。执行法院收到破产受理裁定后，应当解除对债务人财产的查封、扣押、冻结措施；或者根据破产受理法院的要求，出具函件将查封、扣押、冻结财产的处置权交破产受理法院。破产受理法院可以持执行法院的移送处置函件进行续行查封、扣押、冻结，解除查封、扣押、冻结，或者予以处置。

执行法院收到破产受理裁定拒不解除查封、扣押、冻结措施的，破产受理法院可以请求执行法院的上级法院依法予以纠正。

43. 破产审判部门与执行部门的信息共享。破产受理法院可以利用执行查控系统查控债务人财产，提高破产审判工作效率，执行部门应予以配合。

各地法院要树立线上线下法律程序同步化的观念，逐步实现符合移送条件的执行案件网上移送，提升移送工作的透明度，提高案件移送、通知、送达、沟通协调等相关工作的效率。

44. 强化执行转破产工作的考核与管理。各级法院要结合工作实际建立执行转破产工作考核机制，科学设置考核指标，推动执行转破产工作开展。对应当征询当事人意见不征询、应当提交移送审查不提交、受移送法院违反相关规定拒不接收执行转破产材料或者拒绝立案的，除应当纳入绩效考核和业绩考评体系外，还应当公开通报和严肃追究相关人员的责任。

八、破产信息化建设

会议认为，全国法院要进一步加强破产审判的信息化建设，提升破产案件审理的透明度和公信力，增进破产案件审理质效，促进企业重整再生。

45. 充分发挥破产重整案件信息平台对破产审判工作的推动作用。各级法院要按照最高人民法院相关规定，通过破产重整案件信息平台规范破产案件审理，全程公开、步步留痕。要进一步强化信息网的数据统计、数据检索等功能，分析研判企业破产案件情况，及时发现新情况，解决新问题，提升破产案件审判水平。

46. 不断加大破产重整案件的信息公开力度。要增加对债务人企业信息的公开内容，吸引潜在投资者，促进资本、技术、管理能力等要素自由流动和有效配置，帮助企业重整再生。要确保债权人等利害关系人及时、充分了解案件进程和债务人相关财务、重整计划草案、重整计划执行等情况，维护债权人等利害关系人的知情权、程序参与权。

47. 运用信息化手段提高破产案件处理的质量与效率。要适应信息化发展趋势，积极引导以网络拍卖方式处置破产财产，提升破产财产处置效益。鼓励和规范通过网络方式召开债权人会议，提高效率，降低破产费用，确保债权人等主体参与破产程序的权利。

48. 进一步发挥人民法院破产重整案件信息网的枢纽作用。要不断完善和推广使用破产重整案件信息网，在确保增量数据及时录入信息网的同时，加快填充有关存量数据，确立信息网在企业破产大数据方面的枢纽地位，发挥信息网的宣传、交流功能，扩大各方运用信息网的积极性。

九、跨境破产

49. 对跨境破产与互惠原则。人民法院在处理跨境破产案件时，要妥善解决跨境破产中的法律冲突与矛盾，合理确定跨境破产案件中的管辖权。在坚持同类债权平等保护的原则下，协调好外国债权人利益与我国债权人利益的平衡，合理保护我国境内职工债权、税收债权等优先权的清偿利益。积极参与、推动跨境破产国际条约的协商与签订，探索互惠原则适用的新方式，加强我国法院和管理人在跨境破产领域的合作，推进国际投资健康有序发展。

50. 跨境破产案件中的权利保护与利益平衡。依照企业破产法第五条的规定，开展跨境破产协作。人民法院认可外国法院作出的破产案件的判决、裁定后，债务人在中华人民共和国境内的财产在全额清偿境内的担保权人、职工债权和社会保险费用、所欠税款等优先权后，剩余财产可以按照该外国法院的规定进行分配。

最高人民法院关于印发《全国法院民商事审判工作会议纪要》的通知（节录）

（2019年9月11日经最高人民法院审判委员会民事行政专业委员会第319次会议原则通过　法〔2019〕254号　2019年11月8日公布并施行）

各省、自治区、直辖市高级人民法院，解放军军事法院，新疆维吾尔自治区高级人民法院生产建设兵团分院：

《全国法院民商事审判工作会议纪要》（以下简称《会议纪要》）已于2019年9月11日经最高人民法院审判委员会民事行政专业委员会第319次会议原则通过。为便于进一步学习领会和正确适用《会议纪要》，特作如下通知：

一、充分认识《会议纪要》出台的意义

《会议纪要》针对民商事审判中的前沿疑难争议问题，在广泛征求各方面意见的基础上，经最高人民法院审判委员会民事行政专业委员会讨论决定。《会议纪要》的出台，对统一裁判思路，规范法官自由裁量权，增强民商事审判的公开性、透明度以及可预期性，提高司法公信力具有重要意义。各级人民法院要正确把握和理解适用《会议纪要》的精神实质和基本内容。

二、及时组织学习培训

为使各级人民法院尽快准确理解掌握《会议纪要》的内涵，在案件审理中正确理解适用，各级人民法院要在妥善处理好工学关系的前提下，通过多种形式组织学习培训，做好宣传工作。

三、准确把握《会议纪要》的应用范围

纪要不是司法解释，不能作为裁判依据进行援引。《会议纪要》发布后，人民法院尚未审结的一审、二审案件，在裁判文书“本院认为”部分具体分析法律适用的理由时，可以根据《会议纪要》的相关规定进行说理。

对于适用中存在的问题，请层报最高人民法院。

最高人民法院

2019 年 11 月 8 日

全国法院民商事审判工作会议纪要
（节录）

目　　录

引　　言

为全面贯彻党的十九大和十九届二中、三中全会以及中央经济工作会议、中央政法工作会议、全国金融工作会议精神，研究当前形势下如何进一步加强人民法院民商事审判工作，着力提升民商事审判工作能力和水平，为我国经济高质量发展提供更加有力的司法服务和保障，最高人民法院于2019年7月3日至4日在黑龙江省哈尔滨市召开了全国法院民商事审判工作会议。最高人民法院党组书记、院长周强同志出席会议并讲话。各省、自治区、直辖市高级人民法院分管民商事审判工作的副院长、承担民商事案件审判任务的审判庭庭长、解放军军事法院的代表、最高人民法院有关部门负责人在主会场出席会议，地方各级人民法院的其他负责同志和民商事审判法官在各地分会场通过视频参加会议。中央政法委、全国人大常委会法工委的代表、部分全国人大代表、全国政协委员、最高人民法院特约监督员、专家学者应邀参加会议。

……

十、关于破产纠纷案件的审理

会议认为，审理好破产案件对于推动高质量发展、深化供给侧结构性改革、营造稳定公平透明可预期的营商环境，具有十分重要的意义。要继续深入推进破产审判工作的市场化、法治化、专业化、信息化，充分发挥破产审判公平清理债权债务、促进优胜劣汰、优化资源配置、维护市场经济秩序等重要功能。

一是要继续加大对破产保护理念的宣传和落实，及时发挥破产重整制度的积极拯救功能，通过平衡债权人、债务人、出资人、员工等利害关系人的利益，实现社会整体价值最大化；注重发挥和解程序简便快速清理债权债务关系的功能，鼓励当事人通过和解程序或者达成自行和解的方式实现各方利益共赢；积极推进清算程序中的企业整体处置方式，有效维护企业营运价值和职工就业。

二是要推进不符合国家产业政策、丧失经营价值的企业主体尽快从市场退出，通过依法简化破产清算程序流程加快对“僵尸企业”的清理。

三是要注重提升破产制度实施的经济效益，降低破产程序运行的时间和成本，有效维护企业营运价值，最大程度发挥各类要素和资源潜力，减少企业破产给社会经济造成的损害。

四是要积极稳妥进行实践探索，加强理论研究，分步骤、有重点地推进建立自然人破产制度，进一步推动健全市场主体退出制度。

107.【继续推动破产案件的及时受理】充分发挥破产重整案件信息网的线上预约登记功能，提高破产案件的受理效率。当事人提出破产申请的，人民法院不得以非法定理由拒绝接收破产申请材料。如果可能影响社会稳定的，要加强府院协调，制定相应预案，但不应当以“影响社会稳定”之名，行消极不作为之实。破产申请材料不完备的，立案部门应当告知当事人在指定期限内补充材料，待材料齐备后以“破申”作为案件类型代字编制案号登记立案，并及时将案件移送破产审判部门进行破产审查。注重发挥破产和解制度简便快速清理债权债务关系的功能，债务人根据《企业破产法》第95条的规定，直接提出和解申请，或者在破产申请受理后宣告破产前申请和解的，人民法院应当依法受理并及时作出是否批准的裁定。

108.【破产申请的不予受理和撤回】人民法院裁定受理破产申请前，提出破产申请的债权人的债权因清偿或者其他原因消灭的，因申请人不再具备申请资格，人民法院应当裁定不予受理。但该裁定不影响其他符合条件的主体再次提出破产申请。破产申请受理后，管理人以上述清偿符合《企业破产法》第31条、第32条为由请求撤销的，人民法院查实后应当予以支持。人民法院裁定受理破产申请系对债务人具有破产原因的初步认可，破产申请受理后，申请人请求撤回破产申请的，人民法院不予准许。除非存在《企业破产法》第12条第2款规定的情形，人民法院不得裁定驳回破产申请。

109.【受理后债务人财产保全措施的处理】要切实落实破产案件受理后相关保全措施应予解除、相关执行措施应当中止、债务人财产应当及时交付管理人等规定，充分运用信息化技术手段，通过信息共享与整合，维护债务人财产的完整性。相关人民法院拒不解除保全措施或者拒不中止执行的，破产受理人民法院可以请求该法院的上级人民法院依法予以纠正。对债务人财产采取保全措施或者执行措施的人民法院未依法及时解除保全措施、移交处置权，或者中止执行程序并移交有关财产的，上级人民法院应当依法予以纠正。相关人员违反上述规定造成严重后果的，破产受理人民法院可以向人民法院纪检监察部门移送其违法审判责任线索。人民法院审理企业破产案件时，有关债务人财产被其他具有强制执行权力的国家行政机关，包括税务机关、公安机关、海关等采取保全措施或者执行程序的，人民法院应当积极与上述机关进行协调和沟通，取得有关机关的配合，参照上述具体操作规程，解除有关保全措施，中止有关执行程序，以便保障破产程序顺利进行。

110. 【受理后有关债务人诉讼的处理】人民法院受理破产申请后，已经开始而尚未终结的有关债务人的民事诉讼，在管理人接管债务人财产和诉讼事务后继续进行。债权人已经对债务人提起的给付之诉，破产申请受理后，人民法院应当继续审理，但是在判定相关当事人实体权利义务时，应当注意与企业破产法及其司法解释的规定相协调。上述裁判作出并生效前，债权人可以同时向管理人申报债权，但其作为债权尚未确定的债权人，原则上不得行使表决权，除非人民法院临时确定其债权额。上述裁判生效后，债权人应当根据裁判认定的债权数额在破产程序中依法统一受偿，其对债务人享有的债权利息应当按照《企业破产法》第 46 条第 2 款的规定停止计算。人民法院受理破产申请后，债权人新提起的要求债务人清偿的民事诉讼，人民法院不予受理，同时告知债权人应当向管理人申报债权。债权人申报债权后，对管理人编制的债权表记载有异议的，可以根据《企业破产法》第 58 条的规定提起债权确认之诉。

111. 【债务人自行管理的条件】重整期间，债务人同时符合下列条件的，经申请，人民法院可以批准债务人在管理人的监督下自行管理财产和营业事务：(1) 债务人的内部治理机制仍正常运转；(2) 债务人自行管理有利于债务人继续经营；(3) 债务人不存在隐匿、转移财产的行为；(4) 债务人不存在其他严重损害债权人利益的行为。债务人提出重整申请时可以一并提出自行管理的申请。经人民法院批准由债务人自行管理财产和营业事务的，企业破产法规定的管理人职权中有关财产管理和营业经营的职权应当由债务人行使。管理人应当对债务人的自行管理行为进行监督。管理人发现债务人存在严重损害债权人利益的行为或者有其他不适宜自行管理情形的，可以申请人民法院作出终止债务人自行管理的决定。人民法院决定终止的，应当通知管理人接管债务人财产和营业事务。债务人有上述行为而管理人未申请人民法院作出终止决定的，债权人等利害关系人可以向人民法院提出申请。

112. 【重整中担保物权的恢复行使】重整程序中，要依法平衡保护担保物权人的合法权益和企业重整价值。重整申请受理后，管理人或者自行管理的债务人应当及时确定设定有担保物权的债务人财产是否为重整所必需。如果认为担保物不是重整所必需，管理人或者自行管理的债务人应当及时对担保物进行拍卖或者变卖，拍卖或者变卖担保物所得价款在支付拍卖、变卖费用后优先清偿担保物权人的债权。在担保物权暂停行使期间，担保物权人根据《企业破产法》第75条的规定向人民法院请求恢复行使担保物权的，人民法院应当自收到恢复行使担保物权申请之日起三十日内作出裁定。经审查，担保物权人的申请不符合第75条的规定，或者虽然符合该条规定但管理人或者自行管理的债务人有证据证明担保物是重整所必需，并且提供与减少价值相应担保或者补偿的，人民法院应当裁定不予批准恢复行使担保物权。担保物权人不服该裁定的，可以自收到裁定书之日起十日内，向作出裁定的人民法院申请复议。人民法院裁定批准行使担保物权的，管理人或者自行管理的债务人应当自收到裁定书之日起十五日内启动对担保物的拍卖或者变卖，拍卖或者变卖担保物所得价款在支付拍卖、变卖费用后优先清偿担保物权人的债权。

113.【重整计划监督期间的管理人报酬及诉讼管辖】要依法确保重整计划的执行和有效监督。重整计划的执行期间和监督期间原则上应当一致。二者不一致的，人民法院在确定和调整重整程序中的管理人报酬方案时，应当根据重整期间和重整计划监督期间管理人工作量的不同予以区别对待。其中，重整期间的管理人报酬应当根据管理人对重整发挥的实际作用等因素予以确定和支付；重整计划监督期间管理人报酬的支付比例和支付时间，应当根据管理人监督职责的履行情况，与债权人按照重整计划实际受偿比例和受偿时间相匹配。重整计划执行期间，因重整程序终止后新发生的事实或者事件引发的有关债务人的民事诉讼，不适用《企业破产法》第21条有关集中管辖的规定。除重整计划有明确约定外，上述纠纷引发的诉讼，不再由管理人代表债务人进行。

114.【重整程序与破产清算程序的衔接】重整期间或者重整计划执行期间，债务人因法定事由被宣告破产的，人民法院不再另立新的案号，原重整程序的管理人原则上应当继续履行破产清算程序中的职责。原重整程序的管理人不能继续履行职责或者不适宜继续担任管理人的，人民法院应当依法重新指定管理人。重整程序转破产清算案件中的管理人报酬，应当综合管理人为重整工作和清算工作分别发挥的实际作用等因素合理确定。重整期间因法定事由转入破产清算程序的，应当按照破产清算案件确定管理人报酬。重整计划执行期间因法定事由转入破产清算程序的，后续破产清算阶段的管理人报酬应当根据管理人实际工作量予以确定，不能简单根据债务人最终清偿的财产价值总额计算。重整程序因人民法院裁定批准重整计划草案而终止的，重整案件可作结案处理。重整计划执行完毕后，人民法院可以根据管理人等利害关系人申请，作出重整程序终结的裁定。

115.【庭外重组协议效力在重整程序中的延伸】继续完善庭外重组与庭内重整的衔接机制，降低制度性成本，提高破产制度效率。人民法院受理重整申请前，债务人和部分债权人已经达成的有关协议与重整程序中制作的重整计划草案内容一致的，有关债权人对该协议的同意视为对该重整计划草案表决的同意。但重整计划草案对协议内容进行了修改并对有关债权人有不利影响，或者与有关债权人重大利益相关的，受到影响的债权人有权按照企业破产法的规定对重整计划草案重新进行表决。

116.【审计、评估等中介机构的确定及责任】要合理区分人民法院和管理人在委托审计、评估等财产管理工作中的职责。破产程序中确实需要聘请中介机构对债务人财产进行审计、评估的，根据《企业破产法》第 28 条的规定，经人民法院许可后，管理人可以自行公开聘请，但是应当对其聘请的中介机构的相关行为进行监督。上述中介机构因不当履行职责给债务人、债权人或者第三人造成损害的，应当承担赔偿责任。管理人在聘用过程中存在过错的，应当在其过错范围内承担相应的补充赔偿责任。

117.【公司解散清算与破产清算的衔接】要依法区分公司解散清算与破产清算的不同功能和不同适用条件。债务人同时符合破产清算条件和强制清算条件的，应当及时适用破产清算程序实现对债权人利益的公平保护。债权人对符合破产清算条件的债务人提起公司强制清算申请，经人民法院释明，债权人仍然坚持申请对债务人强制清算的，人民法院应当裁定不予受理。

118.【无法清算案件的审理与责任承担】人民法院在审理债务人相关人员

下落不明或者财产状况不清的破产案件时，应当充分贯彻债权人利益保护原则，避免债务人通过破产程序不当损害债权人利益，同时也要避免不当突破股东有限责任原则。人民法院在适用《最高人民法院关于债权人对人员下落不明或者财产状况不清的债务人申请破产清算案件如何处理的批复》第3款的规定，判定债务人相关人员承担责任时，应当依照企业破产法的相关规定来确定相关主体的义务内容和责任范围，不得根据公司法司法解释（二）第18条第2款的规定来判定相关主体的责任。上述批复第3款规定的“债务人的有关人员不履行法定义务，人民法院可依据有关法律规定追究其相应法律责任”，系指债务人的法定代表人、财务管理人员和其他经营管理人员不履行《企业破产法》第15条规定的配合清算义务，人民法院可以根据《企业破产法》第126条、第127条追究其相应法律责任，或者参照《民事诉讼法》第111条的规定，依法拘留，构成犯罪的，依法追究刑事责任；债务人的法定代表人或者实际控制人不配合清算的，人民法院可以依据《出境入境管理法》第12条的规定，对其作出不准出境的决定，以确保破产程序顺利进行。上述批复第3款规定的“其行为导致无法清算或者造成损失”，系指债务人的有关人员不配合清算的行为导致债务人财产状况不明，或者依法负有清算责任的人未依照《企业破产法》第7条第3款的规定及时履行破产申请义务，导致债务人主要财产、账册、重要文件等灭失，致使管理人无法执行清算职务，给债权人利益造成损害。“有关权利人起诉请求其承担相应民事责任”，系指管理人请求上述主体承担相应损害赔偿责任并将因此获得的赔偿归入债务人财产。管理人未主张上述赔偿，个别债权人可以代表全体债权人提起上述诉讼。上述破产清算案件被裁定终结后，相关主体以债务人主要财产、账册、重要文件等重新出现为由，申请对破产清算程序启动审判监督的，人民法院不予受理，但符合《企业破产法》第123条规定的，债权人可以请求人民法院追加分配。

最高人民法院关于推进破产案件依法高效审理的意见

（法发〔2020〕14号　2020年4月15日公布并施行）

为推进破产案件依法高效审理，进一步提高破产审判效率，降低破产程序成本，保障债权人和债务人等主体合法权益，充分发挥破产审判工作在完善市场主体拯救和退出机制等方面的积极作用，更好地服务和保障国家经济高质量发展，助推营造国际一流营商环境，结合人民法院工作实际，制定本意见。

一、优化案件公告和受理等程序流程

1. 对于企业破产法及相关司法解释规定需要公告的事项，人民法院、管理人应当在全国企业破产重整案件信息网发布，同时还可以通过在破产案件受理法院公告栏张贴、法院官网发布、报纸刊登或者在债务人住所地张贴等方式进行公告。

对于需要通知或者告知的事项，人民法院、管理人可以采用电话、短信、传真、电子邮件、即时通信、通讯群组等能够确认其收悉的简便方式通知或者告知债权人、债务人及其他利害关系人。

2. 债权人提出破产申请，人民法院经采用本意见第1条第2款规定的简便方式和邮寄等方式无法通知债务人的，应当到其住所地进行通知。仍无法通知的，人民法院应当按照本意见第1条第1款规定的公告方式进行通知。自公告发布之日起七日内债务人未向人民法院提出异议的，视为债务人经通知对破产申请无异议。

3. 管理人在接管债务人财产、接受债权申报等执行职务过程中，应当要求债务人、债权人及其他利害关系人书面确认送达地址、电子送达方式及法律后果。有关送达规则，参照适用《最高人民法院关于进一步加强民事送达工作的若干意见》的规定。

人民法院作出的裁定书不适用电子送达，但纳入《最高人民法院民事诉讼程序繁简分流改革试点实施办法》的试点法院依照相关规定办理的除外。

4. 根据《全国法院破产审判工作会议纪要》第 38 条的规定，需要由一家人民法院集中管辖多个关联企业非实质合并破产案件，相关人民法院之间就管辖发生争议的，应当协商解决。协商不成的，由双方逐级报请上级人民法院协调处理，必要时报请共同的上级人民法院。请求上级人民法院协调处理的，应当提交已经进行协商的有关说明及材料。经过协商、协调，发生争议的人民法院达成一致意见的，应当形成书面纪要，双方遵照执行。其中有关事项依法需报请共同的上级人民法院作出裁定或者批准的，按照有关规定办理。

二、完善债务人财产接管和调查方式

5. 人民法院根据案件具体情况，可以在破产申请受理审查阶段同步开展指定管理人的准备工作。管理人对于提高破产案件效率、降低破产程序成本作出实际贡献的，人民法院应当作为确定或者调整管理人报酬方案的考虑因素。

6. 管理人应当及时全面调查债务人涉及的诉讼和执行案件情况。破产案件受理法院可以根据管理人的申请或者依职权，及时向管理人提供通过该院案件管理系统查询到的有关债务人诉讼和执行案件的基本信息。债务人存在未结诉讼或者未执行完毕案件的，管理人应当及时将债务人进入破产程序的情况报告相关人民法院。

7. 管理人应当及时全面调查债务人财产状况。破产案件受理法院可以根据管理人的申请或者依职权，及时向管理人提供通过该院网络执行查控系统查询到的债务人财产信息。

8. 管理人应当及时接管债务人的财产、印章和账簿、文书等资料。债务人拒不移交的，人民法院可以根据管理人的申请或者依职权对直接责任人员处以罚款，并可以就债务人应当移交的内容和期限作出裁定。债务人不履行裁定确定的义务的，人民法院可以依照民事诉讼法执行程序的有关规定采取搜查、强制交付等必要措施予以强制执行。

接管过程中，对于债务人占有的不属于债务人的财产，权利人可以依据企业破产法第三十八条的规定向管理人主张取回。管理人不予认可的，权利人可以向破产案件受理法院提起诉讼请求行使取回权。诉讼期间不停止管理人的接管。

9. 管理人需要委托中介机构对债务人财产进行评估、鉴定、审计的，应当与有关中介机构签订委托协议。委托协议应当包括完成相应工作的时限以及违约责任。违约责任可以包括中介机构无正当理由未按期完成的，管理人有权另行委托，原中介机构已收取的费用予以退还或者未收取的费用不再收取等内容。

三、提升债权人会议召开和表决效率

10. 第一次债权人会议可以采用现场方式或者网络在线视频方式召开。人民法院应当根据企业破产法第十四条的规定，在通知和公告中注明第一次债权人会议的召开方式。经第一次债权人会议决议通过，以后的债权人会议还可以采用非在线视频通讯群组等其他非现场方式召开。债权人会议以非现场方式召开的，管理人应当核实参会人员身份，记录并保存会议过程。

11. 债权人会议除现场表决外，可以采用书面、传真、短信、电子邮件、即时通信、通讯群组等非现场方式进行表决。管理人应当通过打印、拍照等方式及时提取记载表决内容的电子数据，并盖章或者签字确认。管理人为中介机构或者清算组的，应当由管理人的两名工作人员签字确认。管理人应当在债权人会议召开后或者表决期届满后三日内，将表决结果告知参与表决的债权人。

12. 债权人请求撤销债权人会议决议，符合《最高人民法院关于适用〈中华人民共和国企业破产法〉若干问题的规定（三)》第十二条规定的，人民法院应予支持，但会议召开或者表决程序仅有轻微瑕疵，且对决议未产生实质影响的，人民法院不予支持。

四、构建简单案件快速审理机制

13. 对于债权债务关系明确、债务人财产状况清楚、案情简单的破产清算、和解案件，人民法院可以适用快速审理方式。

破产案件具有下列情形之一的，不适用快速审理方式：

（1）债务人存在未结诉讼、仲裁等情形，债权债务关系复杂的；

（2）管理、变价、分配债务人财产可能期限较长或者存在较大困难等情形，债务人财产状况复杂的；

（3）债务人系上市公司、金融机构，或者存在关联企业合并破产、跨境破产等情形的；

（4）其他不宜适用快速审理方式的。

14. 人民法院在受理破产申请的同时决定适用快速审理方式的，应当在指定管理人决定书中予以告知，并与企业破产法第十四条规定的事项一并予以公告。

15. 对于适用快速审理方式的破产案件，受理破产申请的人民法院应当在裁定受理之日起六个月内审结。

16. 管理人应当根据企业破产法第六十三条的规定，提前十五日通知已知债权人参加债权人会议，并将需审议、表决事项的具体内容提前三日告知已知债权人。但全体已知债权人同意缩短上述时间的除外。

17. 在第一次债权人会议上，管理人可以将债务人财产变价方案、分配方案以及破产程序终结后可能追加分配的方案一并提交债权人会议表决。

债务人财产实际变价后，管理人可以根据债权人会议决议通过的分配规则计算具体分配数额，向债权人告知后进行分配，无需再行表决。

18. 适用快速审理方式的破产案件，下列事项按照如下期限办理：

（1）人民法院应当自裁定受理破产申请之日起十五日内自行或者由管理人协助通知已知债权人；

（2）管理人一般应当自接受指定之日起三十日内完成对债务人财产状况的调查，并向人民法院提交财产状况报告；

（3）破产人有财产可供分配的，管理人一般应当在破产财产最后分配完结后十日内向人民法院提交破产财产分配报告，并提请裁定终结破产程序；

（4）案件符合终结破产程序条件的，人民法院应当自收到管理人相关申请之日起十日内作出裁定。

19. 破产案件在审理过程中发生不宜适用快速审理方式的情形，或者案件无法在本意见第 15 条规定的期限内审结的，应当转换为普通方式审理，原已进行的破产程序继续有效。破产案件受理法院应当将转换审理方式决定书送达管理人，并予以公告。管理人应当将上述事项通知已知债权人、债务人。

五、强化强制措施和打击逃废债力度

20. 债务人的有关人员或者其他人员有故意作虚假陈述，或者伪造、销毁债务人的账簿等重要证据材料，或者对管理人进行侮辱、诽谤、诬陷、殴打、打击报复等违法行为的，人民法院除依法适用企业破产法规定的强制措施外，可以依照民事诉讼法第一百一十一条等规定予以处理。

21. 债务人财产去向不明，或者债权人、出资人等利害关系人提供了债务人相关财产可能存在被非法侵占、挪用、隐匿等情形初步证据或者明确线索的，管理人应当及时对有关财产的去向情况进行调查。有证据证明债务人及其有关人员存在企业破产法第三十一条、第三十二条、第三十三条、第三十六条等规定的行为的，管理人应当依法追回相关财产。

22. 人民法院要准确把握违法行为入刑标准，严厉打击恶意逃废债行为。因企业经营不规范导致债务人财产被不当转移或者处置的，管理人应当通过行使撤销权、依法追回财产、主张损害赔偿等途径维护债权人合法权益，追究相关人员的民事责任。企业法定代表人、出资人、实际控制人等有恶意侵占、挪用、隐匿企业财产，或者隐匿、故意销毁依法应当保存的会计凭证、会计账簿、财务会计报告等违法行为，涉嫌犯罪的，人民法院应当根据管理人的提请或者依职权及时移送有关机关依法处理。

最高人民法院关于依法妥善审理涉新冠肺炎疫情民事案件若干问题的指导意见（二）（节录）

（法发〔2020〕17 号　2020 年 5 月 15 日公布并施行）

为进一步贯彻落实党中央关于统筹推进新冠肺炎疫情防控和经济社会发展工作部署，扎实做好“六稳”工作，落实“六保”任务，指导各级人民法院依法妥善审理涉新冠肺炎疫情合同、金融、破产等民事案件，提出如下指导意见。

……

三、关于破产案件的审理

17. 企业受疫情或者疫情防控措施影响不能清偿到期债务，债权人提出破产申请的，人民法院应当积极引导债务人与债权人进行协商，通过采取分期付款、延长债务履行期限、变更合同价款等方式消除破产申请原因，或者引导债务人通过庭外调解、庭外重组、预重整等方式化解债务危机，实现对企业尽早挽救。

18. 人民法院在审查企业是否符合破产受理条件时，要注意审查企业陷入困境是否因疫情或者疫情防控措施所致而进行区别对待。对于疫情爆发前经营状况良好，因疫情或者疫情防控措施影响而导致经营、资金周转困难无法清偿到期债务的企业，要结合企业持续经营能力、所在行业的发展前景等因素全面判定企业清偿能力，防止简单依据特定时期的企业资金流和资产负债情况，裁定原本具备生存能力的企业进入破产程序。对于疫情爆发前已经陷入困境，因疫情或者疫情防控措施导致生产经营进一步恶化，确已具备破产原因的企业，应当依法及时受理破产申请，实现市场优胜劣汰和资源重新配置。

19. 要进一步推进执行与破产程序的衔接。在执行程序中发现被执行人因疫情影响具备破产原因但具有挽救价值的，应当通过释明等方式引导债权人或者被执行人将案件转入破产审查，合理运用企业破产法规定的执行中止、保全解除、停息止付等制度，有效保全企业营运价值，为企业再生赢得空间。同时积极引导企业适用破产重整、和解程序，全面解决企业债务危机，公平有序清偿全体债权人，实现对困境企业的保护和拯救。

执行法院作出移送决定前已经启动的司法拍卖程序，在移送决定作出后可以继续进行。拍卖成交的，拍卖标的不再纳入破产程序中债务人财产范围，但是拍卖所得价款应当按照破产程序依法进行分配。执行程序中已经作出资产评估报告或者审计报告，且评估结论在有效期内或者审计结论满足破产案件需要的，可以在破产程序中继续使用。

20. 在破产重整程序中，对于因疫情或者疫情防控措施影响而无法招募投资人、开展尽职调查以及协商谈判等原因不能按期提出重整计划草案的，人民法院可以依债务人或者管理人的申请，根据疫情或者疫情防控措施对重整工作的实际影响程度，合理确定不应当计入企业破产法第七十九条规定期限的期间，但一般不得超过六个月。

对于重整计划或者和解协议已经进入执行阶段，但债务人因疫情或者疫情防控措施影响而难以执行的，人民法院要积极引导当事人充分协商予以变更。协商变更重整计划或者和解协议的，按照《全国法院破产审判工作会议纪要》第 19 条、第 20 条的规定进行表决并提交法院批准。但是，仅涉及执行期限变更的，人民法院可以依债务人或债权人的申请直接作出裁定，延长的期限一般不得超过六个月。

21. 要切实保障债权人的实体权利和程序权利，减少疫情或者疫情防控措施对债权人权利行使造成的不利影响。受疫情或者疫情防控措施影响案件的债权申报期限，可以根据具体情况采取法定最长期限。债权人确因疫情或者疫情防控措施影响无法按时申报债权或者提供有关证据资料，应当在障碍消除后十日内补充申报，补充申报人可以不承担审查和确认补充申报债权的费用。因疫情或者疫情防控措施影响，确有必要延期组织听证、召开债权人会议的，应当依法办理有关延期手续，管理人应当提前十五日告知债权人等相关主体，并做好解释说明工作。

22. 要最大限度维护债务人的持续经营能力，充分发挥共益债务融资的制度功能，为持续经营提供资金支持。债务人企业具有继续经营的能力或者具备生产经营防疫物资条件的，人民法院应当积极引导和支持管理人或者债务人根据企业破产法第二十六条、第六十一条的规定继续债务人的营业，在保障债权人利益的基础上，选择适当的经营管理模式，充分运用府院协调机制，发掘、释放企业产能。

坚持财产处置的价值最大化原则，积极引导管理人充分评估疫情或者疫情防控措施对资产处置价格的影响，准确把握处置时机和处置方式，避免因资产价值的不当贬损而影响债权人利益。

23. 疫情防控期间，要根据《最高人民法院关于推进破产案件依法高效审理的意见》的要求，进一步推进信息化手段在破产公告通知、债权申报、债权人会议召开、债务人财产查询和处置、引进投资人等方面的深度应用，在加大信息公开和信息披露力度、依法保障债权人的知情权和参与权的基础上，助力疫情防控工作，进一步降低破产程序成本，提升破产程序效率。

关于推动和保障管理人在破产程序中依法履职进一步优化营商环境的意见

（发改财金规〔2021〕274号 2021年2月25日公布并施行）

各省、自治区、直辖市人民政府，新疆生产建设兵团，国务院各部委、各直属机构：

管理人是在破产程序中依法接管破产企业财产、管理破产事务的专门机构。为推动和保障管理人依法履职，提高破产效率，充分发挥破产制度作用，解决企业退出难问题，优化要素配置，加快打造市场化、法治化、国际化营商环境，经国务院同意，现提出如下意见。

一、总体要求

以习近平新时代中国特色社会主义思想为指导，全面贯彻党的十九大和十九届二中、三中、四中、五中全会精神，坚持稳中求进工作总基调，立足新发展阶段，贯彻新发展理念，构建新发展格局，以推动高质量发展为主题，以深化供给侧结构性改革为主线，坚持市场化、法治化改革方向，完善破产制度配套政策，更好发挥政府在企业破产程序中的作用，推动和保障管理人依法履职，降低破产制度运行成本，加快“僵尸企业”出清。

二、基本原则

坚持依法保障。相关部门、金融机构应当按照法律规定积极支持和配合管理人依法履行接管、调查、管理、处分破产企业财产等职责。管理人履职涉及相关部门权限的，依法接受相关部门管理和监督。

坚持有效监督。管理人应当勤勉尽责，忠实履职，切实维护职工、债权人、投资者、破产企业及相关利益主体合法权益，切实维护社会公共利益，依法依规向人民法院报告工作，接受债权人会议和债权人委员会等相关方面的监督。

坚持公开透明。管理人应当依法保障债权人、投资者及相关利益主体的知情权，提高破产事务处理的透明度。加大各方信息共享力度，为管理人处理破产事务的信息化、公开化提供便利。

三、优化破产企业注销和状态变更登记制度

（一）建立企业破产和退出状态公示制度。破产申请受理后，通过全国企业破产重整案件信息网向国家企业信用信息公示系统推送有关企业破产程序启动、程序种类、程序切换、程序终止、管理人联系方式等信息，实现企业破产状态及时公示。在破产清算程序终结以及重整或和解程序终止前，非经破产案件审理法院同意或管理人申请，市场监管等部门不得办理企业登记事项变更手续。（最高人民法院、市场监管总局等按职责分工负责）

（二）进一步落实破产企业简易注销制度。管理人可以凭企业注销登记申请书、人民法院终结破产程序裁定书申请办理破产企业注销，市场监管部门不额外设置简易注销条件。申请简易注销的破产企业营业执照遗失的，通过国家企业信用信息公示系统免费发布营业执照作废声明或在报纸刊登遗失公告后，破产企业或管理人可不再补领营业执照。（市场监管总局负责）

（三）建立破产企业相关人员任职限制登记制度。企业董事、监事或高级管理人员违反忠实勤勉义务，未履职尽责，致使所在企业破产，被人民法院判令承担相应责任的，管理人可以凭生效法律文书，通过全国企业破产重整案件信息网向市场监管、金融管理等部门申请对相关人员的任职资格限制进行登记。（最高人民法院、人民银行、市场监管总局、银保监会、证监会等按职责分工负责）

四、加强金融机构对破产程序的参与和支持

（四）强化金融服务支持。金融机构应当支持管理人依法履行接管破产企业财产等法定职责，建立和完善与破产程序相衔接的金融服务工作机制，加强对企业重整、和解的支持。对于商业银行、证券公司、保险公司等金融机构或在本地有重大影响的企业破产案件，清算组作为管理人的，人民法院可以依法指定金融资产管理公司作为清算组成员参与破产案件。（最高人民法院、人民银行、银保监会、证监会等按职责分工负责）

（五）便利管理人账户开立和展期。管理人可以凭人民法院破产申请受理裁定书、指定管理人决定书及管理人负责人身份证明材料，向银行申请开立管理人账户。银行应当针对管理人账户的开立确定统一规程，在充分履行客户身份识别义务、确保风险可控的前提下，缩短账户开立周期，提升管理人账户权限，便利管理人操作使用。鼓励适当减免管理人账户开立使用的相关费用，优化账户展期手续办理流程，并在账户有效期届满前及时通知管理人。管理人应当在终止执行职务后，及时办理管理人账户注销手续。（人民银行、银保监会等按职责分工负责）

（六）支持管理人依法接管破产企业账户。管理人可以凭人民法院破产申请受理裁定书、指定管理人决定书接管破产企业账户，依法办理破产企业账户资金划转，非正常户激活或注销，司法冻结状态等账户信息、交易明细、征信信息查询等业务，金融机构应当予以配合并及时办理。（最高人民法院、人民银行、银保监会、证监会等按职责分工负责）

（七）协助配合推进破产程序。充分发挥金融机构债权人委员会、债券持有人会议等集体协商机制在企业破产中的协调、协商作用。鼓励金融机构进一步完善、明确内部管理流程，合理下放表决权行使权限，促进金融机构在破产程序中尤其是重整程序中积极高效行使表决权。金融机构破产的，管理人应当与金融管理部门加强协调沟通，维护金融稳定。（人民银行、银保监会、证监会等按职责分工负责）

（八）加强重整企业融资支持。银行业金融机构应当按照市场化、法治化原则，对有重整价值和可能性、符合国家产业政策方向的重整企业提供信贷支持。鼓励符合条件的金融机构依法设立不良资产处置基金，参与企业重整。支持私募股权投资基金、产业投资基金、不良资产处置基金等各类基金在破产程序中按照市场化、法治化原则向符合国家产业政策方向的重整企业提供融资支持。（发展改革委、人民银行、银保监会、证监会等按职责分工负责）

（九）支持重整企业金融信用修复。人民法院裁定批准重整计划或重整计划执行完毕后，重整企业或管理人可以凭人民法院出具的相应裁定书，申请在金融信用信息基础数据库中添加相关信息，及时反映企业重整情况。鼓励金融机构对重整后企业的合理融资需求参照正常企业依法依规予以审批，进一步做好重整企业的信用修复。（人民银行、银保监会、证监会等按职责分工负责）

（十）切实保护职工和债权人投资者合法权益。发挥管理人在防范“逃废债”等违法行为中的积极作用。管理人要加强对破产企业财产的追查和管理，有效保护职工劳动报酬、社会保险合法权益，及时向金融机构债权人委员会、债权人会议通报有关情况，破产企业的有关人员可能涉嫌犯罪的，管理人应当及时将犯罪线索报送司法或监察机关。金融机构依法积极支持管理人追查破产企业财产，鼓励将发现的恶意转移破产企业财产的情况通报管理人，有效保护债权人投资者合法权益。（最高人民法院、人力资源社会保障部、人民银行、国资委、银保监会、证监会等按职责分工负责）

五、便利破产企业涉税事务处理

（十一）保障破产企业必要发票供应。破产程序中的企业应当接受税务机关的税务管理，管理人负责管理企业财产和营业事务的，由管理人代表破产企业履行法律规定的相关纳税义务。破产企业因履行合同、处置财产或继续营业等原因在破产程序中确需使用发票的，管理人可以以纳税人名义到税务部门申领、开具发票。税务部门在督促纳税人就新产生的纳税义务足额纳税的同时，按照有关规定满足其合理发票领用需要，不得以破产企业存在欠税情形为由拒绝。（税务总局负责）

（十二）依法核销破产企业欠缴税款。税务、海关等部门在破产清算程序中依法受偿破产企业欠缴的税款本金、滞纳金、罚款后，应当按照人民法院裁定认可的财产分配方案中确定的受偿比例，办理欠缴税款本金、滞纳金、罚款的入库，并依法核销未受偿的税款本金、滞纳金、罚款。（海关总署、税务总局等按职责分工负责）

（十三）便利税务注销。经人民法院裁定宣告破产的企业，管理人持人民法院终结破产清算程序裁定书申请税务注销的，税务部门即时出具清税文书，按照有关规定核销“死欠”，不得违反规定要求额外提供证明文件，或以税款未获全部清偿为由拒绝办理。（税务总局负责）

（十四）支持企业纳税信用修复。重整或和解程序中，税务机关依法受偿后，管理人或破产企业可以向税务机关提出纳税信用修复申请，税务机关根据人民法院出具的批准重整计划或认可和解协议的裁定书评价其纳税信用级别。已被公布重大税收违法失信案件信息的上述破产企业，经税务机关确认后，停止公布并从公告栏中撤出，并将相关情况及时通知实施联合惩戒和管理的部门。有关部门应当依据各自法定职责，按照法律法规和有关规定解除惩戒，保障企

业正常经营和后续发展。（税务总局及相关部门按职责分工负责）

（十五）落实重整与和解中的所得税税前扣除政策。对于破产企业根据资产处置结果，人民法院裁定批准或认可的重整计划、和解协议确定或形成的资产损失，依照税法规定进行资产损失扣除。税务机关对破产企业提交的与此有关的申请材料应快捷审查，便利办理。（财政部、税务总局等按职责分工负责）

六、完善资产处置配套机制

（十六）有效盘活土地资产。允许对破产企业具备独立分宗条件的土地、房产分割转让，市级或县级自然资源等相关主管部门审批时，对于符合条件的应及时批准。对因相关规划调整等因素确需为不动产处置设置附加条件的，应当及时向管理人告知具体明晰的标准及其依据。破产企业以划拨方式取得土地使用权的，转让房地产时，应当依法报有批准权的人民政府审批。（自然资源部、住房和城乡建设部等按职责分工负责）

（十七）妥善认定资产权属。依法积极推动存在未办理验收等瑕疵的不动产完善有关手续，明确权属，为破产企业不动产及时办理权属登记手续，支持管理人加快破产企业财产处置。有效利用各类资产的多元化专业交易流转平台，充分发挥交易市场的价格发现、价值实现功能，提升管理人的资产处置效率。（最高人民法院、自然资源部、住房和城乡建设部等按职责分工负责）

（十八）依法解除破产企业财产保全措施。人民法院裁定受理企业破产案件后，管理人持受理破产申请裁定书和指定管理人决定书，依法向有关部门、金融机构申请解除对破产企业财产的查封、扣押、冻结等保全措施的，相关部门和单位应当根据企业破产法规定予以支持配合。保全措施解除后，管理人应当及时通知原采取保全措施的相关部门和单位。管理人申请接管、处置海关监管货物的，应当先行办结海关手续，海关应当对管理人办理相关手续提供便利并予以指导。（最高人民法院、自然资源部、人民银行、海关总署、税务总局、银保监会、证监会等按职责分工负责）

七、加强组织和信息保障

（十九）建立常态化协调机制。各地区、各部门要积极支持人民法院破产审判工作，推动和保障管理人依法履职，更好发挥政府在企业破产程序中的作用，避免对破产司法和管理人工作的不当干预。鼓励地方人民政府与人民法院建立常态化协调机制，并吸纳涉及社会稳定、职工权益、经费保障、信用修复、企业注销、企业税收等相关主管部门参加。人民法院、有关部门要严厉打击企业破产涉及的各类违法违规行为，管理人要依法公正履职，积极配合。管理人未勤勉尽责、忠实履职的，要依法追究相应责任。（最高人民法院、各地方人民政府、各相关部门负责）

（二十）强化信息共享和沟通。加强全国企业破产重整案件信息网、全国信用信息共享平台、国家企业信用信息公示系统和金融信用信息基础数据库等信息共享，加强相关部门、金融机构与人民法院、管理人的信息沟通，推动破产程序中的数据共享、业务协同，提高各相关利益主体信息知晓便利度，便利管理人依法履职。（最高人民法院、发展改革委、人民银行、国资委、市场监管总局、银保监会、证监会等按职责分工负责）

本意见自印发之日起施行。

国家发展改革委
最高人民法院
财政部
人力资源社会保障部
自然资源部
住房和城乡建设部
人 民 银 行
国资委
海 关 总 署
税 务 总 局
市场监管总局
银 保 监 会
证监会
2021 年 2 月 25 日

后　记

广东融关律师事务所破产团队开始从事破产清算业务的时间，可以追溯至20世纪90年代初。1993年11月10日，深圳市人民代表大会常务委员会通过《深圳经济特区企业破产条例》，深圳市中级人民法院随之成立破产审判法庭。蔡体法律师就是第一批专业办理破产清算案件的律师之一。

我加入融关破产团队是在2006年，参与办理了广东建华职业学院终止清算案和深圳市旺海怡康实业发展有限公司破产案。广东建华职业学院终止清算案是国内第二宗民办高校清算案，最高人民法院为此案件的受理专门批复。深圳市旺海怡康实业发展有限公司破产案后来成功重整，是深圳的第一宗破产重整案，也是国内的第一宗房地产企业破产重整案。因为是在《企业破产法》刚实施，管理人制度刚建立，无章可循的情况下办理的，我们对这两个案件还是颇感骄傲的，本书中的许多规程亦源于当时的经验和实务操作经验。

转眼到了2017年，《企业破产法》实施十周年，蔡律师提议把我们担任管理人办理破产案件的经验总结出来，写成《破产管理人操作规程》（以下简称《规程》）。我牵头成立了编委会，参与编写规程的包括孙程旭、柒小妮、迟浩好、黄河辉、陈红、李蔚瑜、任燕玲、罗秋妮、胡峻豪、李炳凤、严倩、冯楚、郑志华、蔡斌、蔡高帅等律师，以及中天正公司的彭幽寒律师、诚信会计师事务所的胡飞会计师、谭朗会计师。

写作非容易之事。破产管理人工作特别烦琐，事务性工作特别多。但所有参与编写的律师都没有推脱，而是一点一点挤时间来写作，差不多十个月的时间才形成初稿。

接下来的工作就是改稿统稿。除了和各部分的写作人沟通交流修改其负责部分的稿件外，大部分的改稿和统稿工作落在我一个人头上。至 2021 年 8 月，方形成相对规范统一的初稿。之后的工作就是反复校稿、润色、完善，包括对个别字段字句的修改调整，直到 10 月底才基本定稿。

《规程》定稿后，我将稿件发给好朋友陈夏红，请他和李曙光老师批评指正，并试探性地问李曙光老师是否可以帮我们写个序，没想到李曙光老师欣然答应。李曙光老师是国内破产法的权威专家，是《企业破产法》立法起草组成员，是中国政法大学教授、博士生导师、破产法与企业重组研究中心主任，是国际破产协会董事会董事、国际破产协会中国委员会联席主席。他为《规程》作序，是对《规程》的莫大肯定，也是对我们工作的一种鼓励。尤感意外的是，他还提出把我们的规程放到中国政法大学破产法与企业重组研究中心的“赛达破产法文丛”中，但由于我们已经接洽的法律出版社司法实务出版分社与负责“赛达破产法文丛”的分社不是一个部门，《规程》还是没有放入“赛达破产法文丛”，这也是小小的遗憾。《规程》的最后校正和定稿，在团队内勤梁海莉和法律出版社编辑朱轶佳的帮助下完成。

带领团队付出近两年心血的成果就要出版面世了，有几点感受和体会做简要记录。

首先，想要说明的是，本规程是一本工具书，目的在于促进管理人工作的规范化、程序化，告诉管理人应该做什么和应当怎么做，以帮助更多有意从业者更快掌握基本技能，从而提高管理人工作的效率和质量。本规程作为我们担任管理人办理破产案件十余年的经验总结，也是我们和同行之间毫无保留的经验分享。

其次，破产管理人工作是一项涵盖法律、财务、企业管理和投资事务的综合性工作，做好这项工作需要我们的不懈努力。我一直认为，做一个合格的破产管理人律师，一定要熟悉公司法、合同法、破产法，要懂财务和企业管理，要有裁判思维、企业家思维和侦查思维。一个优秀的破产管理人律师就好比一个优秀的全科医生，面对任何疑难复杂案件的思路比其他律师都要全面。

虽然我们对团队十余年的管理人工作经验进行总结，集结成书，但总结也不是十分全面和正确无误，疏漏在所难免。由于本规程的内容仅针对破产管理人工作，与管理人工作不直接挂钩的事项未涉及或涉及较少，例如，《企业破产法》规定的破产申请、破产受理、法院的相关工作、债务人和债权人的相关权利和义务。这也是本规程与其他著作的区别之处。本规程既可以作为破产管理人工作的参考，也可以作为破产程序中债权人、债务人、投资人、其他关系人及法院了解破产管理人工作的参考。我们欢迎有关单位和人士批评指正。

最后，干好破产管理人工作一定要坚持一份公心。破产管理人在破产程序中的重要作用不必赘述，但破产管理人要协调好破产案件中的各种矛盾，平衡好各方利益，唯有坚持一份公心方可实现。管理人在办理破产案件时不图私，只依法收取报酬，不与任何债权人和债务人、投资方发生任何利益关系，坚持依法依规、公平公正地处理相关事务，方可保持超然中立的立场，才能协调好矛盾、平衡好利益，才能办理好每一件破产案件，维护好公平正义。

杨江苏

2021 年 11 月 29 日

于深圳福田